T0123395

Sammlung Metzler
Band 297

Wolfgang Albrecht

Gotthold Ephraim Lessing

Verlag J.B. Metzler
Stuttgart · Weimar

Die Deutsche Bibliothek – CIP-Einheitsaufnahme

Albrecht, Wolfgang:
Gotthold Ephraim Lessing /
Wolfgang Albrecht
– Stuttgart ; Weimar : Metzler, 1997
(Sammlung Metzler ; Bd. 297)
ISBN 978-3-476-10297-3
NE: GT

ISBN 978-3-476-10297-3
ISBN 978-3-476-03993-4 (eBook)
DOI 10.1007/978-3-476-03993-4
ISSN 0558–3667

SM 297

© 1997 Springer-Verlag GmbH Deutschland
Ursprünglich erschienen bei J.B. Metzlersche Verlagsbuchhandlung
und Carl Ernst Poeschel Verlag GmbH in Stuttgart 1997

Inhaltsverzeichnis

Abkürzungen und Siglen

(Bei Siglen angefügte römische und arabische Ziffern bezeichnen die Band- bzw. Seitenzahlen.)

B	Lessing: Werke und Briefe, hg. v. W. Barner (s. Nr. 6)
Bd.	Band
D	R. Daunicht: Lessing im Gespräch (Nr. 8)
Dass.	Dasselbe
Diss.	Dissertation
DVjs	Deutsche Vierteljahrsschrift für Literaturwissenschaft und Geistesgeschichte
e	entstanden
E	Erstdruck
EDW	Entstehungs-, druck- und wirkungsgeschichtliche Hinweise
Faks.	Faksimile
Fs.	Festschrift
G	Lessing: Gesammelte Werke, hg. v. H. G. Göpfert (s. Nr. 5)
GEL	Gotthold Ephraim Lessing (nur in der Bibliographie)
GLL	German Life and Letters
GRM	Germanisch-Romanische Monatsschrift
H.	Heft
Hg./hg.	Herausgeber / herausgegeben
Hs(s).	Handschrift(en)
IASL	Internationales Archiv für Sozialgeschichte der deutschen Literatur
Jb(b).	Jahrbuch (Jahrbücher)
JbDSG	Jahrbuch der Deutschen Schiller-Gesellschaft
JbFDH	Jahrbuch des Freien Deutschen Hochstifts
JEGP	Journal of English and Germanic Philology
Jg.	Jahrgang
Jh.	Jahrhundert
L	Lessing (nur in der Bibliographie)
LB I	S. Seifert: Lessing-Bibliographie (s. Nr. 20)
LB II	D. Kuhles: Lessing-Bibliographie 1971-1985 (s. Nr. 21)
LM	Lessings sämtliche Schriften, hg. v. K. Lachmann und F. Muncker (s. Nr. 2)

Masch.	Maschinenschriftlich
MLN	Modern Language Notes
MLR	Modern Language Review
LY	Lessing Yearbook
Nr.	Nummer (in der Bibliographie im vorliegenden Bd.)
PMLA	Publications of the Modern Language Association of America
R	Lessing: Gesammelte Werke, hg. v. P. Rilla (s. Nr. 4)
Repr.	Reprint
u.d.T.	unter dem Titel
WB	Weimarer Beiträge
WSA	Wolfenbütteler Studien zur Aufklärung
WW	Wirkendes Wort
ZfD	Zeitschrift für Deutschkunde
ZfdPh	Zeitschrift für deutsche Philologie
Zs.	Zeitschrift

Vorwort zur Neufassung

Dieses Buch tritt an die Stelle des von Karl S. Guthke verfaßten Bandes gleichen Titels (zuletzt, in umgearbeiteter 3. Auflage, 1979) innerhalb der *Sammlung Metzler*.

Seit dem Doppeljubiläum von 1979/81, dem 250. Geburtstag und 200. Todestag Lessings, ist in der Forschung nicht wenig geschehen. Weithin durchgesetzt hat sich ein – seinerzeit gerade erst angebahntes – Vorgehen: Lessing mit den verschiedensten Methoden und aus unterschiedlichen Richtungen als »die Schlüsselfigur« der deutschen Aufklärungsbewegung zu erfassen, ihn im Kontext zur europäischen Aufklärung und zugleich im soziokulturellen Zusammenhang seiner Zeit zu betrachten.

Unter diesem Aspekt wird hier eine in sich geschlossene Darstellung vorgelegt, die auf eigenen Arbeiten beruht, doch nichtsdestominder wesentliche neuere Forschungspositionen wie auch relevante ältere Resultate berücksichtigt und sie teils zitierend anführt, teils auf sie hinweist. Die Nach- und Hinweise erfolgen mit raumsparenden Nummernangaben, die sich auf die Auswahlbibliographie (Kapitel 4) beziehen.

Unverändert geblieben ist im Vergleich zu dem früheren Band die Leitintention des neuen: gemäß den Prinzipien der *Sammlung Metzler* eine relativ knappe, gut überschaubare und universitär, schulisch oder sonst praktisch nutzbare Einführung zu geben. Sie beginnt nunmehr mit einem ausführlichen Überblick zu Leben und Werk, für den sich ein chronologischer Aufbau fast von selbst anbot. Es folgt, als gänzlich neues Kapitel, ein Abriß zur Rezeptions- und Wirkungsgeschichte Lessings in Deutschland. Daran schließen sich Informationen zu Quellen- und Grundlagenwerken sowie zu Hilfsmitteln der Lessing-Forschung.

Die Literaturangaben sind, wie jetzt bei der *Sammlung Metzler* üblich, in einer nachgestellten Bibliographie zusammengefaßt. Es handelt sich um eine Auswahl der substantiellen älteren und mehr noch der neueren Literatur (die inzwischen bereits zwei Bände einer Personalbibliographie Lessing sehr vollständig verzeichnen). Daß sie gleichwohl recht umfangreich ist, erklärt sich aus dem beträchtlichen Zuwachs in den letzten zwanzig Jahren.

Stiftung Weimarer Klassik
Januar 1996   W. A.

1. Lebensstationen und Lebenswelten, Werke und Brotarbeiten

1.1 Ausbildung und Debüts
(Kamenz, Meißen, Leipzig 1729-1748)

Karl Gotthelf Lessing weiß über seinen älteren Bruder Gotthold Ephraim zu berichten: »Als ein Maler ihn im fünften Jahre mit einem Bauer, in welchem ein Vogel saß, malen wollte, hatte dieser Vorschlag seine ganze kindische Mißbilligung. Mit einem großen, großen Haufen Bücher, sagte er, müssen Sie mich malen, oder ich mag lieber gar nicht gemalt seyn.« (D, S. 8) Ob authentisch oder nicht – diese vielleicht meistzitierte Stelle aus der ersten Lessing-Biographie (Nr. 34) erhellt schlaglichtartig die geistige Sphäre des Elternhauses. Eines protestantischen Pfarrhauses, in dem Gotthold Ephraim Lessing am 22. Januar 1729 als drittes Kind und erster Sohn (von insgesamt zwölf Kindern) dem Kamenzer Pastor primarius Johann Gottfried Lessing (1693-1770) und seiner Frau Justina Salome (geb. Feller, 1703-1777) geboren wurde. Der Vater gehörte (wie schon einige Vorfahren, s. Nr. 41) zu den Honoratioren der sächsischen Kleinstadt, gelegen in einer bikulturellen, d.h. von Sorben mitgeprägten Region, in der westlichen Oberlausitz, unweit Dresdens. Den sorbischen Traditionen gegenüber vertrat er ein Luthertum, das an dessen unorthodoxen Anfängen, an der Reformation, orientiert war. Und ebenso wie er streitbar publizistisch die Ursprünge des Protestantismus in der christlichen Theologie verteidigte, verlangte er einen gemäßigten Patriarchalismus im ehelichen Alltagsleben. Streitbarkeit, Unabhängigkeitsdenken, Christentum, Menschenwürde »der Weiber« – wichtige Anregungen für den ältesten Sohn, ihn lebenslang beschäftigende Themen.

Vor allem aber führte der Pastor primarius, ein berufsständisch exemplarischer Repräsentant der Trägerschichten norddeutsch-protestantischer Frühaufklärung, seinen ältesten Sohn an die ideellen Fundamente jener Aufklärungsbewegung heran: an die Welt der Bücher und der gemeinsinnigen Gelehrsamkeit. Und dies ganz praktisch, indem er ihm zunächst Privatunterricht (auch und damals noch recht ungewöhnlich: in der englischen Sprache) gab, bevor er ihn auf die städtische Lateinschule schickte (1737-41; Nr. 62). Sie hatte gerade einen neuen Rektor bekommen, der literarisch tätig war und ein Schultheater aufbaute, durch das sich für Lessing ein weitere Lieblingssphäre kindgemäß erschloß.

Die Schulbildung setzte sich, dank eines Stipendiums, geradlinig fort: 1741-46 in der Internatsschule St. Afra zu Meißen (s. Nr. 61). Es war dies eine der sogenannten Fürstenschulen, ein Schultyp mit besonders hohem Bildungsstandard. Zielstrebig erweiterte Lessing seine Kenntnisse in den antiken und modernen Hauptsprachen und -literaturen: der griechischen und lateinischen, der englischen und französischen, ebenso der deutschen. Seine geistes- und naturwissenschaftlichen Interessen verband er ungehindert mit ersten schriftstellerischen Neigungen. Außer dem – nicht überlieferten – Entwurf zu dem Lustspiel *Der junge Gelehrte* entstanden Gelegenheitsverse und unvollendete Lehrdichtungen. Ihre traditionelle Anlage wohl doch etwas überbewertend, ist gemeint worden, Lessing habe mit ihnen bereits »seinen Literaturbegriff gefunden und praktiziert«, nämlich die Synthese eines »vernunfts-analytischen Denkens« und einer »kritischen Sozialzuwendung« (Briegleb, Nr. 67, S. 25).

Lessing absolvierte die Fürstenschule nicht in einem Sextennium, dem üblichen sechsjährigen Kursus, sondern in nur fünf Jahren. Zum einen, weil sich ein Stipendium für ein Theologiestudium an der Leipziger Universität bot; zum anderen und ausschlaggebend, weil er das Pensum St. Afras bereits erfüllt hatte.

In der Messestadt Leipzig, einem mit Dresden verglichen noch bedeutenderen Zentrum der deutschen Frühaufklärung, erschloß Lessing sich gegen wachsenden Widerstände seiner Eltern eine neue, mannigfaltigere Lebenswelt. Er emanzipierte sich während der Studienzeit (1746-48) vom Elternhaus – so weit dies damals möglich war, will sagen, ohne gänzlich aus fortdauernden Erklärungs- und Entschuldigungsversuchen, die sein Briefwechsel bezeugt, herauszukommen.

Seine bevorzugten Universitätslehrer waren keine altehrwürdigen Theologieprofessoren, auch nicht die Berühmtheiten Gottsched und Gellert, sondern lebenspraktisch naturwissenschaftliche Wissenschaftler und entsprechend orientierte Aufklärungsschriftsteller wie Abraham Gotthelf Kästner (vgl. Nr. 117) und Johann Friedrich Christ. Beide bedienten sich literarischer Formen, die Lessing frühzeitig selbst erprobte: des Epigramms und der Rettung (welch letztere ausgewogen kritische Apologie umstrittener Autoren meint). Er vollzog unter ihrer beider Einfluß und vielleicht noch mehr unter dem seines entfernten Verwandten (sogenannten Vetters) und nahen Freundes Christlob Mylius (vgl. Nr. 83), was der Titelfigur des *Jungen Gelehrten* nicht gelingt: sich von selbstgenügsamer Pseudo- und Stubengelehrtheit fernzuhalten. Und das bedeutete im Falle des

2

Lustspielautors zugleich, das Theologiestudium, zum großen Verdruß des Vaters, bald schon Nebensache werden zu lassen.

Hauptmentor Lessings in den ihm vordringlichen lebenspraktischen und schriftstellerischen Belangen war ebenjener >Vetter<; aus dem Blickwinkel der Familie deren schwarzes Schaf, aus heutiger Sicht vielmehr ein gewitzter, doch glückloser Erprober einer »Frühform literarischer Bohème« (Barner in Nr. 51, S. 101). Unter anderem versuchte Mylius sich mit zwei – nur kurzlebigen – Zeitschriften, deren spielerische und ironische Grundtendenz ein markantes Differenzmerkmal abgab zu den dominanten Moralischen Wochenschriften. Für beide Journale lieferte Lessing eigene *Kleinigkeiten* (so der Titel einer alsbaldigen Sammlung, 1751, ⁵1779), Lyrik und Versfabeln, auch ein kleines Lustspiel. Es handelt sich vorwiegend um Lieddichtung, die in der Tradition der Anakreontik steht, einer aus der Antike überkommenen Form von Trink- und Liebesgesängen, benannt nach dem Dichter Anakreon (6. Jh. v. Chr.). Diese Form aktualisierte Lessing durch Bezüge zum zeitgenössischen Leipziger Studentenlied (Nr. 190, S. 222ff.) und zur Gelligkeitskeitskultur seines engeren Leipziger Freundeskreises (Nr. 51, S. 157f.), zu dem u.a. auch der angehende Dramatiker Christian Felix Weiße gehörte. Exemplarisch zeigt sich das Ineinander von Tradition und Innovation, das Lessings neoanakreontischer Lyrik eine »aufklärerische Perspektive« (Orlik, Nr. 193) gibt, an dem halb scherz-, halb ernsthaft programmatischen Gedicht »Wem ich zu gefallen suche und nicht suche«, in dem die Abwehr genußfeindlichen Alters ansatzweise übergeht in Kritik an Theaterfeindlichkeit und religiösem Eiferertum.

Frühe Problemkomödien

Derartige Aufwertungen der Bühne und der Schauspielkunst verweisen nicht zuletzt auf ein anderes Verdienst, das Mylius sich um Lessing erwarb. Er führte ihn (und Weiße) in die Leipziger Theaterwelt ein, in der die Prinzipalin Caroline Neuber, die Neuberin (s. Nr. 80, 89), tonangebend war. Sie hatte sich zunächst mit Gottsched zusammengetan und seine am französischen höfischen Klassizismus orientierte Theaterreform praktisch unterstützt; weil sie damit bald erfolglos und konkurrenzunfähig wurde, war sie wieder ihre eigenen Wege gegangen. Da Lessing den Reformversuch ebenfalls ablehnte, stand er der Neuberin um so näher und fühlte sich um so glücklicher, als sie seine Komödie *Der junge Gelehrte* im Januar 1748 uraufführte.

3

Dieses Stück gehört neben zwei anderen, *Der Freigeist* und *Die Juden*, zu den gewichtigeren Jugendlustspielen Lessings, zu seinen sogenannten Problemkomödien (Guthke, Nr. 387), die zusammen mit *Damon, oder die wahre Freundschaft* (1747), *Die alte Jungfer* (1749) und *Der Misogyne* (e 1748/49, E 1755) ein Halbdutzend eigener früher Lustspiele ausmachen, zu dem noch ein gut Dutzend Dramenentwürfe und -bearbeitungen kommt. Sie alle stehen nach Maßgabe zeitgenössischer Dramaturgie mehr oder weniger eng in europäischen Traditionszusammenhängen, die von der antiken bis zur gegenwärtigen englischen, französischen und italienischen Komödiendichtung reichen (s. z.B. Nr. 93, S. 256ff. und Nr. 177). Und nicht zu vergessen diejenige deutsche Lustspielform, die durch Gellert in Leipzig eindrucksvoll präsent war: die sogenannte sächsische (Typen-)Komödie. Sie zielte darauf ab, eine meist schon mit der Titelfigur benannte individuelle Charakterschwäche gattungsspezifisch bloßzustellen und – so namentlich bei Gellert – unter aufklärerischen Aspekten zu problematisieren (Nr. 98).

Hieran anknüpfend verfaßte Lessing seine – gegenüber *Minna von Barnhelm* nach wie vor recht vernachlässigten – frühen Problemkomödien, deren Eigenständigkeit lange überwiegend darin gesehen wurde, daß sie formal-strukturell Gattungsmuster wohlbedacht durchbrechen (vgl. Fricke, Nr. 367 und noch Trautwein, Nr. 388). Vor allem aber, so ist zu konstatieren, hat Lessing ihm vertraute und dringliche Themen so gestaltet, daß der tradierte charakterologische Ansatz sich perspektivisch zur überindividuellen, soziokulturellen Problematik weitet.

Im *Jungen Gelehrten* (EDW: B I,1051-1056; Aufführungsverzeichnis: Nr. 534, S. 182) geschieht dies mittels Anschluß an Traditionen der Gelehrtensatire (Nr. 396 und 215, S. 734ff.). Damis, der titelliefernde Protagonist des Stückes, gibt nach und nach ungewollt zu erkennen, wie oberflächlich seine Gelehrsamkeit ist, wie sehr ihn egoistische Beweggründe leiten. Seine Ehr- und Ruhmbegierde korrespondieren der Geldgier seines Vaters, mit dessen ständig affektierter Bildung es noch viel weniger als mit der der Hauptfigur auf sich hat. Durch arrogantes Verhalten und mangelnden Verständigungswillen, insgesamt durch ihr schmähliches Menschsein (bezüglich der Titelfigur resümiert von Zimmermann in Nr. 396, S. 289 und 299) provozieren sie beide zu kritisch-ironischer Beurteilung ihrer selbst. Darüber hinaus wird evident: Damis steht an einem Wendepunkt der (europäischen) Gelehrtengeschichte; den überkommenen Polyhistorismus erfüllt er nicht mehr (vgl. Nr. 393), ein neues Gelehrtenverständnis noch nicht bzw. überhaupt nicht, zufolge der Uneinsichtigkeit, die er bis zum Schluß bezeigt.

Eine »komplementäre Gegenbild-Funktion als Antityp zu Damis« (Zimmermann, Nr. 396, S. 295) bekommt sein ehemaliger Freund Valer, der allerdings wenig agiert und sich selbst kaum expliziert. Deshalb tritt die neue Auffassung nur verzerrt – unmißverständlich gleichwohl – innerhalb einer Schmähung Valers hervor: »Er hat seit einigen Jahren die Bücher bei Seite gelegt; er hat sich das Vorurteil in den Kopf setzen lassen, daß man sich vollends durch den Umgang und durch die Kenntnis der Welt geschickt machen müsse, dem Staate nützliche Dienste zu leisten. Was kann ich mehr tun, als ihn bedauern?« (II/12; B I, 193). Das Ideal welterfahrener, lebenspraktischer gemeinsinniger Gelehrsamkeit, das sich während der Frühaufklärung im Anschluß an den Renaissance-Humanismus herausbildete, bezeichnet Damis als »Vorurteil« und subsumiert es somit, völlig unreflektiert, unter ein kurzschlüssiges Denken und Handeln, dem die Verfechter des Ideals gerade entgegenzuwirken versuchten.

Der Freigeist

Die im *Jungen Gelehrten* sich andeutende Vorurteilsproblematik tritt in den beiden anderen Problemkomödien noch stärker hervor; hinsichtlich der titelgebenden Personen, Freidenker und Juden, die gleichermaßen geschmähte Randgruppen der zeitgenössischen Gesellschaft bildeten. Bei ersteren handelte es sich, kurz gesagt, um Verfechter weltanschaulicher Positionen unabhängig oder jenseits von den christlichen Glaubensbekenntnissen. Während Lessing diese sogenannte Freigeisterei in ihrer radikalsten, der atheistischen Ausprägung negativ beurteilte, stellte er durch sein Lustspiel *Der Freigeist* (EDW: B I, 1130-1143; Aufführungsverzeichnis: Nr. 534, S. 179f. und 283f.) die verfeindeten Seiten in Gestalt zweier differenzierterer Charaktere, der Titelgestalt Adrast und des Geistlichen Theophan, mehr nebeneinander als sich gegenüber. Die besondere Brisanz der Ausgangsposition (I/2; gesprächsstrukturalistisch untersucht von Ungeheuer, Nr. 370) besteht darin, daß beide Figuren klischeehafte Vorstellungen von ihrem jeweiligen Widerpart haben.

Wennschon Theophan zwischen Individualität und Ideologie unterscheidet und dem Menschen Adrast, um dessen Freundschaft er wirbt, nur Gutes zutraut, beurteilt auch er üblicherweise Freigeisterei pauschal als egoistisches Wollen und moralische Verworfenheit. Umgekehrt identifiziert Adrast, hinter der Freundschaftswerbung eine der (vermeintlich) gewöhnlichen Pfaffenbetrügereien vermutend, den Menschen Theophan unbedenklich mit einem Zerrbild der Geistlichen, die alle ihren Verstand verleugneten und unverstellt argumentierend Ungläubige verteufelten. Der Autor problematisiert beide Standpunkte und ebenso das, was Theophan unternimmt: »Es kann Eigennutz, es kann eine Art von Ehrgeiz sein, sein [Adrasts; W.A.] Vorurteil von den Gliedern meines Ordens durch mich zu Schanden zu machen.« (III/1; B I, 397) Das entscheidende Stichwort ist »Vorurteil«. Es bezeichnet exakt die wechselseitige Fehleinschätzung der beiden Hauptfiguren. Innerhalb dieses konstitutiven Konfliktansatzes wird die Problematik des Eigennutzes sekundär, zumal eine spezielle Form des Selbstbezuges die lustspielhafte Konfliktentwicklung (überkreuzte Liebe zu zwei Schwestern) maßgeblich prägt.

Der Autor des *Freigeists* behandelte das Vorurteilsproblem auf genregerechte Weise, indem er es aus der Sphäre rationalistischer Begriffsklärung verlagerte in den Bereich des Alltagslebens und der zwischenmenschlichen Beziehungen. Er wollte dafür sensibilisieren, weder das eigene Handeln von »vorgefaßten Meinungen« (Theophan in V/3; B I, 435) bestimmen zu lassen noch das des Mitmenschen kurzweg von solchen Meinungen bestimmt zu glauben. Die ideellen Gehalte der areligiösen Weltsicht werden ebensowenig kritisiert oder überhaupt diskutiert wie die der religiösen. Dem entspricht, daß Adrast zwar verallgemeinernd – und im Falle Theophans eindeutig zu Unrecht – dem Berufsstand der Geistlichen Heuchelei, Selbstsucht usw. vorwirft, nirgends aber das Argument religionsfeindlicher Philosophie (etwa Voltaires; s. Nr. 368) aufnimmt, alle priesterliche Wirksamkeit sei Betrug der Menschheit. Und seinerseits liefert Adrast ein Beispiel dafür, daß nicht alle Freigeister die ihnen unterstellten amoralischen Motive haben. Ihm geht es um Erkenntnis, um Wahrheit.

Nur verbindet sich dies abermals mit fragwürdigen Momenten. Adrast will der Verbreitung der Wahrheit Schranken setzen und argumentiert, gewandt an die insgeheim geliebte Juliane: »Es ist mir unmöglich zu glauben, daß die Wahrheit gemein [d.h. allgemein verbreitet; W.A.] sein könne« (IV/3; B I, 415). Zugleich will Adrast vermeinte religiöse Unwahrheiten unter »dem Pöbel« erhalten. Diese Position wird zur Diskussion gestellt durch entschiedenen Einspruch der Gesprächspartnerin, wobei der Doppelaspekt Wahrheitsfindung und Aufklärung ausschlaggebend ist, nicht das Moment der (von Weber in Nr. 441, S. 205ff. vereinseitigten) Exklusivität von Adrasts »Freigeisterei«. Seine Darlegung wird zunächst zweifelhaft, weil er einen ideologisierten Wahrheitsbegriff verwendet, Als wahr gilt ihm einzig, was mit seiner Weltsicht übereinstimmt. Und das soll »dem Pöbel« zuvörderst deshalb vorenthalten werden, um ihn über die Religion als »eine Art von Zaum« (IV/3; B I, 416) besser lenken und beherrschen zu können. An dem Punkt konvergieren die Ideologie Adrasts und diejenige all derer, die von christlicher Warte sich gegen das – um 1750 noch vereinzelte – volksaufklärerisch vorurteilskritische Argument wandten, es sei gottgewollt, auch den gemeinen Mann (den Angehörigen der Unterschichten) zu vernünftigem Denken und Handeln zu befähigen. Der Konvergenz liegt die Überzeugung zugrunde, Religion müsse allemal funktionalisiert und im Interesse des Staates dienstbar gemacht werden.

Hieran setzen Julianes Einwände an. Sie bezieht die volksaufklärerische Komponente mit ein, insofern sie Adrasts Parallelisierung des Pöbels und des weiblichen Geschlechts, welch letzterem die Religion »eine Art von Zierde« (ebd.) sei, abweist: »Nein, Adrast; die Religion ist eine Zierde für alle Menschen; und muß ihre wesentlichste Zierde sein.« Denn sie befähige zum gottgewollten Menschsein: »Was kann uns zu wahrern Menschen, zu bessern Bürgern, zu aufrichtigern Freunden machen, als sie?« (Ebd., S. 416f.) Folglich gilt es, derartige Ansichten auch »dem Pöbel« zu vermitteln und ihn in geeigneter Weise aufzuklären – was indes im Stück nicht expliziert wird.

Schlüsse zu ziehen, selbst weiterzudenken, ist – schon im Frühwerk Lessings und exemplarisch in diesem Jugendlustspiel – der Zuschauer oder Leser so unaufdringlich wie nachdrücklich angehalten. Denn der Diskurs zwischen Adrast und Juliane bleibt mehr noch als der anfängliche mit Theophan unentschieden; konsequenterweise, da Lessing vorurteilsbehaftetes menschliches Verhalten zur Debatte stellt, nicht aber ideale Grundlagen unterschiedlicher Weltsichten. Innerhalb der zentralen polaren Figurenkonstellation wird der Abbau von Vorurteilen demonstriert. Beiderseits tritt eine unvermutete Ausnahme hervor: ein auch ohne Religion tugendhafter Mensch und ein trotz klerikalen Metiers einen Ungläubigen akzeptierender Mensch, die Freunde werden. Sie gehen eine zeitgenössisch hochgeschätzte, eine noch dazu vorurteilslose zwischenmenschliche Beziehung ein. Sie korrigieren ihre ursprüngliche Meinung und mithin partiell ihr Denken, geben aber keineswegs ihre jeweilige Weltsicht preis – haben sie doch auch kraft ihrer beispielhaft aufgeklärten Individualität dazu keine Veranlassung. Von ›conversion‹ (Brown, Nr. 366), gar von einer einseitigen des Freigeists, kann keine Rede sein; vielmehr wird er »von seinem Außenseiterdasein erlöst und in die Lustspielgesellschaft integriert« (Kramer, Nr. 369, S. 132).

So weit zu gehen, war Lessing im Falle der anderen sozialen Rand-gruppe angesichts verfestigterer gesellschaftlicher Konventionen un-möglich; abermals indes machte er deutlich, daß ihm jede Verände-rung zu Lasten allein der schwächeren Seite verfehlt erschien. In dem Einakter *Die Juden* (EDW: B I, 1152-1155; Aufführungsver-zeichnis: Nr. 534, S. 181f. und 283; zur Rezeption im 18. Jahrhun-dert: Nr. 390) zeigt er wiederum, wie tief Vorurteile verwurzelt, wie rasch sie stets aufs neue gefaßt und wie schwer sie zu überwinden sind. Wenngleich der Begriff >Vorurteil< nicht im Stück selbst auf-taucht, sondern erst in Lessings späteren Äußerungen *Über das Lust-spiel »Die Juden«* (1754; dazu Nr. 389, S. 191ff.), so ist die Vorur-teilsproblematik mitsamt dem dazugehörigen Umfeld doch erneut allgegenwärtig, ja sogar verschiedentlich zugespitzt worden. Die nö-tigen Voraussetzungen hierfür liefert die unmittelbare Vorgeschichte des Bühnengeschehens: die Rettung eines antisemitischen Barons, den seine eigenen – als Juden verkleideten – Bediensteten auszurau-ben versuchen, durch einen jüdischen Reisenden.

Schreibt Adrast sein Unglück undifferenziert Priestern zu, so be-stätigt der Überfall dem Baron umgehend die verbreiteten Ansich-ten über Juden als »die allerboshaftesten und niederträchtigsten Leu-te« (6. Auftritt; B I, 461). Wohin solch Pauschalverdammnis führen kann, zumal wenn etwa Kleriker bei weniger denkenden und leich-ter beeinflußbaren Menschen niederen Standes die Umwandlung von Vorurteilen in Haßgefühle fördern, zeigt sich – wie übrigens be-reits im *Freigeist* – am eindringlichsten in der Sphäre und Sprache »des Pöbels«, hier Martin Krumms, eines der beiden Räuber:

»So viel als ihrer [der Juden; W.A.] sind, keinen ausgenommen, sind Betrie-ger, Diebe und Straßenräuber. [...] Ich dürfte nicht König sein. Ich ließ kei-nen, keinen einzigen am Leben. [...] Wenn sie der liebe Gott nicht selber haßte, weswegen wären denn nur vor kurzen, bei dem Unglücke in Breß-lau, ihrer bald noch einmal so viel als Christen geblieben? Unser Herr Pfarr erinnerte das sehr weislich in der letzten Predigt.« (2. Auftr.; B I, 452f.)

Religiöse und moralische Diskreditierung Andersdenkender oder -gläubiger steigern sich zu regelrechten Mordgelüsten und Inkrimi-nierungen. Und die besondere Pointe dessen, daß Krumm unge-wollt eine Selbstcharakterisierung gibt. Denn er und sein Kumpan begingen, wie sich herausstellt, alle die genannten Verbrechen.

Ähnlich wie Theophan versucht der Reisende, hier also ein An-gehöriger eines geschmähten Sozial- und Glaubensstandes selbst, Vorurteile durch menschenfreundliches Verhalten abzubauen. Bündig motiviert er seine Rettungstat: »Die allgemeine Menschenliebe verband mich darzu. Es war meine Schuldigkeit, und ich müßte zu Frieden sein, wenn man es auch für nichts anders, als dafür angesehen hätte.« (Ebd., S. 451) Menschsein bedeutete aus dieser – gewiß Lessings eigener – Sicht aktive Humanität, die bei anderen ebenfalls dauerhaftere Humanität und nicht lediglich vorübergehende Verbindlichkeit wie die des Barons erwecken müßte, sollten zwischenmenschliche Beziehungen wirklich verbessert werden. Da genau jedoch stößt der jüdische Reisende an eine Grenze, geschaffen von Menschen, durch inhumane, vorurteilsvolle judenfeindliche Gesetzgebung. Und keineswegs durch eine höhere, göttliche Instanz, die der Baron ebenfalls bemüht, nachdem der Jude seine Identität eingestanden hat: »So giebt es denn auch Fälle, wo uns der Himmel selbst verhindert dankbar zu sein?« (22. Auftr.; B I, 486) Es zeigt sich, entgegen der Deutung, Menschenliebe verbinde Retter und Geretteten (Barner, Nr. 389, S. 204), daß der Baron zwar Menschlichkeit und Großmütigkeit des Juden bewundert, sie aber selbst allenfalls bedingt aufbringt.

Seiner gewollten Dankbarkeit, die sich zuvor im Angebot erst seiner Freundschaft und dann gar der Hand seiner Tochter äußerte, stünde nur im letzten Fall ein unüberwindbares gesetzliches Hindernis entgegen. Freilich redet er nun nicht einmal mehr von Freundschaft, statt dessen bietet er sein »ganzes Vermögen« (22. Auftr.; BI, 486) an, was vielleicht einer Art materiellen Großmuts nahekommt, letztlich wohl eher einer Entlohnung gleicht. Demgemäß reagiert der Jude, nunmehr explizit auf eine Erkenntlichkeit, bezeichnenderweise eine überpersönliche und ideelle, abhebend: »Zu aller Vergeltung bitte ich nichts, als daß Sie künftig von meinen Brüdern etwas gelinder und weniger allgemein urteilen.« (Ebd.) Das ist ein Ansuchen, den noch ausstehenden wichtigsten Schritt zu tun, nämlich das antisemitische Vorurteil zu überwinden, das der Baron – obschon in einer sublimeren Variante – nach wie vor mit einem Martin Krumm gemein hat.

Als unzutreffend, über der formal dramaturgischen Seite des Schlusses seine dem Autor sichtlich viel wichtigere gedankliche Perspektive verkennend, erweist sich die Behauptung: »Indem ein aufgedecktes und beseitigtes Vorurteil die Handlung umschlagen läßt, erinnert der 22. Auftritt an das Schlußschema der sächsischen Komödie.« (Trautwein, Nr. 388, S. 8) Nichts von der zentralen sozialen Problematik des Einakters ist gelöst. Erste Ansätze lediglich erfolgen zu jenem erwünschten Schritt, das dominante Vorurteil abzubauen, indem der Baron beschämt wird und eine personengebundene Wertschätzung zollt: »O wie achtungswürdig wären die Juden, wenn sie alle Ihnen glichen!« (Ebd., S. 487) Nur die Ausnahme, als die Lessing, seinem Artikel *Über das Lustspiel »Die Juden«* zufolge, den Reisenden angelegt hat, wird hingenommen, »die widervernünftige >Regel< bleibt in Geltung« (Guthke, Nr. 387, S. 131). Die Anerkennung des Barons, seinem Erkenntnisstand gemäß, beinhaltet nicht die gesamte, umfassendere Intention des Autors, der sich in seiner Selbstbekundung ausdrücklich dagegen verwahrt hat, »daß die Juden [...] bloß als ein unterdrücktes Volk und nicht als Juden betrachtet werden« (B I, 497).

Lessing plädierte dafür, ihnen Menschenrecht und staatsbürgerliches Recht zu gewähren, sie sowohl in ihrer allgemein menschlichen Existenz als auch in ihren nationalen und religiösen Besonderheiten zu akzeptieren. Im Unterschied zu den meisten deutschen Aufklärern verlangte er, mit seinem Stück und mit jenem Artikel vorerst andeutungsweise, wechselseitige Akzeptanz und Toleranz von Christen und Juden, statt einseitiger Assimilation der jüdischen Minderheit. Dies war nach seiner Überzeugung die Basis des gleichberechtigten Zusammenlebens, das er wünschte und seine Idealfigur in einer späteren Stückfassung schon anfangs (I/3) aussprechen ließ: »Sollen Treu und Redlichkeit unter zwei Völkerschaften herrschen, so müssen beide gleich viel dazu beitragen.« (B I, 1156) Hinzugefügt wurde dieser Grundsatz rund zehn Jahre vor *Nathan*, in dessen engem, zu engem Kontext man *Die Juden* meistens betrachtet (so noch Kiesel, Nr. 464, S. 317). Insofern der Einakter, wie sich bestätigt hat, das sozialpolitische und zivilrechtliche Problem des Judentums aufgreift, bildet er nicht einen ersten Teil des *Nathan*, sondern wird durch die dort erfolgende religionsphilosophische Problemdiskussion vielmehr ergänzt (so Guthke, Nr. 387, S. 126).

Für die beiden beachtenswertesten Problemkomödien Lessings dürfte seine Selbstäußerung über *Die Juden* gelten, er habe erproben wollen, »was es für eine Wirkung auf der Bühne haben werde, wenn man dem Volke die Tugend da zeigte, wo es sie ganz und gar nicht vermutet« (»Vorrede« zum 3. und 4. Teil der *Schriften*, 1754; R III, 676). Unter »dem Volke« ist der Pöbel mit inbegriffen, und es entspricht dies genau der Erwartung des jungen Lessing von der besonderen Wirkungskraft des Theaters, aufgrund der versinnlichenden Darstellung auch denjenigen Angehörigen der Unterschichten zu erreichen, der nicht oder kaum las, aber die Schaubühne, die Vorstellung einer Wandertruppe besuchte – unbeeindruckt von bestimmten Geistlichen. »So viel ist zwar leider! wahr, daß durch ihr Schmälen bei dem Pöbel das Vorurteil wider das Theater, und wider die, die daran arbeiten, erhalten wird. Allein vielleicht kommen bald die Zeiten, da auch der Pöbel klüger, als sie, sein wird, und da sie die einzigen sein werden, denen man einen gesündern Verstand zu wünschen hat.« (*Beiträge zur Historie und Aufnahme des Theaters*, »Vorrede«; B I, 732f.) Lessing glaubte mithin an die Aufklärbarkeit auch unterer Volksschichten. Recht optimistisch erschien sie ihm möglich, sofern die Bereitschaft bestand, sich auf das Bühnengeschehen einzulassen, sich darüber eigene Gedanken zu machen.

Lessings Problemkomödien insgesamt geben am deutlichsten zu erkennen, daß sein Frühwerk während der Anfänge eines neuen Abschnitts der deutschen Aufklärungsbewegung oder in der Endzeit der Frühaufklärung entstand und die Innovation zugleich nicht unerheblich mitprägte. Wesentlich unter dem Eindruck der englischen und französischen Aufklärungsphilosophie ging auch in Deutschland aufklärerische Analyse und Kritik intensiver auf die Bereiche der Religion und Theologie sowie der Natur- und Staatswissenschaften über. Die sogenannte »schönwissenschaftliche« Literatur wurde zum aufklärerischen Medium par excellence; das Theater gewann für einige Jahrzehnte eine Vorrangstellung und trug mit der rasch anwachsenden Zeitschriftenpublizistik erheblich dazu bei, die Literatur zu verändern. Sie gewann einen öffentlich diskursiven Grundzug, und die Autoren begannen, erwünschte und unerwünschte Begleiterscheinungen oder Folgen von Aufklärung (selbst-)kritisch zu reflektieren. Der junge, debütierende Schriftsteller Lessing bemühte sich, auch nach seinem Weggang von Leipzig (er belegte in Wittenberg, zum Herbst 1748, kurzzeitig Medizin), fast allenthalben um Anschluß an die Neuentwicklungen, wobei er immer entschiedener Selbstverständigung mit weiterführenden Innovationsversuchen verband.

1.2 Konzeptionen literarisch-publizistischer Aufklärung (Berlin, Wittenberg, Berlin 1748-1755)

Die Übersiedlung nach Berlin, wo Lessing im November 1748 eintraf, war für ihn ein erhoffter Neuanfang, eingeleitet durch entschlossene Abkehr von den Universitätsstudien, in die die Eltern permanent hineingeredet hatten. In Berlin suchte und fand Lessing eine erweiterte Lebenswelt, andere Bezugskreise noch als in Leipzig.

Berlin war um 1750 eine prosperierende Metropole, die der nahegelegenen Residenzstadt Potsdam buchstäblich den Rang abzulaufen begann und sich anschickte, das Aufklärungszentrum Preußens zu werden (dazu Nr. 72, Kap. 2). Begünstigt wurde dies, bis zu einem gewissen Grade, durch den Fridericianismus, die preußische Variante des zeitgenössischen aufgeklärten Absolutismus, geprägt von Friedrich II. Er hatte 1740 den Thron bestiegen und zog französische Aufklärungsphilosophen, unter ihnen Voltaire, an seinen Hof.

All das dürfte Lessing aufmerksam registriert und bei seinen Erwartungen mit berücksichtigt haben. Sein Verhältnis zu dem preußischen König (die früherhin durchweg unterstellte bedingungslose Anhängerschaft ist spätestens seit Mehring, Nr. 40, umstritten), wird inzwischen differenzierter gesehen: Lessing habe in Friedrich II. zunächst zwar hoffnungsvoll den Förderer allen Aufklärungsbestrebens gesehen, sei dann aber, im Gefolge des Siebenjährigen Krieges ab 1756, mehr und mehr enttäuscht worden (Höhle, Nr. 112). Hinzuzufügen ist, daß er sich als Verfechter einer antihöfischen Nationalkultur dem strikt an französischen Mustern orientiert bleibenden Herrscher freilich nicht empfohlen und immer weniger Aussichten auf eine Anstellung durch ihn gehabt hat. Zum Umfeld des Hofes ergaben sich kaum engere persönliche Beziehungen. Kurzzeitig hatte Lessing mit Voltaire Kontakte und übersetzte (1751) einige historische Schriften von ihm.

Abermals war es Mylius, der elementare (Über-)Lebenshilfe leistete. Er bot Lessing erste Unterkunft und vermittelte ihm Gelegenheitsarbeiten, Bekanntschaften und schließlich, ab 1751, auf Jahre eine feste Kritikerstelle an der *Berlinischen privilegierten Zeitung*, der späteren *Vossischen Zeitung*, einer der überregional verbreiteten Zeitungen Preußens (zu ihr Nr. 284). Dort veröffentlichte Lessing eine Vielzahl anonymer Rezensionen über Neuerscheinungen aller Art; zumeist nicht schlüssig zuweisbare Besprechungen (vgl. Kap. 3.1) – woraus gefolgert worden ist, er habe sich einer »Gruppenidentität« mit bereits tradierten Leserbezügen angeschlossen (Baasner, Nr. 289, S. 130f.). Gleichwohl verstand er es, innerhalb der Gruppenbindungen seine Individualität zu entfalten.

Bereits im Oktober 1751 wußte man aus Berlin brieflich zu vermelden: »Es ist hier ein neuer Criticus aufgestanden, von dessen Werth Sie aus beiliegender Critik über den Messias [von Klopstock; W.A.] werden urtheilen können. Er scheint nur noch ein wenig zu jung.« (D, S. 42). Lessing aber wollte nicht unbedingt den frühen, den wohlfeilen und rasch verfliegenden Ruhm. Er wollte sich, seinen weitgespannten Interessen folgend, als vielseitiger Autor durchsetzen und eine materiell gesichertere Existenzform schaffen. Dem Drängen des Vaters nachgebend, schloß er seine Universitätsjahre offiziell ab, indem er 1752 in Wittenberg gleichsam nebenbei den Magistertitel erwarb, mit einer biographischen Abhandlung über den spanischen Arzt und Philosophen Juan Huarte (um 1530 bis 1593). Die meiste Zeit hingegen widmete Lessing der Quellenauswertung für einige Vorhaben und der Übersetzung *Johann Huarts Prüfung der Köpfe zu den Wissenschaften* (1752; LB I, Nr. 1733; Reprint, mit einer informativen, auf Nr. 92 basierenden Einleitung: München 1968). Dieser Übersetzung eignet ein exponierter Stellenwert im Frühwerk Lessings, denn es handelt sich um die erste Buchpublikation, der er seinen Namen voranstellte.

Huartes Versuch einer bemerkenswert frühen Begabungstheorie und Anleitung zur pädagogisch-psychologischen Begabtenförderung gewann für Lessing genau zu dem Zeitpunkt neue Aktualität, an dem man die Relationen von innovativem >Genie< und kanonischen >Regeln< mehr zugunsten des Künstlers auszulegen begann (vgl. J. Schmidt, Nr. 136, Bd. 1, S. 69ff.). Was gerade dem deutschen Aufklärer an dem spanischen Gelehrten besonders beispielgebend erschien, erhellt aus der »Vorrede des Übersetzers«: »Sollte man ihn nun nach seinen eignen Grundsätzen beschreiben, so würde man von ihm sagen müssen: er ist kühn, er verfährt nie nach den gemeinen Meinungen, er beurtheilt und treibt alles auf eine besondre Art, er entdecket alle seine Gedanken frey und ist sich selbst sein eigner Führer.« (LM V, 7; diese aufschlußreiche Vorrede weder bei R noch bei G.) Der Passus liest sich wie eine verdeckte Eigendarstellung Lessings, dessen aufklärerisches Leitprinzip, selbständig zu denken und zu handeln, der vorgestellten Methode des Huarte zeitgemäß modifiziert entsprach.

Dieses Leitprinzip gehörte auch zentral zum ideellen Hintergrund der Epigrammdichtung Lessings, die in Wittenberg ihren ersten Höhepunkt erreichte und dann – mit Unterbrechungen – anhielt bis ins letzte Lebensjahrzehnt (bester Überblick: H. D. Becker, Nr. 191). Sie verdient mehr Aufmerksamkeit, als sie bisher in der Lessing-Forschung gefunden hat. Aus der Richtung der traditionellen Einflußforschung ist diesen *Sinngedichten* (erste Sammlung in: *Schriften*, Teil 1, 1753) schwerlich angemessen beizukommen und tatsächlich günstigstenfalls »von Lessings *Verbesserungssucht* zu reden« (Woessner, Nr. 192, S. 51). Sehr wohl stand er in einer bis zur Antike zurückreichenden Tradition und ließ sich besonders von Martial anregen (s. Nr. 106, S. 180-207). Entscheidend aber bleibt, wie in anderen Bereichen seines Frühwerks, was er aus dem Vorgefundenen macht: Er richtete seine besondere Vorliebe auf die gattungseigene Kunst der immer neuen Pointierung, deren Nachvollzug die Mühe des Nachdenkens vor die Freude der Einsicht stellt – exemplarische Einübung des Lesers, aber auch des Autors selbst in literarische Aufklärung. Denn es handelt sich hier wie bei den Jugendlustspielen keineswegs um bloße Vorstufen, sondern um eigenwertige Resultate »der kritisch-poetischen Selbsterprobung« (Barner, Nr. 51, S. 162).

Von den ersten Berliner Jahren an ergab sich ein für Lessing charakteristisches Neben- und Ineinander verschiedenster Unternehmungen. Es dokumentierte sich vorerst eindrucksvoll, obschon nicht einmal vollständig, mit einer sechsbändigen Sammlung seiner *Schriften* (Berlin 1753-55, Originaltitel: *Schrifften),* die er als 24jähriger (!) begann.

Die Rezensenten- und Kritikertätigkeit ergänzte Lessing nicht nur durch die weitere Brotarbeit des Übersetzens, sondern systematisch vor allem um interessengelenkte literatur- und kulturhistorische Studien. Ihnen erwuchsen beispielsweise fragmentarische theologische Schriften und die »Rettungen« verfemter oder umstrittener Persönlichkeiten (s. Nr. 231), wobei Lessing gleich seinem Universitätslehrer Christ an die frühaufklärerische historisch-kritische Methode des französischen Philosophen Pierre Bayle (1647-1706) anknüpfte (Nr. 107).

Rettungen und Kritiken

In dem 1750 entstandenen, erst postum veröffentlichten Fragment *Gedanken über die Herrnhuter* (EDW: B I, 1416-1418) wandte Lessing sich – analog zu seinen Problemlustspielen – abermals einer oft verketzerten Minderheit zu. Er war einst der vom Reichsgrafen Zinzendorf 1722 gegründeten pietistischen Brüdergemeine im oberlausitzischen Herrnhut räumlich nahe gewesen und trat nun (und fortan) streitbar für sie ein, insofern er, ohne ihren Glauben und ihr Sektenwesen unkritisch zu sehen, sie zu tolerieren verlangte (Willmer, Nr. 269, S. 6f.). Seine Kritik setzte an bei einer – auch unter zeitgenössischen Aufklärern – verbreiteten Trennung von Verstand und Gefühl und bei lebensfremder religiöser wie philosophischer Spekulation: »Der Mensch ward zum Tun und nicht zum Vernünfteln erschaffen. [...] Glückselige Zeiten, als der Tugendhafteste der Gelehrteste war! [...] Sie waren zu glückselig, als daß sie lange hätten dauern können.« (B I, 936) Lessing hielt nicht etwa eine verklärende Rückschau, sondern wollte in seiner Zeit zu gemeinsinnigem Handeln anregen, das aus entsprechendem Denken und Empfinden hervorgeht, indes keineswegs von einem bestimmten Glauben abhängt. Schon hier bekundete sich Lessings lebenslange Eigenheit, sich nie kritiklos einer einzelnen theologischen oder sonstigen Richtung zu verschreiben (dies die Leitthese von J. Schneider in Nr.

257). Eigene Standpunktfindung und Diskussion aufklärerischer Leitprinzipien miteinander verbindend, leitet seine theologische Erstlingsschrift über zu den Rettungen.

Nicht minder kritisch differenziert als bei der Verteidigung der Herrnhuter widmete Lessing sich in der *Rettung des Hier. Cardanus* (1754, EDW: G VII, 725-727; die Schrift fehlt bei R), ausdrücklich eine Ergänzung zu Bayle ankündigend und stillschweigend eine zu Christ vornehmend (Göbel, Nr. 111, S. 174ff.), »dem Verdachte der Atheisterei«, der dem italienischen Humanisten (1501-1576) anhaftete. Bezeichnend, was hiergegen zu bedenken gegeben wurde: »Hat man oft mehr gebraucht, ihn [diesen Verdacht; W.A.] auf sich zu laden, als selbst zu denken und gebilligten Vorurteilen die Stirne zu bieten?« (G VII, 9). Aus Lessings Blickwinkel hatte Cardanus diese aufklärerischen Prinzipien antizipiert, indem er heidnische, jüdische, christliche und mohammedanische Religionen miteinander verglich und dabei nach Ansicht seiner Widersacher die Überlegenheit des Christentums nicht entschieden genug hervorhob. Genau umgekehrt bezogen sich Lessings antikritische Einwände – zu Cardanus und gleichzeitig zu seinen Kritikern – darauf, daß einseitig eine der geoffenbarten Weltreligionen bevorzugt worden war und noch immer oder überhaupt bevorzugt werden sollte. Deutet dies unbestreitbar »auf Ausgangs- und Grundsituationen der Hauptfiguren des *Nathan*« (Reh, Nr. 231, S. 180) voraus, so ließ der junge Lessing aber noch die Frage nach der Wahrheit der Religionen offen (Göbel, Nr. 111, S. 180f.).

Als Höhepunkt der rettenden und aller sonstigen streitbar kritisch-polemischen Publikationen des jungen Lessing gelten die *Rettungen des Horaz* (1754, EDW: G III, 781f.). Ihren Ansatzpunkt lieferten vermeinte Widersprüche zwischen Leben und Werk des altherkömmlich menschlich geschmähten, künstlerisch geschätzten römischen Dichters. Aus diesen viel berufenen Gegensätzen resultierte Lessings Absicht, Horaz von den Vorwürfen zu befreien, er sei unsittlich, feige und religionslos gewesen – Vorwürfe, die insbesondere eifernd christliche Gelehrte jahrhundertelang unbesehen kolportiert hatten (s. Nr. 106, S. 121ff.). Über diese ethische Intention weit hinausgehend, zielte Lessing darauf ab, kurzschlüssiger autobiographischer Dichtungsinterpretation entgegenzutreten. Es begann damit ein Bemühen, Eigenständigkeit und Grundlagen der Poesie aufzuzeigen, das sich kontinuierlich fortsetzte und vertiefte. In der gemeinsam mit Moses Mendelssohn verfaßten Abhandlung *Pope ein Metaphysiker!* (1755) wurde Dichtung von Philosophie abgegrenzt, im *Laokoon* (1766) von Malerei.

Einen relativ wenig beachteten, obwohl sehr aufschlußreichen Querschnitt durch Lessings literaturkritisches und kulturhistorisches

Frühwerk bieten seine 1753 herausgebrachten *Briefe* (EDW: G III, 736f.). Es handelt sich um ausgewählte, überarbeitete Kritiken aus der vorangegangenen Berliner Zeit, denen er die modische (nochmals in den *Literaturbriefen* gewählte) Form fiktiver freundschaftlicher Korrespondenz gab. (Ihre Datierungen bezeichnen also, im Unterschied zu den *Literaturbriefen*, keine Abfassungstermine.) Beachtenswert, daß und inwiefern er sie vom Standardtyp >galante Briefe< abgrenzte: »Es sind [...] nichts als Briefe an Freunde, und zwar an solche, an die ich etwas mehr als Komplimente zu schreiben gewohnt bin.« (»Vorrede« zu *Schriften*, T. 1-2; R III, 671) Ungeachtet aller sonstigen Fiktion ergeben sich mittelbar Einblicke in die Kommunikation der Berliner Literaten- und Freundesgruppe, der Lessing sich zugehörig fühlte.

Neben einer Rettung und einigen Rezensionen enthalten die *Briefe* Auseinandersetzungen mit drei Gegenwartsautoren, die für Lessing auch weiterhin größere Bedeutung behielten: Rousseau, Diderot und Klopstock. Rousseaus aufsehenerregendem *Discours sur les sciences et les arts* (1750), in dem der sittliche und gesellschaftliche Verfall der europäischen Staaten attackiert wurde, zollte Lessing keine uneingeschränkte Zustimmung (9. Brief). Er bemerkte wider die Hauptthese, die Krise sei sonderlich durch die Entwicklung der neuzeitlichen Wissenschaften bedingt: »Und wenn ja den strengen Sitten die Künste und Wissenschaften nachteilig sind, so sind sie es nicht durch sich selbst, sondern durch diejenigen, welche sie mißbrauchen. [...] Die Künste sind das, zu was wir sie machen wollen.« (R III, 340f.) Lessing wollte sie und die Wissenschaften, wie bereits sein Frühwerk zeigt, mit höchsten Anforderungen und Konsequenzen hinsichtlich der praktischen Umsetzung aufklärerischer Prinzipien, zu Medien der Aufklärung machen. Und dazu suchte er sich gleichdenkende Bezugsautoren aus allen Zeiten, aus verschiedenen europäischen Nationen. Diderot erkannte er (Brief 20) als einen weiteren geistesverwandten Anreger wie etwa Huarte oder Cardanus.

Am detailliertesten setzte Lessing sich mit Klopstocks *Messias* auseinander. Die ersten fünf Gesänge des Epos waren 1748-51 erschienen und von den Schweizern Bodmer und Breitinger im Literaturstreit mit Gottsched als Triumph ihrer Dichtungskonzeption gefeiert worden. Dieser Streit hatte sich jedoch längst festgefahren und in oberflächliches, persönliches Gezänk verwandelt. Lessing suchte deshalb nach einem kompromißlosen Mittelweg zwischen bzw. Neuansatz über den fruchtlos hadernden Parteien (Guthke, Nr. 104, S. 25ff. und 40). Exemplarisch dafür ist, wie er den *Messias* nach erkennbaren Intentionen des Autors als eigenständiges und eigenwertiges Kunstwerk zu deuten und den zeitgenössischen Lesern nahezubringen versuchte.

Mit der zunehmend distanzvollen Unabhängigkeit gegenüber den namhaftesten älteren Repräsentanten der deutschsprachigen Gegenwartsliteratur und mit dem Ziel einer Erneuerung dieser Literatur waren zwei wesentliche Voraussetzungen für einen neuartigen freundschaftlichen Autorenverbund gegeben. Bald nach Mylius' Tod (1754) machte Lessing die Bekanntschaft des angehenden Verlegers Friedrich Nicolai (Nr. 103) und des jüdischen Kaufmanns Moses Mendelssohn (Nr. 101, 109), zum Kritiker prädestiniert der eine, zum Philosophen der andere und beide Autodidakten; untereinander sowie mit Lessing stimmten sie in Absichten, Methoden und Zielen grundsätzlich überein. Bedeutete schon die vorurteilslose Integration eines Juden in den Gründungskreis eines solchen Bundes ein beachtliches Novum, so ermöglichten egalitärer (der Hierarchie in den >Schulen< Gottscheds und der Schweizer konträr entgegenstehender) Umgang und ein vertrauensvoller Gedankenaustausch (vgl. D, S. 76) weitere ungewöhnlich vielfältige enge Zusammenarbeit: vorerst von der *Theatralischen Bibliothek* (1754-58) über den Pope-Essay und einen privaten Briefwechsel zum Trauerspiel (1756-57) bis hin zu den *Literaturbriefen* (1759-65). Und es hat den Anschein, Lessing habe sich (1760 mit der Übersiedlung nach Breslau) von der unmittelbaren Gemeinschaftstätigkeit genau zu dem Zeitpunkt zurückgezogen, als die Freundesgruppe ihrerseits − wesentlich im Gefolge der *Literaturbriefe* − die Tendenz zu einer >Schule< bekam, zur Schule oder Strömung >der Berliner<, die die ehemalige umstrittene Leitposition der Schweizer und der Gottschedianer zu übernehmen sich anschickte.

Theaterzeitschriften

Nach wie vor war speziell in Lessings aufklärerischem Literaturkonzept die Dreiheit von Dramatik, Theater und Schauspielkunst zentral. Allerdings erfolgten bei der *Theatralischen Bibliothek* einige markante Akzentverschiebungen gegenüber der zusammen mit Mylius herausgegebenen Zeitschrift *Beiträge zur Historie und Aufnahme des Theaters*, der ersten deutschen Theaterzeitschrift überhaupt (1750; EDW: B I, 1330-1345; eine Monographie, ja selbst eine Übersichtsstudie fehlt). Lessings »Vorrede«, von 1749 datierend, bot eine einesteils etwas verschwommen anti-gottschedianische, andernteils allzu vollmundige Programmerklärung: »Die einzigen Franzosen hat man durch häufige Übersetzungen sich eigen zu machen ge-

17

sucht. [...] Wir wollen einholen, was man versäumet hat.« (B I, 726f.) Zum Zweck einer solchen Verbesserung (»Aufnahme«) des deutschen Theaters wurden geboten: aktuelle Theaternachrichten, historisch-theoretische Erörterungen über Theaterentwicklung einschließlich der Schauspielkunst und hauptsächlich Übersetzungen neuerer europäischer und antiker Dramatiker, allen voran Lessings von einer biographisch-werkanalytischen Abhandlung begleiteten Plautus-Übersetzungen (Nr. 106, S. 31ff.).

Die *Theatralische Bibliothek* (EDW: G IV, 812 und 815f.; ebenfalls nicht genauer aufgearbeitet) gab dann Gegenwartsproblemen und -autoren mehr Raum; ohne das Vorbildhafte der Antike wesentlich einzuschränken, wie die eingehende Beschäftigung Lessings mit Seneca, der Auftakt einer lebenslangen »produktiven Rezeption« (Barner, Nr. 102), zeigt. Vielmehr wurden die Antike-Bezüge ergänzt durch Hinweise auf neuere Dramenformen, die von Frankreich und England herkamen: das rührende oder weinerliche Lustspiel und das bürgerliche Trauerspiel.

Hatte Lessing sich in seinen Problemkomödien, etwa im *Freigeist*, nachgewiesenermaßen (Fricke, Nr. 367) bereits dramaturgisch praktisch dem rührend-ernsten Lustspiel angenähert, würdigte er es nun als eine der weitreichenden genialischen »Neuerungen« des jüngeren europäischen Theaters; Veränderungen der traditionellen Komödie und Tragödie, die er unter wirkungspoetologischem Aspekt einzuschätzen versuchte. Nicht die Ursachen, sondern die Folgen der auf die deutsche Literatur immer größeren Einfluß ausübenden Innovationsvorgänge beschäftigten ihn. Es ging ihm um die aufklärerischen (Nutz-)Anwendungen und Wirkungsmöglichkeiten der neuen Gattungen. Die »Nützlichkeit des neuen Schauspiels« (R III, 648), also der beiden gewandelten Dramenformen gleichermaßen, sah er – nach Maßgabe des ungebrochenen Aristotelischen Kanons – in dem Vermögen, Affekte zu erregen: das Lustspiel »Lachen und Rührung«, das Trauerspiel »Schrecken und Mitleiden«. Damit fielen bereits 1754 die entscheidenden, für Lessings Dramaturgie konstitutiven Begriffe, die später teilweise modifiziert wurden (»Furcht und Mitleid«, *Hamburgische Dramaturgie*); ebenso wie die an die Affekterregung geknüpften Erwartungen. Sie soll den Zuschauer »fühlbar« (R III, 650) oder empfindungsfähig machen, ihn letztlich zu selbständigem, aufgeklärtem Denken und Handeln anregen, insonderheit durch lebensnah charakterisierte Identifikationsfiguren, die nicht nach herkömmlichem Tugend-Laster-Schematismus angelegt sind.

Genau so verfuhr Lessing in seinem bürgerlichen Trauerspiel *Miß Sara Sampson* (1755; EDW: G II, 692-694 und Nr. 437; Aufführungsverzeichnis: Nr. 534, S. 189-191 und 283; zeitgenössische Wirkung: Nr. 448)). Funktional betrachtet diente der von diesem Stück repräsentierte Typ des frühen oder empfindsamen bürgerlichen Trauerspiels primär dazu, »eine *binnenbürgerliche* Problemsituation« (Eibl, Nr. 179, S. 70) vorzuführen. Unter dem Aspekt der Empfindsamkeitsproblematik ist resümierend konstatiert worden: »Die Allgemeinheitsfähigkeit des Gefühls steht hier auf dem Spiel. Dessen Sprachlichkeit ist Leistung und Selbstfundierung des Trauerspiels zugleich.« (Nolting, Nr. 451, S. 119) In den von Lessing anfangs nicht (erst mit *Emilia Galotti*) überschrittenen Rahmen eines Familiengeschehens (dazu Nr. 185, Kap. C II) ließ sich mittelbar auch die dem Ständestaat zugrunde liegende Trennung von öffentlichem und privatem Lebensbereich einbeziehen – eine Trennung, die als konstitutiver Unterschied der neuen Gattung zur höfisch klassizistischen Tragödie herausgearbeitet worden ist (von Weber, Nr. 441). An dem gattungsspezifischen Zusammenhang von privater Bürgerlichkeit und Empfindsamkeit hat man nur vereinzelt gezweifelt (Pikulik, Nr. 160). Gattungstypologisch gilt *Miß Sara Sampson* heute ziemlich unbestritten als das erste deutsche bürgerliche Trauerspiel, nachdem gegenteilige Ansichten (besonders pronociert bei Daunicht, Nr. 159) widerlegt worden sind (z.B. durch Weber, Nr. 441). Natürlich gab es Vorläufer und eine Vorgeschichte (resümiert von Guthke in Nr. 163, Kap. II.3-4).

Unter sie gehört, bei Lessing selbst, sein Trauerspielfragment *Samuel Henzi* (e 1749, E 1753; EDW: G II, 763-766), in dem er brandaktuelle authentische Ereignisse in Bern (dokumentiert R II, 517-29; Darstellung: Nr. 496) dramatisch umzusetzen versuchte: eine mißlungene Auflehnung gegen die patrizische Oligarchie und die unnachsichtige Bestrafung der führenden Verschwörer um Henzi. Lessings Ansatzpunkt bildet eine Diskussion der Frage, welche Mittel zur Rückgewinnung einer gerechten und gesetzestreuen Herrschaft legitim und ethisch vertretbar seien. Dabei ließ er von allen Gestalten am entschiedensten seine Titelfigur Gewaltanwendung problematisieren und Blutvergießen ablehnen. Es ging ihm also, wohlgemerkt, nicht um Revolution oder Umsturz, nicht um die Veränderung oder Bevorzugung einer bestimmten Staatsform, weder einer republikanischen noch einer sonstigen (entgegen Bergethon, Nr. 497). Vielmehr umriß er, von konkreten Umständen abstrahierend, das Ideal einer nötigenfalls reformbereiten, gemeinsinnigen

Regierung. Ein politisches Problem und mit ihm der zentrale Konflikt des Stückes wurde privatisiert durch charakterologisch-sittlich motivierte Gegensätze unter den Verschwörern. Henzi ist ein absolut wohlmeinender, selbstloser Protagonist ohne jeden Rachegedanken, der Antagonist Dücret in allem das genaue Gegenteil. Eine Differenzierung wie etwa im *Freigeist* erfolgte nicht. Abstraktheit und Schematismus herrschen vor – nicht von ungefähr blieb das Stück unvollendet.

Trotzdem kehrte Lessing ein grundsätzliches, allgemein menschliches Problem des Verschwörungsplans, ja vielleicht eines jeden politischen Reformvorhabens heraus: die Korrumpierbarkeit der an sich ›guten Sache‹, hier einer »Sache der Freiheit« (Seeba, Nr. 165, S. 29-37). Im Zusammenhang mit der Entpolitisierung des Konflikts erwuchs so eine neue ideelle Dimension gegenüber den klassizistisch-heroischen Tragödien. Deshalb auch ist es begründet, eine unbestreitbare formale Nähe zum »Heldendrama« (Kraft, Nr. 499, S. 23f. und 29f.) für weniger relevant zu erachten, zumal die »zum bürgerlichen Trauerspiel tendierende Privatisierung« (Weber, Nr. 441, S. 173), neuerdings bekräftigend interpretiert als eine Art Zwischenstufe bei der Entwicklung dieser Gattung (Kurpanik, Nr. 500), ebensowenig übersehen werden kann. Hinzuzufügen wäre, daß Lessing kein Staatsinteresse ins Zentrum rückte, sondern gegensätzliches menschliches Verhalten. Und darin besteht eine wesentliche ideelle Vermittlung zwischen dem Fragment und dem ersten bürgerlichen Trauerspiel.

Hat *Samuel Henzi* die schwierige Bewahrung individueller Humanität beim politischen Handeln zum Thema, so *Miß Sara Sampson* eine ganz ähnliche Schwierigkeit im privatbürgerlichen Alltagsleben: die Gefährdung zwischenmenschlicher Beziehungen durch egoistische Interessen, die berechtigten Persönlichkeitsansprüchen anderer Menschen zuwiderlaufen. Das Stück problematisiert einen Moralkodex, der unflexibel auf die Einhaltung sittlicher Grundsätze oder bestimmter ›Tugenden‹ ausgerichtet ist, ohne individualitäts- und situationsbezogene Modifikationen zuzulassen. Über daraus resultierendes (Fehl-)Verhalten wird eingehend diskutiert, wobei sich eine spezifische »Dialektik der Epfindung« entfaltet: eine »Differenz *und* Vermittlung von Sprechen und Empfinden« (Nolting, Nr. 451, S. 169). In der Gesamtperspektive des Stückes relativieren sich die Ansichten der Hauptpersonen gegenseitig, keine erscheint als die absolut gültige oder richtige. »Wahrheit kann nicht unmittelbar auf Empfindung bezogen werden oder durch einen Charakter garantiert sein.« (Ebd., S. 155) Die Figuren veranlassen einander, ihre Standpunkte und vor allem auch ihre Empfindungen zu überprüfen. Es ergeben sich durchaus unterschiedliche Resultate, weil sie davon abhängig gemacht sind, inwieweit es gelingt, Neigungen zum Selbstbezug und Eigennutz sowohl zu erkennen als auch zu überwinden.

Der zentrale Konflikt des Trauerspiels, ein gattungstypischer Familienkonflikt, wird zwischen Vater und Tochter, Sir William und Sara, ausgetragen (Weber, Nr. 441, S. 36-60 und Ter-Nedden, Nr. 183, Kap. A.II-III; zur Konfliktanlage insgesamt am detailliertesten Schenkel, Nr. 449, S. 74-185). Er bricht aus, als Sara sich gegen den Vater, der ihren Liebhaber Mellefont ablehnt, zu ihrer Liebe bekennt und mit Mellefont, der selbst Vater ist, flieht. Sir William vereinseitigt die Vater-Kind-Beziehung völlig zu seinen Gunsten. Erst als ihm eine Mitschuld an der Flucht bewußt wird, empfindet er – wie Waitwell, sein getreuer Diener, Sara berichtet – »ein aufrichtiges Bedauern, daß er die Rechte der väterlichen Gewalt gegen ein Kind brauchen wollen, für welches nur die Vorrechte der väterlichen Huld sind« (III/3; R II, 50). Eine wichtige Stufe des dramatischen Diskurses ist erreicht. Sir William reduziert seine Autorität (Badstübner, Nr. 445, S. 177), seine selbstbezogenen väterlichen Ansprüche und Machtbefugnisse, und gesteht seiner Tochter prinzipiell das Recht auf eigene Lebensführung sowie Partnerwahl zu. Er handelt nicht aus bloßer »Klugheit« (Sørensen, Nr. 180, S. 79), vielmehr aus gewandelter Überzeugung. Die der Figurenrede entnehmbaren kritischen Bedenken des Autors wider das streng patriarchalische Familiengefüge seiner Zeit legen schon an diesem Punkt die Schlußfolge nahe, das familiäre Zusammenleben möglichst von Repressionen freizuhalten und ein harmonisch-liebevolles Vertrauensverhältnis aufzubauen. Dahin weist der fernere Stückverlauf noch nachdrücklicher.

Auch Sara macht einen tiefgreifenden bzw. mehr noch: einen konfliktlösenden Wandlungsprozeß durch. Mit ihrer Flucht hat sie gegen die ihr anerzogene Verhaltensnorm verstoßen, woraufhin sie Gewissensbisse und Zweifel empfindet, die verstärkt werden durch unerwartete Hindernisse bei der ersehnten Eheschließung. Sara gerät in eine Identitätskrise (Nr. 446, S. 14f. und 185, S. 161ff.), die sie mittels eines außerordentlichen Tugendrigorismus (»Halsstarrigkeit der Tugend«, Hillen, Nr. 162, S. 119ff.) zu bezwingen sucht. Und der versperrt den sich eröffnenden Weg zur Bewältigung der Mitschuld, denn Sara meint, das väterliche Verzeihen nicht annehmen zu können. Waitwell vermag nicht recht, sie vom Gegenteil zu überzeugen, wie die Schwierigkeiten beweisen, die sie hat, dem Vater einen Antwortbrief zu schreiben (Nr. 449, S. 115ff.). Sie beharrt auf ihrem bisherigen Standpunkt, der ihr auch die selbstherrliche Gewißheit gibt, ihrer Antagonistin Marwood von vornherein ethisch überlegen zu sein. Daß er ebenso problematisch wie trügerisch ist, entdeckt Sara erst bei dem letzten Zusammentreffen mit der Nebenbuhlerin, das den »Charakter einer Tugendprobe« hat (van Ingen, Nr. 442, S. 59). Sie wird im nachhinein bestanden, indem Sara erstens die Rivalin als Mensch akzeptiert (Nr. 443, S. 93), zweitens den Grad ihrer Verirrung erkennt und drittens, von Marwood vergiftet, sterbend ihre Konsequenzen zieht. Sie versöhnt sich mit ihrem Vater, vergibt ihrer Mörderin und lenkt Mellefont von Racheplänen weg zur Bereitschaft, an seine und Marwoods Tochter Arabella zu denken.

Bei und nach der letzten Begegnung der Gegenspielerinnen tritt – namentlich unter dem Aspekt der Empfindung (Nr. 451, S. 182ff.) – zutage, wie ambivalent die Konstrastierung Saras und Marwoods ist. Einerseits, so hat man nachgewiesen, bringt Marwood Kehrseiten sowie Defizite bürgerlich-familiärer Moral und einen völlig berechtigten Liebesanspruch vor (Janz, Nr. 172, S. 214ff.), den hartnäckige Versuche zu einer Familiengründung begleiten (Lorey, Nr. 186, S. 155 und 158). Andererseits sollte nicht unberücksichtigt bleiben (wie bei Albert, in Nr. 175, S. 93ff.), daß Marwoods an höfischen Verhaltensverweisen orientierte Lebensart nicht zur Alternative erhoben wird. Marwood entzieht sich der am Ende als erstrebenswert angedeuteten humanen Gemeinschaft selbst, insofern sie sich wandlungsunfähig und von niederen Affekten, nach ihren eigenen Worten reuelos von »Rache und Wut« (V/10; R II, 101) beherrscht zeigt und ihre Tochter Arabella als Geisel mit auf die Flucht nimmt.

Solch Unwandelbarkeit und Inhumanität unterscheiden Marwood von allen anderen Hauptgestalten. Denn auch Mellefont bereut und korrigiert seine Verfehlungen (»geläuterter Verführer«, Nolle, Nr. 168, S. 246-261), die vorwiegend aus der inkonsequenten Abkehr von höfischen Konventionen erwachsen. Er steht am Schluß fest zu Sara und folgt ihr, sich an ihrer Ermordung mitschuldig fühlend, in den Tod. Damit weist er zwar die nun bei Sara und Sir William uneingeschränkt hervortretende Vergebungsmoral zurück (Nr. 183, S. 108), aber nicht aus Egoismus, der – angeblich – seinen Selbstmord als bequemste Lösung bedinge (Nr. 186, S. 166). Vielmehr überantwortet er sich kurzschlüssig schwerster Selbstbestrafung, weil er nur so einer angebahnten Vater-Sohn-Beziehung mit Sir William würdig zu sein vermeint. Fern aller bewußt kalkulierten Eigensucht, findet Mellefont zu einer altruistischen Haltung, indem er seine Bitte für Arabellas Wohl mit der Saras vereint.

Beispielgebend dringt Sara zur Idee tätiger Humanität oder genauer: tätiger privater Humanität (Nr. 444) vor, die zum Inbegriff

wahrer und höchster Tugend wird und nach dem Tod der Lieben-
den Sir William als Vermächtnis zufällt. »Die bewährte Tugend« (V/
10; R II, 102), von der Sara spricht, zeigt Lessing allerdings nicht in
Aktion. Er überläßt es, zum Selbstdenken und -handeln herausfor-
dernd, dem Zuschauer oder Leser, sich das weitere Schicksal der
Sara nahestehenden Menschen und vor allem mögliche gute Taten
vorzustellen, vielleicht gar selbst zu vollbringen.

Diese Wirkungsabsicht unterstützend, hat Lessing in der Schluß-
szene noch eine weitreichende Perspektive eröffnet. Indem Sir William Arabella als Enkeltochter aufzunehmen beschließt und so gleichsam seine Familie restituiert, bestätigt sich, daß ein auf Mitgefühl
und Nächstenliebe gegründeter Familienverband auch in reduzierter
Form (ohnehin der Hausmutter entbehrend) fähig ist, trotz Verir-
rungen seiner Mitglieder und trotz destruktiver Einwirkungen von
außen zu überdauern. Die Einschränkung tradierter Rechte des Fa-
milienoberhaupts beeinträchtigt zwar die geradlinige Kontinuität,
erlaubt jedoch Familiendenken und soziales Handeln zu verbinden:
Arabella wird adoptiert, Waitwell familiär integriert.

Bereits im Mittelakt verkündet Sir William dem getreuen Diener: »[...] du sollst es nicht schlechter haben, als ich es noch in der
Welt haben werde. Ich will allen Unterschied zwischen uns aufhe-
ben; in jener Welt, weißt du wohl, ist er ohnedies aufgehoben.« (III/
7; R II, 62) Angesichts dieser Position ist es unhaltbar, uneingeschränkt zu behaupten: »Die Gegensätze der gesellschaftlichen
Wirklichkeit werden von den zentralen Figuren des Stückes nicht
überwunden, sondern übersehen und dadurch verwischt.« (Pütz,
Nr. 182, S. 151) Sir Williams Vorhaben gewinnt an Beispielhaftig-
keit durch die ihm kontrastierende Beziehung Mellefonts zu seinem
Diener. Und zudem bezeichnet es eine sozialpraktische Schlußfolge
aus dem Zentraldiskurs über menschliches Zusammenleben. Die
Orientierung auf den privat-familiären Bereich ist nur ein erster
Schritt. Der notwendige zweite besteht darin, über diesen Bereich
hinaus- und auf die menschliche Gemeinschaft einzuwirken. Das ist
der ideelle Kern einer stückimmanenten »Poetik des Mitleids«
(Schenkel, Nr. 449, S. 212).

Lessing arbeitete indes der Absicht, die Zuschauer und Leser zu
derartigen eigenen Überlegungen anzuregen, ungewollt entgegen
mit seinem Bestreben, ein Höchstmaß an Mitleid zu erregen. Anscheinend glaubte er bei der ersten Erprobung seiner Mitleids- und
Identifikationsdramaturgie, der Grad des Mit-Leidens und sonach
auch der der Wirksamkeit sei der Intensität des dargestellten Lei-
dens direkt proportional. Folglich häufte er im V. Akt Tugenden
und Qualen namentlich der Titelgestalt so sehr, daß die Mitleidsfä-

higkeit des zeitgenössischen Publikums, bei der Uraufführung am 10. Juli 1755 und auch späterhin, überanstrengt wurde. Vielfach bemächtigte sich seiner lähmende Rührung (s. Nr. 448). Und sie dürfte das – vernünftiges Denken erfordernde – Vermögen, eigene Schlüsse zu ziehen, nicht unerheblich beeinträchtigt haben.

Das rezeptions- und wirkungsgeschichtliche Interesse der Zeit nach 1970 erfaßte *Miß Sara Sampson* weniger als die anderen dramatischen Hauptwerke Lessings. Ein wesentliches Resultat immerhin ist zu verzeichnen. Es wurde, innerhalb einer wirkungsästhetischen Typologisierung des deutschsprachigen bürgerlichen Trauerspiels der Aufklärungsepoche, der quellengestützte Nachweis für das bisher oft genannte und kaum empirisch verifizierte Phänomen erbracht, daß weder *Sara* noch *Emilia Galotti* Musterstücke für die Entwicklung einer (bürgerlich-)nationalen Dramatik waren (jüngster Nachweis von Mönch, Nr. 187).

Im Zusammenhang mit der Neu- und Wiederentdeckung des bürgerlichen Trauerspiels um 1970 hat *Miß Sara Sampson*, von der Wirkungsforschung abgesehen, größere Aufmerksamkeit als früherhin gefunden und ist von den verschiedensten Forschungsrichtungen mit unterschiedlichen Methoden und Ergebnissen detailliert untersucht worden. Dominant sind dabei sozialgeschichtliche und materialistische Studien geblieben, die eine weit zurückreichende Tradition haben (z.B. Mehring und Eloesser, Nr. 40 und 154), zu der auch eine »psychogentische« Betrachtungsweise der *Sara* und anderer aufklärerischer »Bürgerdramen« gehört (F. Brüggemann, Nr. 155). Daran anknüpfend hat man, über die zuvor vereinseitigte Problematik der Heldenwahl und der formalen Innovation hinausgehend, anhand der *Sara* ein gattungsspezifisches »Menschenbild« herausgearbeitet (Weber, Nr. 441) – einesteils sehr textnah interpretierend, andernteils kurzweg ein bürgerliches Klassenbewußtsein voraussetzend. Ähnlich ist »Lessings Konzeption privater Humanität« gesehen worden: »geprägt von der Unentwickeltheit des Emanziaptionskampfes des Bürgertums« und zugleich durch ein »moralisches Bewußtsein, das sich abgrenzt von der feudalabsolutistischen Ideologie« (Peitsch, Nr. 444, S. 188 und 192). Und derart ist die anerkannt verdienstvolle Beschreibung eines charakteristischen privaten Sujets, das dem öffentlich-politischen der heroisch-klassizistischen Tragödie kontrastiert (laut Pikulik, Nr. 160), überspitzt ideologisierend repolitisiert worden.

Einen anderen Forschungsstrang bilden geistesgeschichtliche und speziell religiöse Deutungen, die sich besonders der »inneren Handlung« der *Sara* widmeten. Lutherische Auffassungen von Schuld und Vergebung zugrunde legend, sah man in dem Stück eine »Dramatisierung der fünften Bitte des Vaterunsers: ›Vergib uns unsere Schuld, wie wir vergeben unseren Schuldigern«』 (Bornkamm, Nr. 439, S. 393). Dieser Deutungsansatz hat neuerdings eine nachdrückliche Fürsprache gefunden – ohne daß er dabei zu einer stringenten religiösen Interpretation ausgebaut worden wäre; statt ihrer findet sich eine strikt antithetische Behauptung zu sozialgeschichtlichen Positionen: »Lessings Erstlingstragödie ist von aller Sozialkritik oder gar einem ›revolutionären Impetus‹ weit entfernt.« (Zimmermann, Nr. 453, S. 277) Letzteres steht inzwischen zweifelsfrei fest (s. auch Spies, Nr. 450), hinsichtlich mittelbarer Sozialkritik indes dürften noch einige tiefere Feststellungen möglich und nötig sein.

Seit der Nachweis einer »ästhetischen Geschlossenheit von Lessings Trauerspiel« erbracht worden ist (durch Durzak, Nr. 440), sind umfassendere analytisch-interpretatorische Studien zur *Sara* wieder seltener geworden (letzthin Kuttenkeuler, Nr. 452). Ein ergebnisträchtiger Neuzugang hat sich aufgetan bei der gelungenen Verifikation der These, daß das Stück eine homogene immanente Poetik des Mitleids biete, noch vor ihrer theoretischen Fixierung im Briefwechsel mit Mendelssohn und Nicolai, dessen Auftakt es bilde (Schenkel, Nr. 449). Es ist einsichtig gemacht worden (ebd.): Das empfindsame bürgerliche Trauerspiel *Miß Sara Sampson* gestaltet poetisch seine eigene gattungsgeschichtliche Entwicklung; es enthält idealtypisch die Gestaltungsprinzipien der Gattung und die Konstituenten des Mitleids-Affekts; dieser ist ein wirkungspoetisches wie auch ein werkästhetisches Prinzip und als solches Hauptmittel, Kernstück und Grundtypus der poetischen Reflexion, die auf eine wirkungspsychologisch bestimmte gesellschaftskritische Utopie hinausläuft.

Ein weiterer herausragender Neuansatz knüpft sich an die Feststellung, Lessings Trauerspiele vereine die Konzeption einer aufgeklärten Tragödie des Irrtums nach attischen Vorbildern; und *Sara* sei, entgegen der gemeinhin analysierten Bezüge zu Senecas *Medea* (Barner, Nr. 102, S. 35-52; Woesler, Nr. 447), eine aufklärerisch modernisierte Euripideische *Medea* (Ter-Nedden, Nr. 183, Kap. A). Deren Thema, Rache und Vergebung, nehme die moralkritische Perspektive der Bergpredigt auf. Die Bemühungen zur Rückgewinnung der Tochter und des Geliebten, so erweist sich, sind eine Parallelkonstruktion, die eine problematisierte Rache- und eine alternative Vergebungshandlung entfaltet. Durch diese Erkenntnis wird die zählebige Ansicht widerlegt, das Stück sei mangelhaft motiviert, da die Katastrophe durch Marwood von außen herangetragen werde (Weber, Nr. 441, S. 54 und 60).

So vereinzeln sich denn in der Forschung nach wie vor die ideellen Dimensionen des Stückes derart, daß eine integrierende Gesamtanalyse dringlich geboten erscheint.

1.3 Aufklärerischer Schriftsteller
im Spannungsfeld kriegerischer Ereignisse
(Leipzig, Amsterdam, Berlin 1755-1760)

Im Oktober 1755, ein Vierteljahr nach der erfolgreichen Uraufführung der *Miß Sara Sampson*, verließ Lessing Berlin und ging nach Leipzig – vielleicht, um sich über die dortige relativ günstige Situation des Theaters oder überhaupt des kulturell-literarischen Lebens ein weiteres und besseres Fortkommen zu verschaffen. Jedenfalls gab es umgehend Verbindungen zur Theatertruppe von Johann Heinrich Gottfried Koch und Pläne, Stücke für ihn zu bearbeiten. (Außerdem brachte Koch im April 1756 eine Inszenierung der *Sara* heraus.) Und es eröffnete sich, ganz unvorhergesehen, eine andere verlockende Möglichkeit: als Reisebegleiter eines Leipziger Kaufmannssohnes ein Stück Welt kennenzulernen und zugleich zwei bis drei Jahre lang versorgt zu sein.

Die Reise ließ sich gut an und brachte Lessing zunächst die Wiederbegegnung mit Freunden (z.B. mit Gleim in Halberstadt) und einige wichtige persönliche Bekanntschaften, vornehmlich die mit Klopstock und mit dem – exemplarisch um adäquate Darstellung der neuen Dramenformen bemühten – Schauspieler Konrad Ekhof in Hamburg (s. D, S. 103-107; Nr. 78f.). Ein erstes größeres Zwischenziel war Amsterdam, von wo Lessing seinem Vater mitteilte (3. 8. 1756; B XI/1, 102):

»Wir reiseten den 10 Mai von Leipzig ab; und sind über Magdeburg, Halberstadt, Braunschweig, Hildesheim, Hannover, Zelle, Lüneburg, Hamburg, Bremen, Oldenburg, Embden, Gröningen, Leeuwarden, Franeker, Harlingen, von Lemmer aus [...] über die Süder See, den 29 Julius, glücklich hier in Amsterdam angekommen. [...] sobald, als wir von hier aus die übrigen vereinigten Provinzen werden besehn haben, werden wir nach England übergehen; welcher zu Anfange des Octobers geschehen dürfte.«

Doch nun kam es anders als gedacht. Die Nachricht vom Ausbruch des dritten Schlesischen Krieges, der als Siebenjähriger Krieg zwiespältigen Geschichtsruhm erlangte, und von der Besetzung Leipzigs durch preußische Truppen (Ende August) erreichte die Reisenden und veranlaßte sie zu Rückkehr, zumal der Kaufmann um seinen Besitz fürchtete.

Die folgenden anderthalb Jahre blieb Lessing in Leipzig, da er zunächst noch auf eine Fortsetzung der Europareise hoffte und dann gerichtlich, fast die gesamte Kriegszeit lang, um die Auszahlung der vertraglich festgesetzten Entschädigung kämpfen mußte. Man hat diese Leipziger Zeit vom Oktober 1755 bzw. Oktober 1756 bis zum Mai 1758 öfter als recht orientierungslose und diffuse Schaffensphase erachtet (z.b. Nr. 51, S. 106). Indes war Lessings Betätigung nicht zerstreuter als in Berlin und weiterhin auf vier Hauptgebiete konzentriert.

Übersetzte Lessing, vor der Reise, zum Broterwerb die Engländer Francis Hutcheson und William Law (LB I, Nr. 1736 und 1742), so führte er danach – zum ersten – seine philosophischen und theologischen Arbeiten fort. Die Kontinuität seines Wirkens – zum zweiten – auf dem Gebiet des Theaters und des Dramas wurde bereits erwähnt; sie verband Vor- und Nachfeld der Reise am engsten wie auch am vielfältigsten, und zwar im einzelnen durch: eine Vorrede zu James Thomsons *Sämtlichen Trauerspielen* (1756), den sogenannten Briefwechsel über das Trauerspiel mit Mendelssohn und Nicolai (1756-57), den 1758 erfolgten Abschluß der *Theatralischen Bibliothek*, das Trauerspiel *Philotas* (1759) und weitere dramatische Experimente (u.a. mit *Faust*, s. den 17. *Literaturbrief*), die bevorwortete zweiteilige Übersetzung *Das Theater des Herrn Diderot* (1760; LB I, Nr. 1707; EDW: B V/1, 539-547 und 573-610) und eine Fragment gebliebene Sophokles-Biographie (1760; EDW: B V/1, 670-690). Die Kritiker- und Rezensententätigkeit, zum dritten, ging auf eine neue Stufe über, mit Beiträgen für Mendelssohns und Nicolais 1757 gegründete *Bibliothek der schönen Wissenschaften und der freyen Künste*, dann vor allem für die *Literaturbriefe*. Lessings Neigung schließlich, zum vierten, für kleinere Dichtungsformen zeitigte nach einer mehrfach aufgelegten Übersetzung von Samuel Richardsons *Sittenlehre für die Jugend in den auserlesensten aesopischen Fabeln* (1757; LB I, Nr. 1772; Reprint: Leipzig 1977) sein eigenes, noch erfolgreicheres *Fabel*-Buch von 1759, seine Herausgabe anonymer *Preußischer Kriegslieder* seines Freundes Gleim (1758; LB I, Nr. 1724) und seine gemeinsam mit dem Berliner Freund Carl Wilhelm Ramler veranstaltete kommentierte Neuausgabe der *Sinngedichte* des schlesischen Barockdichters Friedrich von Logau (1759; vollständig abgedruckt nur in LM VII; von Lessing stammen Vorrede und ein Logau-Wörterbuch, dazu Nr. 189).

Das mit jener Neigung verknüpfte Interesse an deutschsprachiger Gegenwartsliteratur brachte Lessing im Frühjahr 1757 (nicht 1755 wie verdruckt in Nr. 51, S. 107) dem aufgeschlossenen preußischen Besatzungsoffizier Ewald Christian von Kleist, einem namhaften Lyriker, nahe. In Kleist fand Lessing, was er selbst immer wieder versuchte: eine unkonventionelle Synthese beruflicher und künstlerischer Tätigkeiten. Kleist, Lessing und der Jugendfreund Weiße bildeten das Zentrum eines Freundeskreises aus Preußen und Sachsen, der über die militärischen Fronten hinweg aufgeklärten geistigen Kosmopolitismus praktizierte und deshalb bei steifen >Patrioten< vielfach Anstoß erregte.

Da Lessings Lebenssituation in der zu ständigen Kontributionen gezwungenen Stadt immer schwieriger wurde, verließ er Leipzig und ging zurück nach Berlin. Dort erwartete ihn seit längerem der frühere Freundeszirkel um Nicolai, Mendelssohn und Ramler. Der etwas abgeflaute briefliche Dialog konnte nun im persönlichen Umgang wieder zum intensivierten Gespräch und durch gemeinsame literarische Unternehmungen (exemplarisch die Logau-Edition, die *Literaturbriefe*) ergänzt werden. Umgekehrt setzte sich das vertraute Leipziger Zusammensein mit Kleist, der zum Feldeinsatz mußte (und dabei im August 1759 fiel), rege brieflich fort.

Briefwechsel über das Trauerspiel

Am dichtesten war der Briefwechsel zwischen Leipzig und Berlin gewesen, als Lessing, Mendelssohn und Nicolai sich – seit Sommer 1756 und bis ins Frühjahr 1757 – vornehmlich über Probleme der Dramatik bzw. des Tragischen auseinandersetzten. Dieser sogenannte Briefwechsel über das Trauerspiel (bestkommentierte Einzelausgabe von Schulte-Sasse, Nr. 300), ein integraler Bestandteil wohlgemerkt jener freundschaftlichen Korrespondenz, hatte seitens Lessings einen öffentlichen Vorlauf in Gestalt der *Miß Sara Sampson* (These von Schenkel, Nr. 449). Die kontroverse Briefdebatte, als deren verdeckten und Einflüsse von Francis Hutchesons Moralphilosophie (s. Nr. 302) an Relevanz übertreffenden Bezugspunkt man Rousseaus Mitleidstheorie aus der Schrift über die Ungleichheit der Menschen von 1755 aufgezeigt hat (Schings, Nr. 173, Kap. 2-3; differenzierend dazu Schenkel, Nr. 449, Kap. 3 und Wild, Nr. 303, Kap. III), ermöglichte Lessing, sein Trauerspielkonzept vorzutragen – nicht zu systematisieren (was nie seine Sache war). Stillschweigend setzte er dabei die von ihm favorisierte tragische Stückform ineins mit dem bürgerlichen Trauerspiel nach Ausprägung der *Sara*.

Die zentrale Frage bildete für Lessing nach wie vor das Wirkungsproblem, die aufklärerisch ethische (nicht verengt: moralische) Funktion der Poesie. Ihr gemäß stellte er die traditionelle, bis Aristoteles zurückzuverfolgende Ansicht, »daß das Trauerspiel durch Erzeugung der Leidenschaften bessern kann« (an Nicolai, November 1756; B XI/1, 118), in den neuartigen Begründungszusammenhang einer eigenen Mitleidstheorie.

Um Moralität und Humanität der Zuschauer oder Leser zu vervollkommnen, sah Lessing zwei Wege (Nr. 300, Nachwort, S. 218): rational argumentierend den Verstand anzusprechen oder sensibilisierend vorzugehen, menschliche Verhaltensweisen über die Gefühls- und Empfindungsfähigkeit zu entwickeln. Er entschied sich im Briefdiskurs nachdrücklich für letzteres. Elementar menschliche Regungen erschienen ihm geeignet, den vorherrschenden Dualismus von >Kopf und Herz< (Verstand und Gefühl) zu überwinden, Emotionen in vernunftgemäße gemeinsinnige Anschauungen und Handlungen zu überführen. Ästhetisches Vergnügen und ethische Wirkung der Kunst galten ihm somit als gleichrangige und einheitliche Grundelemente der Kunst bzw. der Dramatik.

Die durch das Trauerspiel (ebenso das Lustspiel) hervorzurufenden Affekte konzentrierte Lessing strikt auf das Mitleid. Die Fähigkeit, Mitleid zu empfinden, verbürgt nach seiner tiefen Überzeugung prinzipielle Wandlungsfähigkeit und Lernbereitschaft. Denn der Mitleidsaffekt als einziger halte über die Zeit der Vorstellung oder der Lektüre hinweg an; »er entsteht in uns ursprünglich aus der Wirkung der Gegenstände auf uns« (an Mendelssohn, 2.2.1757; B XI/1, 168). Nicht eine Art Selbstbezug (Nr. 300, Nachwort S. 211), vielmehr dieser spezifische Gegenstandsbezug, der Korrelationen zur Gesellschaft mit umfaßt, ist konstitutiv für Lessings Mitleidskonzeption. Und aus ihr resultiert die aktuelle »Bestimmung« des Trauerspiels; es »soll *unsre Fähigkeit, Mitleid zu fühlen*, erweitern« und »so viel Mitleid erwecken, als er nur immer kann« (an Nicolai, November 1756; B XI/1, 120 und 121).

Zwei aus der eigenen dramatischen Praxis (*Sara*) mitgewonnene Hauptmomente, mittels derer sich diese Funktionalisierung des Trauerspiels realisieren lasse, führte Lessing an: die Wahl menschlich fehlerhafter Protagonisten und die Zurückdrängung der Bewunderung zugunsten des Mitleids. Ideelles Bindeglied beider Momente ist ein neues Heldenideal, kraft dessen überkommener tragischer »Heroismus« verworfen wird, denn er kennzeichne »unempfindliche Helden« und somit »schöne Ungeheuer«, allenfalls perfekt gestaltete Figuren, doch nicht »gute Menschen« (an Mendelssohn, 28.11.1756; B XI/1, 130f.).

Abgesehen von einem übersteigerten Wirkungsoptimismus erscheint an Lessings Mitleidstheorie vor allem problematisch, daß er wie sonst kaum jemals den Anteil des Denkens und der Vernunft reduziert. Es stellt sich die – schon von Nicolai bewegte (vgl. Nr. 301, S. 554), aber im Briefwechsel nicht näher erörterte – Frage, wie im Affektzustand irgendwelche Rückschlüsse möglich seien, gar Schlußfolgerungen für gutes Tun. Letztlich nämlich kam es Lessing genau darauf an, Haltungen in Handlungen übergehen, die durchs Mitleid erweckten Tugenden »zu allen gesellschaftlichen Tugenden, zu allen Arten der Großmut« (an Nicolai, November 1756; B XI/1, 120) werden zu lassen. Insofern greift es, so sehr man seine empirisch wenig gesicherten Argumente auch bezweifeln kann, zu kurz, ihm bei einem Vergleich mit Nicolai einen »konservativen Standpunkt« zuzuweisen (Michelsen, Nr. 301, S. 554) oder ihm schlichtweg eine »moralistische Katharsisdeutung« zu attestieren (wie Luserke, Nr. 304, S. 24). Zudem begriff Lessing als Moralität der intendierten aufklärerischen Dramatik (der Literatur insgesamt) die gesellschaftliche, durch das öffentlichkeitsstiftende Medium Theater noch unterstützte Wirkung des Mitleidsaffekts hin zu dem Ziel: den human handelnden Menschen und eine von ihm geprägte (staatliche, nationale) Gemeinschaft herausbilden zu helfen. Und so gewann die Mitleidsdramaturgie in Lessings Vorstellung durchaus folgerichtig den Rang einer utopieträchtigen »Poetik aller dramatischen Gattungen«, die »empfindsam aufklärerisch wirken wollen« (Schenkel, Nr. 449, S. 212).

Philotas

Die ideellen Dimensionen dieser Poetik prägen auch das einaktige Trauerspiel *Philotas*, das Lessing ein Jahr nach dem Abbruch des dramaturgischen Briefdiskurses begann (EDW: G II, 696-699; Aufführungsverzeichnis: Nr. 534, S. 193). Während die Nähe des – überhaupt erst neuerdings eingehender betrachteten – Stückes zum Briefwechsel früher kaum wahrgenommen wurde, neigt man nun dazu, sehr direkte Relationen herzustellen (so vor allem Gädeke, Nr. 492, S. 216ff.). Einmütigkeit besteht jetzt darüber, daß die bis etwa Mitte unseres Jahrhunderts dominante, nur ausnahmsweise (von Mehring, Nr. 40, Kap 2/VI) eher bestrittene Deutung des Einakters als einer Verherrlichung preußischen kriegerischen Heldentums abzulehnen und statt dessen die untergründige Problematisierung ebensolchen Heroismus und Patriotismus zu beachten sei (so immer wieder seit Wiedemann, Nr. 489). Anstöße für die durchgreifende Umdeutung gab die Entdeckung einer modernen, in sich zerrissenen Jünglingsfigur (Vincenti, Nr. 487), aus deren Problemen »eine Pubertätstragödie« erwachse (de Leeuwe, Nr. 488, S. 38). Umstritten ist nach wie vor, ob Lessing seine Distanz zur überkommenen Heldentradition bzw. seine »Widerlegung der feudalapologetischen heroisch-politischen Tragödie« mittels tragischer Gestaltungsweisen vornahm (Riedel, Nr. 490, S. 76) – oder ob er nicht vielmehr eine

Satire auf jene Tradition geschrieben (Gädeke, Nr. 492, Kap. 3) und jedenfalls satirisch-komische Elemente einbezogen hat (Norton, Nr. 494, dort S. 460f. Parallelisierung zur Titelgestalt des *Jungen Gelehrten*). Nicht immer wird bei der letzteren Deutungsvariante die für Lessing eigentlich problemträchtige Kriegsthematik genügend berücksichtigt. Generell zu wenig ernst genommen hat man seit jener Umdeutung, einer jüngsten treffenden Bilanz zufolge, »den in Philotas gestalteten menschlichen Konflikt« (Ehrich-Haefeli, Nr. 495, S. 224).

Offenkundig unter dem Eindruck des – in Leipzig so nah erlebten – Krieges wandte Lessing sich der brisanten Frage zu, wie in (kriegerisch) machtpolitischen Auseinandersetzungen Humanität bewahrt oder womöglich praktiziert werden kann. Bei dieser Frage tritt ein Spannungsverhältnis zwischen öffentlichem und privatem Lebensbereich sowie zwischen stoizistisch heldenhafter und antistoizistischer Lebenshaltung hervor, ein grundlegendes Spannungsverhältnis, das den Einakter durchweg bestimmt. Zugleich bildet es seinen Zentralkonflikt, den Philotas nach seiner Gefangennahme mit sich selbst und mit König Aridäus, dem höchsten seiner Kriegsgegner, auszutragen hat.

In der schonungsvollen Gefangenschaft bei Aridäus, die Philotas als schmähliches frühes Ende seiner Kriegerlaufbahn erscheint, wird seine Selbstidentität brüchig. Er versucht, sie dadurch neu zu festigen, daß er mit einem Freitod durch das eigene Schwert sich und den Feinden ungebrochenen Heldenmut beweist. Hierbei aber verkehrt er Maximen seines Vaters, nach denen er aufgezogen wurde – unverkennbar Ideen des aufgeklärten Absolutismus (Wiedemann, Nr. 489, S. 388ff.). Unter anderem wurde ihm beigebracht, »ein Held sei ein Mann, der höhere Güter kenne, als das Leben [...], der sein Leben dem Wohle des Staats geweiht; sich, den einzeln, dem Wohle vieler« (4. Auftritt; R II, 116). Diese Lehre des Vaters reduziert Philotas während eines autosuggestiven Einstimmens in den Selbstmord (ein egoistisches Surrogat für den Schlachtentod) auf ihre erste Hälfte und macht aus ihr eine Doktrin der Geringschätzung menschlichen Lebens. Jedenfalls hinsichtlich seiner selbst, denn »es geht ihm vorerst um die eigene Schande« (Ehrich-Haefeli, Nr. 495, S. 226). Dabei schier eine vorgeprägte Heldenrolle annehmend und »zum Heldenschauspieler« werdend (H. J. Schneider, Nr. 493, S. 31), der seinen wenig selbstlosen »Tod fürs Vaterland als ästhetisches Spektakel« inszeniert (Seeba, Nr. 165, S. 57), bemüht Philotas sich angestrengt, das »Überlegen« des Prinzen dem »Fühlen« des Sohnes überzuordnen (5. Auftr.). Und auch wenn man meint, Philotas opfere sich einem innerpsychischen Strafbedürfnis

(Ehrich-Haefeli, Nr. 495, S. 233ff.), ist schwerlich zu übersehen: öffentliches und privates Interesse, Verstand und Gefühl klaffen auseinander. Reflexion bleibt allein einem – ans Rollenspiel und/oder Strafbedürfnis geknüpften – machtpolitischen Kalkül verfügbar: wie den Feinden unter den gegebenen Umständen am wirksamsten zu schaden und der Kriegsverlauf am besten zu den eigenen Gunsten beeinflußbar sei. Und deshalb verweigert Philotas das klärende Gespräch, das Aridäus sucht (Ter-Nedden, Nr. 183, S. 133ff.).

Das demonstrierte Heldentum wird durch Aridäus ausdrücklich problematisiert, wenn er seinem Gefangenen prophezeit: »Du wirst dein Volk mit Lorbeern und mit Elend überhäufen. Du wirst mehr Siege, als glückliche Untertanen zählen.« (7. Auftr.; R II, 126) Der König neigt aufklärerischem Humanitätsdenken zu; er bekennt sich zu elementaren menschlichen Empfindungen, die im markanten Unterschied zu Kriegsruhmgelüsten niemandem verderblich sind: »Ich bin ein Mensch, und weine und lache gern.« (Ebd.; R II, 127) Zum Menschsein eines aufgeklärten Monarchen gehörte indes nach zeitgenössischen Theorien nicht bloß ein solches Empfindungsvermögen, sondern auch und vor allem die Fähigkeit, Herrscherverpflichtungen und individuelle Rücksichten bzw. Familienliebe überein zu bringen, Landes- und Familienvater zugleich zu sein (über diesen Zusammenhang grundlegend: Sørensen, Nr. 180, Kap. 1/IX). Demgemäß bringt Aridäus seinen Standpunkt resümierend auf die beiden Grundsätze: »Ja, Prinz; was ist ein König, wenn er kein Vater ist! Was ist ein Held ohne Menschenliebe!« (7. Auftr.; R II, 127)

Daß Lessing hier seine eigene Überzeugung artikulierte, macht der Ausgang des Dramas evident. Die Gegenposition des Philotas geht mit seinem Tode unter, sie wird von keiner anderen Figur aufgenommen. Gleichwohl beweint ihn der König mitleidsvoll (sein Feldherr bewundernd). Und der Tränenfluß ist ungehemmt und aufrichtig, da er anzeigt, daß der Schreck über den Selbstmord und ein rasendes Racheverlangen für ihn überwunden werden. Aridäus bezeugt Mitleid für den Menschen Philotas, der seine letzte Kriegertat zu vergeben bittet und seinerseits die Raserei verzeiht; für den Menschen, den staatspolitische Anschauungen irreleiteten, die zu einer machtpolitischen Doktrin erstarrten und zuerst ihrem Verfechter selbst verderblich wurden.

Die Reaktion des Königs und seines Feldherren wird demonstrativ vorgespielt (nach Hoensbroech, Nr. 167, S. 157) und dürfte somit auf die Wirkungsintention Lessings hinweisen. Allerdings ist das Verhalten der Figuren ein auffallend zwiespältiges, zwischen Mitleid und Bewunderung stehend. Die dabei zutage tretende »Wirkungsambivalenz zwischen mechanischem Bewunderungsreflex, kritischem (statt identifikatorischem) Mitleid und gemilderter satirischer Distanz« (Liewerscheidt, Nr. 491, S. 294) korrespondiert der ganz am Ende angedeuteten, nicht unbedenklichen Lösung des Hauptproblems.

Aridäus will abdanken, wenn er seinen Sohn (der ebenfalls in Gefangenschaft geriet) zurückhat. Dazu veranlaßt ihn die Selbsteinschätzung, seiner Herrscherverpflichtung nicht gerecht geworden zu sein und insbesondere verfehlte Kriegsaktionen begangen zu haben: »Umsonst haben wir Ströme Bluts vergossen; umsonst Länder erobert.« (R II, 131) Humanität scheint – analog zur Schlußperspektive der *Miß Sara Sampson* – vorerst nur im privat-familiären Bereich möglich. Aridäus ist es nicht gelungen, das höchste Staatsamt und die elementar menschliche Vaterpflicht in Übereinstimmung zu bringen. Der Rückzug ins Private und in private Humanität werden nunmehr als eine eingegrenzte Alternative zum staatspolitischen Wirken, speziell zum Kalkül der Macht, erkennbar – als eine recht vage Alternative freilich. (Eingehendere Diskussion der Ambivalenz von »Humanität und Politik«: Ter-Nedden, Nr. 183, S. 153-163.)

Trotzdem ist die Behauptung unhaltbar, »daß Lessing das Problematische« der im absolutistischen System vollends »zerbrochenen Dialektik von Privatem und Öffentlichem nicht sieht« (P. Müller, Nr. 319, S. 12). Er bemerkte es sehr wohl und versuchte eben deshalb in mannigfachen Ansätzen die historisch erwachsene Trennung beider Bereiche dramatisch zu verarbeiten. Dominierend wurde nach *Miß Sara Sampson* das Bemühen, für privatisierte Sujets eine repräsentative Öffentlichkeit des Geschehens hervorzubringen, wie sie in der antiken und in der höfisch-klassizistischen Tragödie durch die Kongruenz von staatlicher und privater Sphäre der jeweiligen Gesellschaftsformation gegeben war.

Unausgeführt blieb vorerst und für längere Zeit Lessings Vorhaben, »die Geschichte der römischen Virginia« unter dem Titel *Emilia Galotti* konsequent zu entpolitisieren und die historische Figur in »eine bürgerliche Virginia« umzuwandeln (Brief an Nicolai, 21.1.1758; B XI/1, 267). Statt dessen unternahm er um 1760 eine ganze Serie von – gleichfalls unvollendeten – dramatischen Experimenten. Dabei griff er, nach der aufklärerischen Adaption des Sophokleischen *Aias*, als die man *Philotas* gedeutet hat (Ter-Nedden, Nr. 183, Kap. B), abermals auf antike Tragödienmuster zurück; in der offenkundigen Absicht, dem Einakter vergleichbare antikisierende politische Stücke mit Privatsujets zu schreiben. Aufklärerischen Sinnes vermenschlichte er in diesen Fragmenten (z.B. *Fatime*, *Kleonnis* und *Alcibiades*; Nr. 156; zu *Alcibiades* Nr. 131, S. 41-44) antike

Heroen und Herrscher, indem er Grundsätze seiner eigenen Weltsicht und Lebenshaltung einbrachte (dazu auch Nr. 490, S. 79ff.). Insgesamt gesehen verfuhr er nach Maßgabe seiner Tragödienbestimmung des Briefwechsels (an Nicolai, November 1756; B XI/1, 120): »Sie [die Tragödie; W.A.] soll uns nicht bloß lehren, gegen diesen oder jenen Unglücklichen Mitleid zu fühlen, sondern sie soll uns so weit fühlbar machen, daß uns der Unglückliche zu allen Zeiten, und unter allen Gestalten, rühren und für sich einnehmen muß.«

Die Rückbezüge zur Antike beweisen, daß Lessing zwischen dieser ursprünglichen Tradition und der abgeleiteten des höfischen Klassizismus differenzierte, daß er keinen völligen Bruch mit der überkommenen Heroendramatik vollzog. Und das nun unterscheidet ihn von Diderot, dem ansonsten für exemplarisch erachteten Theoretiker und Dichter französischer bürgerlicher Gegenwartsdramatik, auf den er im 81. *Literaturbrief*, kurz vor Erscheinen der Übersetzung *Das Theater des Herrn Diderot*, hinwies. Anknüpfend an Diderot bekräftigte Lessing, »die Leidenschaften machen alle Menschen wieder gleich« (R IV, 360) – eine Auffassung, auf der seine Mitleidsdramaturgie beruhte. In Diderot, so ist zu konstatieren, fand er einen Verbündeten, dessen Vorstellungen der Theorie des bürgerlichen Trauerspiels am nächsten kamen und die fruchtbarsten neuen Anstöße gaben (Stellmacher, Nr. 176).

Briefe, die neueste Literatur betreffend

Der Hinweis auf Diderot bildet den markanten Endpunkt dramaturgischer Darlegungen in Lessings Beiträgen für die *Briefe, die neueste Literatur betreffend*. Es ist dies ein Gemeinschaftsunternehmen, das er zusammen mit Mendelssohn und Nicolai begründete und (bis 1760) herausgab (EDW: G V, 818-831; umfassendste, kommentierte Dokumentation: Nr. 292, S. 317-479). Danach lieferte Lessing nur noch die Briefe 233 (1762) und 332 (1765); insgesamt stammen 59 von ihm (von Thomas Abbt, der an seine Stelle trat: 64, Mendelssohn: 83, Nicolai: 63; einige weitere Briefe von Gelegenheitsmitarbeitern). Alle Briefe erschienen anonym unter Chiffren; Lessing benutzte: A., E. Fll., G., L. und O. – gedeutet als »flagello«: »ich peitsche« (Seiffert, Nr. 293, S. 77) bzw. »ich geißle« (Hildebrandt, Nr. 54, S. 232). Gerichtet sind die Briefe an einen im Feld stehenden musischen Offizier, als dessen Urbild schon zeitgenössische Leser den Dichter Kleist identifizierten oder vermuteten.

Lessings Beiträge sind bisher fast immer isoliert gesehen worden, als integrale Teile einer kollektiv konzipierten Wochenschrift erst ansatzweise (Albrecht, Nr. 297, Abschnitt 1). Im übrigen galt die Aufmerksamkeit letzthin seiner kritisch-polemischen Methode, deren keineswegs zu verleugnenden persönlichen Implikationen herausgearbeitet wurden (bei Seiffert und Michelsen, Nr. 293, 296); mitunter freilich derart verabsolutierend, daß das überkommene Klischee vom hehren Richter deutscher Literatur (R X, 84) bloß durch ein Antiklischee vom rach- und machtsüchtigen Starkritiker Lessing ausgetauscht zu werden drohte (so von Guthke, in Nr. 30, S. 19). Eine Zeitlang verlor man übergreifendes Anliegen und charakteristische Struktur der Lessingschen *Literaturbriefe* aus den Augen.

Es ist aber bewußt zu halten (so Albrecht, Nr. 297, S. 62-71), daß Lessing im Einklang mit Mendelssohn und Nicolai darauf abzielte, endgültig über das Gezänk zwischen Leipzig und Zürich hinwegzukommen, einer neuen Phase der deutschsprachigen Literatur den Weg zu bahnen; daß er sich zu diesem Zweck, der persönliche Nebenabsichten nicht ausschloß, aller gängigen Formen der Literaturkritik, von der Polemik bis zur Satire, individuell eigenständig bediente – jedoch gerade nicht des von Schweizern wie Gottschedianern weidlich mißbrauchten Pasquills; daß er seine Briefe, die modischen Freundschaftsepisteln noch konsequenter als zuvor (*Briefe*, 1753) innovierend, zumeist dialogisch anlegte, um die Leser am Prozeß der Argumentationsbildung direkt zu beteiligen und zu eigener Meinungsfindung, zum aufklärerischen Selbstdenken anzuregen. All dies ist bestätigt und ergänzt worden, indem man, von der untrennbaren Einheit des Kritikers und Dichters bzw. speziell Lustspieldichters Lessing ausgehend, einen komödienhaften Stil und Geist in seinen *Literaturbriefen* vergegenwärtigt hat (Martinson, Nr. 299).

Die äußerst mannigfaltigen Gegenstände und Themen, die Lessing in seinen *Literaturbriefen* behandelt hat, entsprechen ziemlich genau den vier Hauptgebieten seiner schriftstellerischen Betätigung seit dem ersten Berliner Aufenthalt: Übersetzung und Übersetzungskritik; Dramatik und Dramaturgie; Literaturentwicklung und Polemik gegen die Parteiungen der Schweizer und Gottschedianer; theologische Probleme und religiöse Dichtung. Und das einigende ideelle Hauptmoment all dessen bildet nach wie vor ein zeitgemäß weltzugewandtes Gelehrtentum. Lessings *Literaturbriefe* sind eine vorläufige Kulmination seines kontinuierlichen Bestrebens, anknüpfend an den Humanismus und die Gelehrtenkritik der Renaissance, einen Neuanfang gelehrten Schreibens und Dichtens zu finden (s. Nr. 214, S. 170ff. und 191f.). Aus der Gelehrtentradition bewahrte er sich die Auffassung vom Dichten als Krönung grundsolider Gelehrtheit und von der maßgebenden Vorbildhaftigkeit >der Alten<, der antiken Autoren.

Vor diesem Hintergrund erhellt sich der Sinn einer – heute leicht als penibel anmutenden – Detailkritik und Korrektur noch kleinster Versehen (für die Michelsen, Nr. 296, zu wenig Verständnis hat). Beides erfolgte unter dem Leitaspekt potentieller Nützlichkeit, die das maßgebliche Kriterium Lessings war, Gelehrtentum als Beruf gelten zu lassen oder nicht. Wem das erforderliche Rüstzeug fürs »Gewerbe« mangelte (Brief 2; R IV, 91), den zählte er verächtlich unter die »gelehrten Tagelöhner« (Brief 3; R IV, 95). Zu ihrem Prototyp stempelte er, mit einiger persönlicher Voreingenommenheit, den Schriftsteller und Pope-Übersetzer Johann Jakob Dusch (Brief 2, 41, 77; dazu Nr. 294).

Ostentativ führte Lessing einen strategisch kalkulierten Vernichtungsschlag gegen den »Professor Gottsched«, vorgeblich die Inkarnation »eines gelehrten Scharlatans« (Brief 65; R IV, 308). Wohlüberlegt gesteigerte Schmähungen trafen seine sämtlichen Tätigkeitsbereiche und nicht minder seine privatbürgerliche Existenz. Über alle (zumal wechselseitigen) persönlichen Aversionen weit hinaus waren Gottsched und Lessing als namhafte Repräsentanten konträrer aufklärerischer Literaturrichtungen, der stagnierenden höfisch orientierten und der zukunftsträchtigen antihöfischen, die exponiertesten Antipoden der zeitgenössischen deutschsprachigen Literatur. Der berühmt-berüchtigte 17. *Literaturbrief* belegt es.

Dort wurde, vor dem Hintergrund der jüngsten und durch Lessing selbst mitgeprägten Dramendiskussion und Dramatik (bürgerliches Trauerspiel, rührendes Schauspiel), der Gottschedschen Theaterreform – historisch ungerechtfertigt – jegliches Verdienst abgesprochen. Dem von Gottsched favorisierten höfischen Klassizismus wurden die »Muster« Shakespeare und antike Tragödie entgegengestellt (Nr. 85, 99), die Lessing mit seiner Konzeption des bürgerlichen Trauerspiels zu verbinden suchte. Das ist die markanteste Besonderheit, die Lessing in die bereits seit längerem andauernde westeuropäische und speziell in die erst anfängliche deutsche Shakespeare-Rezeption und -diskussion einbrachte. (Zu seiner Stellung in diesen Prozessen resümierend: Guthke, Nr. 113.) Zugleich plädierte er, entschiedener als andere zuvor, für ein angemessenes Verständnis bestimmter Eigentümlichkeiten Shakespeares; er wollte sie so wenig wie alle Shakespeare-Anhänger vor dem Sturm und Drang sämtlich originalgetreu bewahren (Stellmacher, Nr. 108, Kap. 1).

Dies zeigt auch die dem Brief beigegebene *Faust*-Szene, aus der Frühphase mehrfach unterbrochener Ansätze, den Faust-Stoff zu bearbeiten. Lessing bahnte den Weg zu einer neuen Adaption, indem er Fausts Lebenswandel nicht mehr als strafwürdige Vermessenheit, sondern als gottgefälliges Erkenntnisstreben darstellte. Er machte ihn zum selbstdenkenden, Wahrheit suchenden Gelehrten (der freilich noch nicht wie Goethes Faust die Totalität der Weltzusammenhänge erfassen will). Schwierig jedoch wurde es nun, diesem aufklärerisch gemeinsinnigen Wollen die aberglaubensbehaftete Teufelsbündnerei zuzuordnen (Mahal, Nr. 363); und vor allem: ihm die der gewählten Gattung unabdingliche tragische Wendung zu geben. Lessing löste das Problem, indem er seinen Protagonisten überstürzt und maßlos (in den späteren Entwürfen schwärmerisch, tendenziell unvernünftig) nach dem Besitz absoluter Wahrheit verlangen ließ – und somit nach etwas konfliktfördernd Unmöglichem (Guthke, Nr. 359, Nachwort).

Andersartige, religiöse Schwärmerei lieferte einen Ansatzpunkt für scharfe, recht zwiespältige Kritik an Wieland (Brief 7-14 und 63-64; dazu Albrecht, Nr. 298). Seine Tragödie *Lady Johanna Gray* von 1758 bewertete Lessing einseitig nach Kriterien der Mitleidsdramatik: als ein abzulehnendes Märtyrerdrama, dessen engelsgleich fromme und tugendhafte Heroin allenfalls kalte Bewunderung erwecken könne. Unter diesem Blickwinkel sah er Wieland in einer unbehaglichen Nähe zu Gottsched und urteilte dementsprechend vernichtend.

Ein unvoreingenommeres, wenngleich insgesamt distanziert-ambivalentes Verhältnis bestand zu Klopstock, der alle Wahrheiten durch Gott bzw. die christliche Religion zweifelsfrei vorgegeben glaubte. Diese Gewißheit hegte Lessing nicht. Nach seinem Dafürhalten ließ Klopstock sich beim Dichten zudem emotional überwältigen und begnügte sich, »*Empfindungen*« statt »*Gedanken* von Gott« vorzubringen (Brief 49; R IV, 253). Von den Empfindungen hingerissen, versäume er es, ihre Veranlassungen und seine daran geknüpften Vorstellungen begrifflich präzis darzulegen, so daß die Leser sie nicht nachvollziehen könnten. Und Dichtungen ohne klaren Vermittlungseffekt, die allenfalls erbauen und keinesfalls »zu *denken* geben« (Brief 51; R IV, 264), widerstritten Lessings aufklärerischer Funktionalisierung der Poesie: zur Vervollkommnung und Humanisierung der Menschen beizutragen. Dennoch hielt er wohl – mit den meisten Zeitgenossen – Klopstocks jüngste Odendichtung für maßstabsetzend, da er sie markant von den »sogenannten Oden« Johann Andreas Cramers abhob, dessen »poetisches Genie« er bezweifelte (ebd.; R IV, 262).

Der Kopenhagener Hofprediger Cramer verfaßte im Sinne der Neologie, einer dogmenkritischen protestantischen Theologie (s. Nr.

255), die religiös-moralische Wochenschrift *Der nordische Aufseher* und andere Erbauungsliteratur. Seine Erziehungstheorie und ihre Kernthese, Moral ohne Offenbarungsglaube sei undenkbar, provozierte geharnischten Einspruch Lessings (Brief 48-49), woraus sich eine der aufsehenerregenden Kontroversen um die *Literaturbriefe* entwickelte (Brief 102-112; dazu Flory, Nr. 295). Lessing wandte sich gegen »einen übertriebenen Eiferer« (Brief 107; R IV, 394) wie Cramer, weil dessen gefällig literarisierter Glaube Intoleranz verrate, doch »den sorgfältigsten Exegeten gewiß nicht« (Brief 110; R 407). Diesbezüglich äußerte Lessing sich überhaupt kritisch zur Neologie, zu »der neumodischen Rechtgläubigkeit« (Brief 49; R IV, 247). Ihre Gefühlsinnigkeit habe etwas Unwahres und Unverbindliches, da sie – in bedenklicher Divergenz zur traditionsbewußten Orthodoxie – einhergehe mit oberflächlicher Gottesgelehrtheit. Hier bahnte sich jene differenzierte Einschätzung christlicher Positionen an, die Lessings neologisch orientierten Freunden zur Zeit des Fragmentenstreits (s. Kap. 1.6) immer unbegreiflicher wurde.

Die im Umfeld der Mitleidspoetik entwickelte Literaturkonzeption brachte Lessing ungeachtet aller persönlichen Ressentiments in eine sachlich-objektive Polarität zu den literarischen Hauptgruppierungen. Trennte ihn seine antihöfische und antiklassizistische Grundeinstellung von den Gottschedianern, so seine gegenwartsnah weltzugewandte Orientierung von den Schweizern sowie von ihren zeitweiligen Parteigängern Wieland und Klopstock. Und wie im Falle der Dramatik schloß auch die literarische Neukonzipierung anderer Gattungen, der Fabel beispielsweise, eine veränderte Traditionswahl ein. Dazu bekannte Lessing sich resümierend im 70. *Literaturbrief*, in der Selbstanzeige seines Fabelbandes.

Fabeln und Fabelabhandlungen

Die *Fabeln. Drei Bücher. Nebst Abhandlungen mit dieser Dichtungsart verwandten Inhalts* erschienen 1759 nach längeren gattungsgeschichtlichen und dichterischen Vorarbeiten (EDW: G II, 623-626 und G V, 890-896). Gewöhnlich sind Fabeln und Abhandlungen in den Werkausgaben getrennt abgedruckt, zumeist werden sie getrennt untersucht (wichtigste Ausnahme und zugleich grundlegende Studie: Eichner, Nr. 200) – obwohl Lessing nachdrücklich auf ihren engen Zusammenhang (nicht auf eine absolute Entsprechung von Theorie und Praxis) verwies. Und sie gelten als Beiträge zu einer kurzzeitig (ca. 1730/40-1770/80) modischen Gattung, in die er – sozialliterarisch gesehen – eine »gemäßigte Haltung« und Aussage einbrachte (Kramer, Nr. 202, S. 234). Tatsächlich korrespondiert der temporalen Mittelposition seines Fabelbandes eine ideelle: zwischen frühaufklärerisch moralisierend kritischer und spätaufklärerisch politisierend kritischer Fabeldichtung in der deutschsprachigen Literatur. Hat man die bis nach 1800 anhaltende Spätphase genauer mit im Blick, dann ergibt sich, daß von einer relativ kurzlebigen Modegattung keine Rede sein kann und namentlich für Lessing die geläufigen Erklärungsmuster zur Beliebtheit der Fabeldichtung nicht zureichen (Nr. 208, S. 172): pädagogische Nutzbarkeit und Lehrhaftigkeit (Nr. 198, 207), vielfache Leistungsfähigkeit im bürgerlichen Emanzipationskampf (Nr. 197, 199, 201), gefällige Synthese von Ergötzlichem und Nützlichem sowie Witzigem (Nr. 204, S. 119). Vielmehr entwickelte sich die deutschsprachige Fabeldichtung kongruent zum Werdegang der deutschen Aufklärungsbewegung, die von einer philosophischen Richtung zu einer gesamtgesellschaftlichen Reformbewegung anwuchs, und diesen Werdegang hat Lessing ebenso eigenständig wie wesentlich mitgeprägt (Leitthese von Albrecht, in Nr. 208).

Lessings fünf »Abhandlungen« über die Fabel münden in ein Problem, das ihn von jeher unablässig beschäftigte:

»Warum fehlt es in allen Wissenschaften und Künsten so sehr an Erfindern und selbstdenkenden Köpfen? Diese Frage wird am besten durch eine andre Frage beantwortet: Warum werden wir nicht besser erzogen? Gott gibt uns die Seele; aber das *Genie* müssen wir durch die Erziehung bekommen.« (R IV, 81)

Es ging Lessing darum, die individuellen Anlagen der Schüler so zu entfalten und zu fördern, daß sein aufklärerisches Zentralprinzip, selbständig zu denken und zu handeln, zugleich Ausgangs- und Zielpunkte des Unterrichts determiniere. Und demgemäß begriff er den in der fünften Fabelabhandlung thematisierten »besondern Nutzen der Fabeln in den Schulen« nicht lediglich als einen schlichtweg moralischen, sondern als einen »*heuristischen* Nutzen« (ebd.) spezifischer Art (Nr. 207, S. 105f.), die seinen Fabeln entsprach. Der Fabeldichter Lessing bot seine niemals für end- und allgültig ausgegebenen Feststellungen zur Überprüfung und Diskussion. Wenn er Fabeln im Schulunterricht für heuristisch nutzbar hielt und dies an Verfahren exemplifizierte, die er selbst bei der Umdichtung antiker Fabeln anwandte, dann erwartete er, daß mit seinen Neuschöpfungen analog umgegangen werde: erkenntnisbemüht kritisch umakzentuierend, andere Situationen und Aspekte und ihnen angemessene Handlungsweisen erdenkend.

Die erste Abhandlung, »Von dem Wesen der Fabel«, in der Lessing ausgewählte Fabeltheorien kritisch durchgemustert hat, bietet eine Gattungsdefinition, die entschiedener als jede vorherige auf eine vom Leser zu leistende gedankliche Weiterverarbeitung des Fabeltextes abzielt: »Wenn wir einen allgemeinen moralischen Satz auf einen besondern Fall zurückführen, diesem besondern Falle die Wirklichkeit erteilen, und eine Geschichte daraus dichten, in welcher man den allgemeinen Satz anschauend erkennt: so heißt diese Erdichtung eine Fabel.« (R IV, 45; alles im Original hervorgehoben.) Wirklichkeits- oder Realitätsbezug der Geschichte wird herausgestellt; von Wahrheit ist keine Rede, freilich ebensowenig von der gattungstypischen grundlegenden Tiermetaphorik. Während Lessing ihr jedoch eine gesonderte Abhandlung vorbehielt (gleich die zweite: »Von dem Gebrauche der Tiere in der Fabel«; s. Nr. 207, S. 101ff.), ließ er die ihm sonst so wichtige Wahrheitsproblematik aus allen näheren Festlegungen heraus.

Es dürfte dies ein Anhaltspunkt sein, den Kern der Definition (»anschauend erkennt«) intentionsgerecht auffassen zu können. Die anschauende Erkenntnis soll aus einem moralischen Lehrsatz resultieren, der auch bei Lessing die Hauptsache, der »Endzweck der Fabel« (R IV, 25) blieb – wohlgemerkt aber eine Endabsicht nicht des herkömmlichen Sinnes. Ausdrücklich verwahrte sich Lessing dagegen, die Lehrsätze als »*Regel* oder *Vorschrift*« aufzufassen und anzulegen, denn nicht um normative Moralpostulate war es ihm zu tun, sondern um »Erfahrungssätze, die uns nicht sowohl von dem, was geschehen sollte, als vielmehr von dem, was wirklich geschiehet, unterrichten« (R IV, 23). Insofern behielt er die überkommene Bezeichnung »moralischer Lehrsatz« bei, die er durch seine Funktionalisierung der Fabel zum aufklärerischen »Exempel der praktischen Sittenlehre« (R IV, 41) umwertete. Denkanstöße für situationsgerecht angemessene Verhaltensweisen statt bequem verfügbarer Lebensregeln wollte er geben (Nr. 200, Kap. 18).

Nach Lessings – auch sonst gehegter – Meinung erfolgte anschauende Erkenntnis seitens der Leser erst dann, wenn sie unter dem Eindruck des Fabel-Exempels selbst zu denken und zu handeln begannen. Seitens der Fabeldichter war dazu literarisch gestaltete Überzeugungsarbeit erforderlich, die er konträr zur dominanten Tradition (Jean de La Fontaine; s. Nr. 196) und im Neuanschluß an das antike Muster Äsops (»Rückkehr zur äsopischen Simplizität«, Kramer, Nr. 202, S. 231f.) strikt auf prägnante dichterische Prosa zu gründen verlangte und selbst gründete. Ungewollt provozierte Lessing das zählebige wirkungsgeschichtliche Fehlurteil, er habe keinen

Wert auf künstlerische Durchgestaltung gelegt, seinen Fabeln fehle Kunstwerkcharakter (hiergegen Gottwald, Nr. 195).

Solch Trugschluß lag bei oberflächlicher Betrachtung nahe, da Lessing bekundete, namentlich durch die poetisch ausgeschmückten Versfabeln La Fontaines und durch ihre zahlreichen Nachahmungen sei die Gattung in eine krisenhafte Fehlentwicklung geraten, die es aufzuhalten und möglichst umzukehren galt. Das »Kinderspiel« Fabel sollte wieder »ein sicheres Mittel zur lebendigen Überzeugung« werden (4. Abhandlung, »Von dem Vortrage der Fabeln«; R IV, 73), ein Medium literarischer Aufklärung, wie er es nach seinen früheren Versfabeln nun selbst gestaltete. Völlig zutreffend betonte er kritisch-ironisch gegen den vorherrschenden Brauch: »Ich habe die erhabene Absicht, die Welt mit meinen Fabeln zu *belustigen*, leider nicht gehabt; ich hatte mein Augenmerk nur immer auf diese oder jene Sittenlehre« (R IV, 76) – das meint auf die im Prozeß der anschauenden Erkenntnis gewonnenen lebenspraktischen Erfahrungen und Wahrheiten. Unter Sittlichkeit oder Moralität der Fabeldichtung, so bestätigt die vierte Abhandlung, begriff Lessing eine lebensbezogene Wirkung hin zu seinem stets verfolgten Ziel: den gemeinsinnig denkenden und handelnden Menschen einer humanisierten Gemeinschaft heranbilden zu helfen. Derlei spezifische Belehrung trat dominierend an die Stelle der Belustigung. Das herkömmliche Verhältnis dieser beiden Literaturfunktionen wurde aufgebrochen, Lesevergnügen wurde identisch mit Denkanstrengung bei und nach der Lektüre.

Alle Eröffnungstexte der *Fabeln* besitzen einen den »Abhandlungen« korrespondierenden programmatischen Charakter (Nr. 203). Besonders aufschlußreich für die Lessing so wesentliche Erkenntnisproblematik ist sogleich die Auftaktfabel *Die Erscheinung*, in der er seinen Wunschleser bezeichnet und textimmanent ein Beispiel dafür gibt, wie dieser »selbst die Lehre« (R I, 259) ziehen könne und solle; und zwar deshalb, um eine eigene Einsicht zu gewinnen, die keineswegs mit dem Standpunkt des Autors bzw. des Erzählers identisch sein müsse (s. dazu Nr. 205, besonders S. 370). Vielmehr gelte es, diese Überzeugung daraufhin zu prüfen, ob sie wirklich einen – vom Fabeldichter zu verlangenden – »Sinn des Weltweisen« (R I, 259) vermittle, das heißt überzeugend fundiert sei.

Deshalb vermied Lessing es weitestgehend, sowohl im Moralischen als auch im Politischen vordergründig zu sein und partikulare oder parteiliche Interessen dem Erkenntnisinteresse überzuordnen (Bauer, Nr. 199, S. 25). Exemplarisch ist seine Version der antiken Fabel *Die Wasserschlange*, seiner vielleicht am unmittelbarsten gesellschaftspolitischen Fabel, bei der er sich jeglicher Bewertung enthielt, diese aber durch Verschärfung der ausgewiesenen Vorlagen (Äsop, Phädrus) desto eindringlicher dem Leser nahe legte. (Zur Phädrus-Rezeption Lessings: Nr. 106, S. 153-179.)

Ein Großteil der Lessingschen Fabeln demonstriert – von ihm meist schon erprobte – Wege oder Methoden erkenntniskritischer Denkentwicklung und Warheitssuche (verwiesen hat man auf Dialogform, Autorkommentar, Pointierung: Eichner, Nr. 200, Kap. 15 bis 16; ferner auf Kritik und Polemik: Villwock, Nr. 206). So etwa wird, in der Fabel *Der Stier und das Kalb*, am Beispiel des für Lessing selbst vielfach anregenden Pierre Bayle (Nr. 107) die Produktivität des Zweifelns hervorgekehrt, desjenigen speziell, das vom Selbstzweifel ausgeht und auf diskursfördernde Beunruhigung anderer abzielt:

»Ein starker Stier zersplitterte mit seinen Hörnern, indem er sich durch die niedrige Stalltüre drängte, die obere Pfoste. Sieh einmal, Hirte! schrie ein junges Kalb; solchen Schaden tu ich dir nicht. Wie lieb wäre mir es, versetzte dieser, wenn du ihn tun könntest!

Die Sprache des Kalbes ist die Sprache der kleinen Philosophen. >Der böse *Bayle*! wie manche rechtschaffene Seele hat er mit seinen verwegnen Zweifeln geärgert!< – O ihr Herren, wie gern wollen wir uns ärgern lassen, wenn jeder von euch ein *Bayle* werden kann!« (R I, 274)

Ähnlich wie im Jugendlustspiel *Der Freigeist* wird mechanistische Gleichsetzung von Religionskritik mit Bosheit und von Frömmigkeit mit Rechtschaffenheit sowie jede starre Antithetik beider Seiten problematisiert. Das (vermeintliche) Ärgernis Bayle gewinnt, je nach Blickwinkel, ein unterschiedliches Ansehen: das eines resultatträchtigen Impulses bei denen, die tiefgehende Gedanken unvoreingenommen aufzunehmen und weiter zu analysieren bereit sind; oder das einer strikt abzuwehrenden Provokation bei denen, die sich im überlieferten Dogma bequem eingerichtet haben und jede Infragestellung ihrer Selbstgewißheit als Gefährdung des Christentums ausgeben.

Nah dieser Art des Zweifelns sind die aufklärerischen Prinzipien der Kritik und der Prüfung aller den Menschen betreffenden Gegebenheiten (s. Nr. 206). Zum Beispiel wollte Lessing, in der vierteiligen Fabel *Der Rangstreit der Tiere*, seine Leser überzeugen: Es lohnt die Mühe, (vorgeblich) besseren oder gar besten Gründen nachzugehen und zu untersuchen, ob sie es wirklich sind. Wer sich hierzu anregen läßt, der kann feststellen, daß die Eigeneinschätzung des Löwen, den zum Schiedsrichter des Streits vorgeschlagenen Menschen »aus besseren Gründen« (R I, 290) als denjenigen anderer Tiere abzulehnen, in einem zwiespältigen Kontext erfolgt. Der Löwe fühlt

42

sich nämlich einerseits durch den Menschen beleidigt und ist sich andererseits der eigenen Würde zu wohl bewußt, um die Irrelevanz der Kontroverse zu verschweigen. Gekränkt wurde er dadurch, daß der Mensch die Tiere ganz selbstverständlich nach egoistischen Nutzerwägungen einzustufen beabsichtigte.

Die im *Rangstreit* nur anklingende Problematisierung eines einseitigen Nützlichkeitsdenkens verstärkte die Fabel über *Die Sperlinge*, die eine restaurierte Kirche einfach für einen »unbrauchbaren Steinhaufen« halten (R I, 266), da sie ihre Nester verloren. Ungemein wichtig aber war es Lessing stets, kurzschlüssige Folgerungen zu vermeiden (explizit: *Der junge und der alte Hisch*). Dazu zählte er auch, potentielle Auswirkungen eines Entschlusses mitzubedenken, unübliche Reaktionen eines gereizten Widersachers zu gewärtigen und sich nicht gewohnter Sicherheit hinzugeben – sich mithin anders zu verhalten als etwa die Schäfer in der siebenteiligen *Geschichte des alten Wolfs*.

Sie alle handeln (unausgesprochen) aus dem selbstgewissen Überlegenheitsgefühl, kraft dessen einer von ihnen den altersschwachen Wolf abweist: »Denn es wäre ja wohl töricht, wenn ich mich einem Feinde zinsbar machte, vor welchem ich mich durch meine Wachsamkeit sichern kann.« (R I, 293) Fragwürdig wird diese Gewißheit, weil ihre Bedingung, die »Wachsamkeit«, unerfüllt bleibt. Der rachewütige Wolf hält sich wider alles Erwarten nicht an die Schafe, sondern bedroht Kinder der Hirten. Die Schlußfolge, die der weiseste Schäfer aus dem Vorfall zieht, berücksichtigt exemplarisch gegensätzliche Argumente beider Seiten, so daß sich eine neue, erweiterte Perspektive eröffnet: »Wir taten doch wohl Unrecht, daß wir den alten Räuber auf das Äußerste brachten, und ihm alle Mittel zur Besserung, so spät und erzwungen sie auch war, benahmen!« (R I, 296) Als entscheidend für die Bewältigung eines kontroversen Verhältnisses ergibt sich, es konsensfähig zu halten und einen diskurswilligen Andersdenkenden durch sachliche Auseinandersetzung in die Gemeinschaft zu integrieren, statt ihn selbstüberheblich an den Rand zu drängen oder gar auszugrenzen.

Und hier schließt ein gedanklicher Bogen die Problemkomödien *Der Freigeist* und *Die Juden* mit den *Fabeln* zusammen. Lessings Jugendstücke waren in den *Schriften* erschienen, die am Ende des ersten, nur kurz unterbrochenen Berliner Aufenhaltes Summe und Abschluß seines Frühwerks bezeichneten. Das Fabelbuch und die *Literaturbriefe* führten auf die Höhepunkte einer Phase, während der sich in Leipzig und Berlin Lessings Konzeption literarischer Aufklärung voll entfaltete und praktisch verwirklichte.

1.4 Militärisches Amt, Kunsttheorie
und literarische Verarbeitung des Siebenjährigen Krieges
(Breslau, Berlin 1760-1767)

Weshalb Lessing im November 1760 Berlin geradezu fluchtartig und ohne Abschied von den Freunden verließ, um nach Breslau überzusiedeln, läßt sich aus den bisher bekannten biographischen Quellen nicht eindeutig klären. Die Ursache für den Ortswechsel, die aber sein Verhalten nicht plausibel macht, bestand darin, daß er die Stelle eines Sekretärs bei dem – ihm dank Vermittlung Kleists persönlich bekannten – preußischen Generalleutnant Friedrich Bogislaw von Tauentzien annahm.

Einige aufschlußreiche Hinweise bietet der anscheinend erste nach Berlin gesandte Brief (6. 12. 1760 an Ramler), in dem Lessing folgende sich selbst gestellte Fragen mitteilt:

»Warest du nicht Berlins satt? Glaubtest du nicht, daß deine Freunde deiner satt sein müßten? daß es bald wieder einmal Zeit sei, mehr unter Menschen als unter Büchern zu leben? daß man nicht bloß den Kopf, sondern, nach dem dreißigsten Jahre, auch den Beutel zu füllen bedacht sein müsse?« (B XI/1, 354)

Die Auftaktfragen deuten auf untergründige Spannungen zum engeren Berliner Freundeskreis. Sie könnten mit den *Literaturbriefen* zusammenhängen, die eine Lessings Literaturkonzeption zuwiderlaufende Wirkung zeitigten, insofern sie – und dies nicht allein von den kritisierten, attackierten Autoren – rasch als Willkürinstrument einer neuen literarischen Gruppierung oder Clique verschrien wurden (vgl. Nr. 292, Dokumentation, Abschn. IV-IX). Lessing selbst hatte durch seine Polemik gegen Johann Andreas Cramers *Nordischen Aufseher* derartige Vorwürfe provoziert, deren spürbar verdrießlicher Abwehr (Brief 102-112) vorerst nur noch ein einziger Brief (127) folgte; bezeichnenderweise ebenfalls eine Reaktion, hervorgerufen von dem tonangebenden Schweizer Johann Jakob Bodmer, der Lessings Fabelband parodiert hatte. Kurz, Lessing scheint des Ganzen überdrüssig gewesen zu sein, während namentlich Nicolai in seiner Doppelrolle als Mitautor und Verleger das ebenso berühmte wie florierende Unternehmen *Literaturbriefe* fortsetzen wollte und dafür Mendelssohns weitere Unterstützung erlangte.

Durch solche Umstände wuchs ein verständlicher Wunsch nach Abwechslung, den Lessing sich von niemandem mehr ausreden lassen wollte; derselbe Wunsch wie schon ein gutes Dutzend Jahre zuvor in Leipzig. Nur daß diesmal ein gut bezahltes Amt eine solidere

Grundlage bot, mehr soziale Sicherheit verschaffte; die erhoffte Zufriedenheit allerdings nicht so rasch. Denn die recht beträchtliche Veränderung bereitete Lessing zunächst einige Schwierigkeiten, über die er am 30.3.1761 Mendelssohn schrieb:

»Ich hätte mir es vorstellen sollen und können, daß unbedeutende Beschäftigungen mehr ermüden müßten, als das anstrengendste Studieren; daß in dem Zirkel, in welchen ich mich hineinzaubern lassen, erlogene Vergnügen und Zerstreuungen über Zerstreuungen die stumpf gewordene Seele zerrütten würden; daß -« (B XI/1, 368)

Lessings Sekretärstätigkeit war nicht anstrengend, aber in der Tat auch nicht sehr bedeutend und befriedigend. Er mußte vor allem die militärische Korrespondenz erledigen, das heißt ihm oblag namens des Generals Tauentzien unter anderem eine regelmäßige briefliche Berichterstattung an den obersten preußischen Kriegsherrn, König Friedrich II. (Abdruck dieser Amtsbriefe, die für Lessings Biographie noch nie systematisch ausgewertet wurden: LM XVIII, 369-501 und XXII, 308f.; dazu Nr. 16.) Ein durchaus selbst gesuchter Kontrast dazu waren die »Zerstreuungen« in einem Offiziers-»Zirkel« – für Lessing bald nicht mehr »erlogene Vergnügen«, sondern seiner Leidenschaft für Glücksspiele völlig entsprechende (Guthke, Nr. 52, 360ff.). Daneben hatte er einige Freunde aus der regionalen Gelehrtenwelt, von denen einer Lessings Tagesablauf sehr anschaulich geschildert hat:

»Er widmete die Stunden, welche ihm seine Amtsgeschäfte, die er Vormittags verrichtete, übrig ließen, der Gesellschaft und den Wissenschaften. So bald er vom General von Tische kam, welches gewöhnlich um vier Uhr war, ging er entweder in einen Buchladen oder in eine Auktion, meistentheils aber nach Hause [...], um sich durch Unterredungen, die Litteratur und Wissenschaften betreffend, zu erholen. [...]
Fast täglich ging er nach sechs gegen sieben Uhr in das Theater, und von da mehrentheils, ohne das Stück ausgehört zu haben, in die Spielgesellschaft, von wo er spät nach Hause zurückkehrte [...]« (D, S. 168 und 172).

Breslau bot mehr Gelegenheiten zur »Zerstreuung« als zur lebendigen wissenschaftlich-literarischen Kommunikation. Die schlesische Garnisonsstadt, »einst Zentrum der Barockliteratur, war an die Peripherie des literarischen Lebens gerückt« (Barner, in Nr. 51, S. 109). Lessing sah sich also doch wieder an die Welt der Bücher verwiesen. Er legte sich eine umfangreiche Büchersammlung an, etwa 6000 Bände umfassend (die er in finanzieller Bedrängnis alsbald wieder verkaufen mußte), und nutzte die hervorragenden barockzeitlichen Bestände örtlicher Bibliotheken.

Die Beendigung des Siebenjährigen Krieges durch den Hubertus-burger Frieden vom 15.2.1763, von Lessing in Breslau »öffentlich mit großer Feyerlichkeit ausgerufen« (D, S. 171), schien seiner abgeschiedenen, provinziellen Existenz zunächst günstigere Perspektiven zu eröffnen. Im Sommer 1763 begleitete er Tauentzien nach Potsdam zur Audienz. Während der General zum Gouverneur von Schlesien ernannt wurde, fand Lessing nach wie vor nicht die geringste königliche Anerkennung. Überdies waren seine engsten Berliner Freunde verreist und konnten nicht bei der Suche nach einer anderen Tätigkeit behilflich sein. So blieb er notgedrungen in seinem Amt, das ihm die nunmehrige Stellung und Betitelung als Gouvernementssekretär nicht unbedingt interessanter machte.

Immerhin ermöglichte der Friedensschluß neue gelehrt-literarische Beschäftigungen und Projekte. Bereits im April 1763 hatte Lessing mit Mendelssohn über die Philosophie Spinozas zu korrespondieren begonnen. Nach der Rückkehr von Berlin konzentrierte er sich auf die Arbeit am *Laokoon* und an *Minna von Barnhelm*. Eine schwere Erkrankung veranlaßte ihn zur Selbstbilanz: »Die ernstliche Epoche meines Lebens nahet heran; ich beginne ein Mann zu werden, und schmeichle mir, daß ich in diesem hitzigen Fieber den letzten Rest meiner jugendlichen Torheiten verraset habe.« (5.8.1764 an Ramler; B XI/1, 415) Lessing entschloß sich, seine unbefriedigende Breslauer Anstellung zum Ende des Jahres 1764 aufzugeben und einen Berliner Neuanfang zu versuchen, zumal ihm Bitten seiner Eltern und Geschwister um materielle Unterstützung ohnehin immer unerfüllbarer wurden.

Laokoon

Über einige Zwischenstationen traf Lessing Mitte Mai 1765 wieder in Berlin ein. Wie schon 1748 und 1758 hatte er wenig Aussicht auf ein festes Einkommen, jetzt allenfalls mehr hilfsbereite Freunde. Ihr mehrfaches Bemühen, ihn als königlichen Bibliothekar zu etablieren, scheiterte am Widerstand Friedrichs II. Daraufhin suchten sie für ihn eine Stelle an der Dresdener Hofgalerie und drängten ihn, als bestmögliche Selbstempfehlung *Laokoon* fertigzustellen. Der erste (und einzige) Band erschien Anfang 1766 mit dem Titel *Laokoon oder über die Grenzen der Malerei und Poesie* (EDW: B V/2, 627-660 und 674-734; zur geplanten und teilweise ausgeführten Fortsetzung: ebd., S. 647-650; zur zeitgenössischen Wirkung Nr. 407).

Mit dem zweiten Teil des Titels signalisierte Lessing, daß er sich an einer aktuellen Diskussion beteiligen wollte. Ihre drei Hauptgegenstände waren Wesen, Unterschiede oder Abgrenzungen und Gemeinsamkeiten der Künste, wobei den bildenden und dichterischen Künsten besondere Aufmerksamkeit galt. Lessing verfolgte bei der Differenzierung von Malerei (als Oberbegriff die Plastik einschließend) und Poetik (die Gattungen umfassend: Epik, Dramatik, Lyrik) zwei Hauptabsichten. Er wehrte malerische Elemente oder die »redenden Gemälde« (*Laokoon*, »Vorrede«; B V/2, 15) in der zeitgenössischen Literatur (der Lyrik besonders) ab und erhob die Poesie (sonderlich die Dramatik) an die Spitze der Künste, und zwar als eine handlungsgestaltende Kunst gegenüber der räumlich gebundenen Malerei. Hierbei knüpfte er an seine Darlegungen im Briefwechsel über das Trauerspiel und zugleich an seine Fabelabhandlungen an, in denen er das Moment der zur anschaulichen Erkenntnis führenden Handlung nachdrücklich hervorgekehrt hatte.

Zunächst ist festzuhalten, daß Lessing keine systematische Abhandlung schrieb, sondern »Aufsätze«, zu denen er bemerkte: »Sie sind zufälliger Weise entstanden, und mehr nach der Folge meiner Lectüre, als durch die methodische Entwicklung allgemeiner Grundsätze angewachsen. Es sind also mehr unordentliche Collectanea zu einem Buche, als ein Buch.« (Ebd.) Diese Anlage bot ähnliche Vorzüge wie der Gebrauch des publizistisch-kritischen Briefes, das heißt sie erlaubte Exkurse, eingeschobene Problemerörterungen, Wechsel von Deduktion und Induktion sowie vor allem charakteristische Neuansätze zur Thesenformulierung, denen immer wieder umgehend Beispielbetrachtungen folgen.

Lessing wollte ihm wesensgemäße Beiträge zu der noch jungen Disziplin der Ästhetik liefern, zur Ästhetik als einer allgemeinen Kunsttheorie (Barner, Nr. 403, S. 241f.), und im speziellen wollte er Prinzipien einer empfindungs- oder wirkungsbezogenen Kunsttheorie diskutieren – nirgends aber allgültige Vorschriften erlassen. Denn er wußte zu genau: »Nichts ist betrüglicher als allgemeine Gesetze für unsere Empfindungen.« (Abschnitt IV; B V/1, 43) Er ging, gleich zu Beginn der Vorrede, aus von einem allen Kunst-»Liebhabern« eignenden Empfinden, dessen Ursache der »Philosoph« (der selbstdenkende Theoretiker) in der Schönheit und ihren »Regeln« suche, welch letztere der »Kunstrichter« (Kritiker) auf die Einzelkünste anwende. Im Verlauf seiner Darlegungen machte Lessing sich alle drei Betrachtungsmodi fruchtbar. Und schon anfangs brachte er den Kunstliebhaber ineins mit dem Theaterliebhaber, der die Mitleidstheorie konsequenter denn je über die Dramatik, ja sogar über die Dichtung hinaus auf andere, bildende Künste bezog.

Einen geeigneten Ansatzpunkt und genügend förderliche Reibungsmomente dafür bot Johann Joachim Winckelmanns Erstlingsschrift *Gedanken über die Nachahmung der griechischen Werke in der Malerei und Bildhauerkunst* (1755) und nicht sein soeben, Ende 1763, erschienenes Hauptwerk *Geschichte der Kunst des Altertums*, das Lessing ganz bewußt erst in die Schlußpartien des *Laokoon* einbezog (Szarota, Nr. 399, S. 11f.). Aus den *Gedanken* hervorgehoben wurde die berühmte und bis dahin unangefochtene These, Wesensmerkmal der griechischen Kunst sei »eine edele Einfalt und stille Größe, sowohl in der Stellung als im Ausdrucke« (zitiert in Abschn. I; B V/2, 17). Für Lessing hingegen war »höchste Schönheit« (Abschn. II; B V/2, 29) das maßgebliche Charakteristikum.

Diese Antithese wurde mit einer – oft nicht recht wahrgenommenen – »Mischung aus Zustimmung und Widerspruch« entwickelt (Höhle, Nr. 404, S. 6). Lessing traf mit Winckelmann prinzipiell darin überein, jener römisch-lateinischen Tradition, die die Grundlage der europaweit kopierten französischen klassizistischen Hofkultur war, ursprünglichere griechische Kunst entgegenzusetzen, genauer: Werke aus einer Blütezeit dieser Antike, die der Gegenwart Vorbild sein sollten. Und gerade weil es um ein alternatives Kulturideal ging, widersprach Lessing, der Kritiker des »französisch-preußischen Akademismus« (Bartsch, Nr. 406), der Wesensbestimmung, die Winckelmann der (griechischen) Kunst gegeben hatte: Größe und Heroismus darzustellen, wofür die Laokoon-Plastik exemplarisch sei.

Den entschiedensten Widerspruch erweckte Winckelmanns vergleichende Deutung: »Laokoon leidet, aber er leidet wie des Sophokles Philoktet: sein Elend geht uns bis an die Seele; aber wir wünschten, wie dieser große Mann das Elend ertragen zu können.« (Zitiert in Abschn. I; B V/2, 17) Der Autor der *Miß Sara Sampson* und des *Philotas* wie der Theoretiker der Mitleidsdramaturgie im Briefwechsel über das Trauerspiel war da begreiflicherweise ganz anderer Meinung. Er erklärte die unbestreitbar verhaltene Schmerzäußerung der Laokoon-Figur nach Maßgabe seiner Schönheits-These (Unschönheit eines weit aufgerissenen Mundes) und interpretierte die ungehemmten Schmerzensschreie des Philoktet als Beleg einer unverkümmerten Empfindungsfähigkeit und -artikulation »des« griechischen Menschen (»er schämte sich keiner der menschlichen Schwachheiten«, Abschn.I; B V/2, 20). Im übrigen befand Lessing nach wie vor: »Alles Stoische ist untheatralisch; und unser Mitleiden ist allezeit dem Leiden gleichmäßig, welches der interessierende Gegenstand äußert.« (Ebd., S. 21) Wie Sophokles den Mitleidsaffekt rege mache, demonstrierte Lessing im Vergleich mit einer französischen klassizistischen Adaption. Abermals kontrastierte er, wenige Jahre nach dem *Philotas* und kurz nach Kriegsende, kriegerische und

»moralische Größe«, den stoischen und »den menschlichen Helden« (Abschn. IV; B V/2, S. 44 und 45).

Empfindungen und Gemütsbewegungen darstellen zu können, erachtete Lessing jetzt nicht mehr nur als einen Vorzug der Dramatik, sondern der Poesie insgesamt gegenüber der Malerei (der bildenden Kunst). In diesem Kontext wertete er die Poesie ungemein auf, speziell wiederum antithetisch zu Winckelmann, bei dem bildende Kunst eine Spitzen- und die Poesie nur eine Randposition innehatte. Lessing kehrte diese Relation nicht einfach um, wohl aber die Rangfolge, ohne die bildende Kunst ins Abseits zu drängen. Für ihn war die Dichtung die Kunst mit den größeren Möglichkeiten, wie er, eher beiläufig begründend, ableitete »aus Erwägung der weitern Sphäre der Poesie, aus dem unendlichen Felde unserer Einbildungskraft, aus der Geistigkeit ihrer Bilder, die in größter Menge und Mannigfaltigkeit neben einander stehen können, ohne daß eines das andere deckt oder schändet« (Abschn. VI; B V/2, 60; dazu Nr. 405). Demgegenüber bedeutete es Lessing nun eine inakzeptable Einschränkung, im Anschluß an den mehr oder weniger dogmatisierten Grundsatz »ut pictura poesis« (»eine Dichtung ist wie ein Gemälde«; Horaz, *De arte poetica*, Vers 361) die Poesie zur »Beschreibungsliteratur« zu machen (s. Nr. 402). Abgewehrt hat er damit, so ist zusammenfassend interpretiert worden (von Szarota, Nr. 399, S. 167), eine statische Weltsicht, die menschliche Aktivität und überhaupt die Veränderbarkeit des Bestehenden ausschließe. In einem entideologisierten Sinne läßt sich dem zustimmen, wenn man zumal Lessings Hinweis auf die unbegrenzte »Einbildungskraft« mit berücksichtigt.

Die Einbildungskraft, das heißt die Phantasie, war im Gefolge des frühaufklärerischen englischen Sensualismus und Empirismus, vermittelt durch die Konzeptionen der Schweizer Literaturtheoretiker, zu einer zentralen dichterischen Kategorie der Regelpoetik geworden. Lessing verlagerte im Zusammenhang mit seinem wirkungsästhetischen Ansatz (Mitleidstheorie) den Akzent von der künstlerischen Phantasie auf die rezeptive bzw. reproduktive und zugleich mitgestaltende Phantasie des Zuschauers, Lesers und Betrachters, die die literarische oder bildnerische Illusion steigere. Und auch hierbei sollte die Poesie die höhere, reichere Kunst sein: »Bei dem Dichter ist ein Gewand kein Gewand; es verdeckt nichts; unsere Einbildungskraft sieht überall hindurch.« (Abschn. V; B V/2, 58f.) Man muß dem nicht unbedingt zustimmen, aber sicher Lessings Doppelintention bewußt halten, sowohl das Verhältnis zwischen Literatur und Rezipient als auch zwischen Bildkunst und Betrachter neu zu bestimmen. Die Theorie ästhetischer Illusion, die zunächst in den Fabelabhandlungen entwickelt wurde, bekam ein Komplement: eine Theorie bildnerischer Illusion (Nr. 412).

Folglich begegnet die Einbildungskraft nicht unter den wesentlichen Kriterien zur Unterscheidung zwischen Malerei und Poesie, die Lessing in einer »Schlußkette« resümierte (Abschn. XVI; B V/2, 116f.): Die Malerei verwendet Figuren und Farben oder »natürliche« Zeichen in einem räumlichen Gefüge, ihre Gegenstände sind koexistent dargestellte Körper; die Poesie artikuliert Töne oder »willkürliche« Zeichen in einem zeitlichen Gefüge und hat sukzessiv dargestellte Handlungen und durch sie angedeutete Körper zum Gegenstand. Der Maler kann Handlung nur darstellen, wenn er den »prägnantesten« und »fruchtbarsten« Augenblick des Geschehens erfaßt; der Dichter muß das »sinnlichste« (der Phantasie förderlichste) Bild des Körpers vorführen. Beider Kunst ist »Nachahmung« von »Natur«-Gegebenheiten.

Das vor allem wirkungsästhetisch vermittelte Verhältnis von Handlung und Körpergestaltung begründet nochmals die Rangfolge der Künste im *Laokoon*. Handlung erschien Lessing »als der zentrale Begriff des Lebens« und zugleich als Inbegriff eines dynamischen Zusammenhangs der Dinge (Nr. 399, S. 194). Als Zentralmoment der aufgewerteten Poesie (Nr. 400) wurde Handlung, nach dem Briefwechsel über das Trauerspiel und nach den Fabelabhandlungen, nunmehr vollends zur ästhetischen Zentralkategorie (Nr. 137).

Wiederum gilt es, das Verbindende gebührend zu beachten. Malerei und Dichtung haben bei Lessing, unter dem dominanten wirkungsästhetischen Aspekt, eine gemeinsame semiotische Grundlage; und mehr noch: die Zuordnung von natürlichen und willkürlichen Zeichen diente nicht starrer Abgrenzung der Künste untereinander, sondern wurde übertragen auf eine Differenzierung innerhalb der Wortkunst, zwischen poetischer und prosaischer Verlautbarung (Nr. 411, S. 92ff.). Indirekt sich mit zeitgenössischen Konzeptionen aufklärerischer Literatur auseinandersetzend, merkte Lessing an:

»Der Poet will nicht bloß verständlich werden, seine Vorstellungen sollen nicht bloß klar und deutlich sein; hiermit begnügt sich der Prosaist. Sondern er will die Ideen, die er in uns erwecket, so lebhaft machen, daß wir in der Geschwindigkeit die wahren sinnlichen Eindrücke ihrer Gegenstände zu empfinden glauben, und in diesem Augenblicke der Täuschung, uns der Mittel, die er dazu anwendet, seiner Worte bewußt zu sein aufhören.« (Abschn. XVII; B V/2, 124)

Nicht zuletzt wandte Lessing sich hier entschieden dagegen, das aufklärerische Prinzip der Deutlichkeit zu verabsolutieren, wohin auch einige seiner Freunde, allen voran Nicolai, mehr und mehr tendierten.

Für die geplante Fortsetzung des *Laokoon*, die unter anderem der Musik und Tanzkunst gewidmet sein sollte, gibt es Materialsammlungen und fragmentarische Ausarbeitungen. Aus ihnen läßt sich resümierend ersehen:

»Das Verhältnis beider Teile ist umgekehrt symmetrisch: der erste Teil etabliert die *Differenzen* zwischen Poesie und Malerei auf der Grundlage ihrer *gemeinsamen* Fundierung im Prinzip der Naturnachahmung. Der zweite Teil führt im Gefolge der Problematisierung des semiotischen Status dieser Differenzen zu deren Verwischung und zur Begründung *beider* Künste im Prinzip der Imagination.« (Knodt, Nr. 411, S. 100)

Obwohl Lessing noch 1769, nach dem Erscheinen von Herders anonymer Laokoon-Studie in der Sammlung *Kritische Wälder* (»Erstes Wäldchen. Herrn Lessings Laokoon gewidmet«), ernsthaft an einen Abschluß des zweiten Teils dachte, unterließ er das Vorhaben dann doch, als er nach Wolfenbüttel übersiedelte und dort mit anderen, vordringlicheren Problemen konfrontiert wurde.

Galt Herders Schrift lange als eine kritisch-ablehnende Widerlegung des *Laokoon*, so bahnt sich neuerdings ein differenzierteres Verständnis an. Ebensowenig wie *Laokoon* schlichtweg gegen Winckelmann geschrieben sei, werde Lessing von Herder widerlegt, vielmehr komplementär derart verdeutlicht, daß seine Poetik (umfassender wohl: seine Ästhetik) »in der Herderschen Kritik gleichsam zu sich selbst kommt« (Knodt, Nr. 411, S. 103). Während *Laokoon* dann im 19. Jahrhundert zu einem ästhetischen Grund- und Gesetzbuch avancierte (kritisch dargestellt von Buch, in Nr. 402) waren Originalität und Gültigkeit der Thesen Lessings später umstritten und sind es zum Teil noch immer. Die einen betonen seine Eigenständigkeit (Althaus und Knodt, Nr. 401 und 411), die anderen das Gegenteil (z.B. Wellbery, Nr. 409). Doch wird – im Unterschied zu früher – kein verselbständigter, fruchtloser Streit ausgefochten; vielmehr ist man auf beiden Seiten dazu übergegangen, Lessings Thesen und Vorgehensweisen funktional wie intentional im Kontext seiner Literatur- und Aufklärungskonzeption zu ergründen (exemplarischer Ansatz bei Barner, Nr. 403)

Zudem wird die Aktualität des *Laokoon* jetzt anders gesehen als noch vor nicht allzu langer Zeit in der ehemaligen DDR, wo er ein Vorläufer des sozialistischen Realismus sein sollte (Szarota, Nr. 399; gemilderter Hamm, Nr. 405). Inzwischen versteht man die Schrift als Auftakt zum modernen ästhetischen Diskurs und hat namentlich seitens der Semiotik auf sie zurückgegriffen, um ihn einerseits zu rekonstruieren (Wellbery, Nr. 409) und andererseits weiterzuführen, speziell einer angestrebten »semiotischen Ästhetik« mit einem »Laokoon-Projekt« interdisziplinär zuzuarbeiten (Nr. 408).

Winckelmann, das sei zumindest erwähnt, zeigte sich von der Lektüre des *Laokoon* ziemlich beeindruckt, verzichtete aber auf einen brieflichen Gedankenaustausch mit Lessing (Höhle, Nr. 404, S. 14ff.). Und so wirkungsvoll *Laokoon* sonst war, einen Weg nach Dresden hat das Buch seinem Autor nicht gebahnt, auch keinen ans Kasseler Antiken- und Münzkabinett, wohin Freund Gleim ihn gern vermittelt hätte. Die Suche nach einer Stelle mußte weitergehen. Das Ende dieser unerquicklichen Situation brachte eine Anfrage aus Hamburg, ob Lessing am dortigen neuen Deutschen Nationaltheater Hausdramatiker werden wolle. In den Verhandlungen am Ort setzte er seinen Wunsch durch, als Dramaturg und Kritiker mitzuwirken. Hiervon beflügelt, vollendete er sein letztes Lustspiel, eine im Vergleich zu den Jugendlustspielen weitgehend neuartige Problemkomödie, deren Buchpublikation zeitlich etwa mit seiner Übersiedlung nach Hamburg (April 1767) zusammentraf.

Minna von Barnhelm

Krönung der Lessingschen und zugleich insgesamt der deutschsprachigen Komödiendichtung der Aufklärungsepoche – so zeigt sich in Literaturgeschichtsschreibung und schulischer Behandlung schon seit über einhundert Jahren einhellig der Rang der *Minna von Barnhelm* (EDW: B VI, 801-849; Textkritik: Nr. 11; Aufführungsverzeichnis: Nr. 534, S. 183-187 und 283f.; zur Wirkung und Bühnenrezeption: Nr. 418, 420, 428, 535ff. und Nr. 51, Kap. V.B). Umstritten hingegen ist nach wie vor, welche »Wahrheit« oder »Botschaft« (Sanna, Nr. 435, S. 22) das Stück vermittle, wobei sich das Spektrum der Deutungen etwa zwischen folgenden beiden Meinungspolen ausbreitet. Einerseits soll ein Erziehungsvorgang erfolgen, ein »Bildungsprozeß« Tellheims »unter Führung der Titelheldin« (ebd., S. 11; auch nach Wehrli, Nr. 178, S. 98ff.: »Minna, die Erzieherin«), andererseits ein bloßes Spiel von Zufällen, dessen Ausgang vorgeprägt sei (Pütz, Nr. 182, Kap. 5) und dessen Konflikt »die reale Substanz« fehle (Hass in Nr. 417, S. 109). Von diesen Polen her gesehen, wäre zu fragen: erstens, nach Sinn und Eigenart dessen, was sich zwischen den beiden Hauptfiguren Minna und Tellheim abspielt, und in welch umfassenderem Bezugsgefüge es sich abspielt; zweitens, ob und inwieweit sich auch Minnas Ausgangsposition ändert. Für diskutierbare Antworten hat die neuere Forschung eine Fülle an Einsichten vorgebracht, von denen hier nur einige exemplarisch herangezogen werden können.

Beachtenswert sind zunächst die vielfachen Feststellungen zur zeitgenössischen Aktualität des Lustspiels (am besten zusammengefaßt in Nr. 415), das sich laut Szene II/2 an einem 22. August ereignet (zum Hintergrund des Datums Nr. 434, S. 89). Man hat die Jahreszahl 1763 ergänzt und dies begründet mit dem Titelzusatz »Verfertiget im Jahre 1763« (z.B. Nr. 182, S. 224f.). Genau genommen bezeichnet er den Beginn der Ausarbeitung – nach dem Ende des Siebenjährigen Krieges.

Genügend Verweise auf eine krisenhafte Nachkriegssituation gibt bereits der I. Akt. Am Beispiel Tellheims wird die Bedrängnis verabschiedeter preußischer Offiziere, die sich willkürlichen Gasthausbesitzern ausgeliefert sehen, vorgeführt. Tellheims Bedienter Just umreißt die zugespitzte Situation in scharfen Fragen: »Warum waret ihr denn im Kriege so geschmeidig, ihr Herren Wirte? Warum war denn da jeder Officier ein würdiger Mann, und jeder Soldat ein ehrlicher, braver Kerl? Macht euch das Bißchen Friede schon so übermütig?« (I/2; B VI, 14) Es ist wohl eher eine Art Genugtuung und Schadenfreude angesichts einer veränderten Lage, was dieser Wirt den »abgedankten« Kriegern gegenüber empfindet: »Aber so lebten die Herren währendes Krieges, als ob ewig Krieg bleiben würde; als ob das Dein und Mein ewig aufgehoben sein würde. Jetzt liegen alle Wirtshäuser und Gasthöfe von ihnen voll; und ein Wirt hat sich wohl mit ihnen in Acht zu nehmen.« (II/2; B VI, 35) Mag dahinter auch ein nicht unbegreifliches Verlangen stehen, zur Kriegszeit erlittene Demütigungen und Verluste auszugleichen – es verrät sich doch insgesamt eine undifferenzierte Sicht und Rachbegier. Das lächerlich wirkende Verhalten des Wirts, einer traditionsreichen Lustspielfigur, entspringt schlimmen Individualzügen, die in der Bereitschaft kulminieren, die Notlage anderer Menschen skrupellos auszunutzen. Die Anlage dieser Figur ist wie die der übrigen Personen symptomatisch für das untergründige Ernsthafte nahezu aller Erscheinungsformen des Komischen in dem Lustspiel *Minna von Barnhelm*, überhaupt für seine innovatorische Komödienstruktur (zusammenfassend dargestellt in Nr. 93, S. 287ff. und Nr. 435, Kap. III).

Durch den Wirt ergibt sich zum Figurenensemble um Tellheim und Minna gleich anfangs ein prägnanter Gegensatz, der vor allem auf unterschiedlichen Geldinteressen beruht (vgl. Werner, Nr. 429, S. 130ff. und Schlaffer in Nr. 417, 210ff.). Am detailliertesten entfaltet wird dieser Gegensatz in der Moralität Tellheims und derjenigen Minnas, deren Konvergenzpunkt in einem Altruismus liegt, der wiederum jeweils bestimmte problematische Momente hat.

Auf die ersten, noch unvollständigen Anzeichen von Tellheims prekärer Situation reagiert Minna, gerichtet an ihr Kammermädchen, im Hochgefühl ihrer Liebe und Wiedersehensfreude: »Er jammert dich? Mich jammert er nicht. Unglück ist auch gut. Vielleicht, daß ihm der Himmel alles nahm, um ihm in mir alles wieder zu geben!« (II/7; B VI, 41) Es geht hier (noch) nicht um Mitleid, sondern um den geringeren Affekt des Bedauerns, den Minna mit ihrer heiteren Selbstsicherheit erstickt, deren gefühlsbestimmt unreflektierte Voraussetzung (»Unglück ist auch gut.«) zudem umgehend höchst fragwürdig gemacht wird. Tellheim betrachtet sein Unglück ganz anders, und Minnas voreilige Selbstgewißheit kollidiert mit seiner Selbsteinschätzung: »Ich bin Tellheim, der verabschiedete, der an seiner Ehre gekränkte, der Kriepel, der Bettler.« (II/9; B VI, 45)

Im Auge zu behalten ist hierbei zweierlei. Für Tellheim hat sich soeben Minnas ungeschmälerte Liebe bestätigt; aber in einer Lebenssituation, in der er aus seiner Sicht »Ihrer Hand« nicht mehr »täglich würdiger zu werden hoffen« (ebd.) darf. Daß er ihrer längst würdig erachtet, sie ihm ja dargeboten wird, entschärft nicht, sondern bestärkt gerade den Hauptgrund seiner Verweigerung: »Soziale Inferiorität, die nach Tellheims Moralität seine Eheschließung mit Minna zu einem gewissenlosen Unternehmen stempelt.« (Werner, Nr. 429, S. 136) Und zwar zuvörderst deshalb, weil das materielle, vor allem finanzielle Fundament fehlt; hinzu kommt, wie sich später herausstellt, eine rechtliche Unsicherheit infolge eines schwebenden Verfahrens wegen passiver Bestechung (dazu Saße, Nr. 434, Kap. 18-20). Aus sozialem Verantwortungsdenken und aus Sorge um Minnas gesellschaftliche Reputation beeinträchtigt Tellheim »die Rückhaltlosigkeit der Liebe, die auf Gemeinsamkeit gründet«, auf wechselseitiger rückhaltloser Offenheit (ebd., S. 115).

Ist also Tellheims »Abwehr aller fremden Großzügigkeit« ausschließlich »objektiv gegründet« (Werner, Nr. 429, S. 132f.) und absolut verschieden von individuellem Tugendrigorismus, wie etwa dem Sara Sampsons? Versucht der ihm keineswegs fremde Wachtmeister Werner nicht gerade, das gängige bürgerliche Geschäftsprinzip ›Darlehen gegen ausreichende Sicherheit‹ durch ein freundschaftliches Hilfsangebot ohne jegliches Sicherheitsdenken zu substituieren? Völlig im Einklag mit einschlägigem Soldatenrecht (vgl. Nr. 415, S. 109f.) erklärt Tellheim sich letztlich bereit, dies Anerbieten bei Bedarf wahrzunehmen (Ausgang der Szene III/7); mehr noch, er fordert es in einem – scheinbaren – Notfall sofort ein, mit dem bloß

»guten Willen, [...] wieder zu geben«, ohne zu wissen »wenn und wie« (V/1; B VI, 89).

Nicht die freundschaftliche Großmut, die völlig mit seiner eigenen Haltung übereinstimmt, weist Tellheim ab, sondern Werners laxes Berufsethos, die Bereitschaft, die erstbesten Söldnerdienste zu nehmen: »Man muß Soldat sein, für sein Land, oder aus Liebe zu der Sache, für die gefochten wird.« (III/7; B VI, 62) Diese idealische Berufsauffassung (zu ihrer verschiedenartigen Deutung Seeba, Nr. 165, Kap. VII) ist eine Komponente der Moralität Tellheims, deren prüfenswerte Begleiterscheinungen Minna resümierend »ein wenig zu viel Stolz« nennt (III/12; B VI, 68). Nicht ganz unberechtigt, nachdem sich Tellheim auch gegenüber dem Freund oder Kriegskameraden als etwas rigoros und starr erwiesen hat. Indessen mischt sich in ihren Entschluß, Tellheim eine »Lection« zu erteilen, ebenfalls Bedenkliches mit ein:

DAS FRÄULEIN: Du wirst sehen, daß ich ihn von Grund aus kenne. Der Mann, der mich jetzt mit allen Reichtümern verweigert, wird mich der ganzen Welt streitig machen, sobald er hört, daß ich unglücklich und verlassen bin.
FRANCISKA *sehr ernsthaft*: Und so was muß die feinste Eigenliebe unendlich kützeln.
DAS FRÄULEIN: Sittenrichterin! Seht doch! vorhin ertappte sie mich auf Eitelkeit; jetzt auf Eigenliebe. (IV/1; B VI, 69)

Die Sequenz enthält deutliche Signale an Zuschauer und Leser, ein Vorhaben aufmerksam kritisch zu verfolgen, das abermals aus uneingeschränkter Selbstgewißheit resultiert und noch dazu verbunden ist mit einem unbestrittenen egozentrischen Moment. Begrifflich prägnant wird herausgestellt, daß sich Minnas Liebe im gegebenen Zusammenhang zu einem nicht irrelevanten Teil auf »Eigenliebe« reduziert.

Jenem Selbstgefühl gemäß geht Minna in eine zweite Auseinandersetzung mit Tellheim (IV/6), die nicht unwesentlich durch den Auftritt (IV/2) des Söldners und Spielers Riccaut de la Marliniere vorbereitet wird (s. Nr. 430), und hält sich davon überzeugt, Tellheims Stolz lächerlich machen zu können: »Ihre lachende Freundin beurteilet Ihre Umstände weit richtiger, als Sie selbst.« (B VI, 82) Dies trifft keineswegs zu, denn Tellheim fühlt seine Ehre, die nun erst in den Vordergrund tritt und sich sogleich als seinem Berufsideal korrespondierend (und damit den Dienstnormen widerstreitend; Nr. 429, S. 139) erweist, nicht feudalständisch konventionellen Sinnes beleidigt. Vielmehr deshalb, weil die preußische Kriegsbehörde sein Handeln dem Feind gegenüber (bare Verauslagung einer Kontribution) auf Bestechung zurückführte. Verdientermaßen fordert er Gerechtigkeit statt Gnade. Doch so vergeblich wie seine Forderung bislang gewesen ist, hofft er, seine spezifische Ehrauffassung werde von Minna verstanden. Sie verfolgt strikt ihre »Lection«, bei der sie Tellheim mit seinen eigenen Waffen zu schlagen versucht, indem sie sich lustspielhafter Mittel bedient wie Rollentausch und Spiegelungsverfahren (dazu Strohschneider-Kohrs und Schröder in Nr. 417, S. 191ff. und 178ff., 184ff.). Und daher gibt sie sich differenzierungsunfähig oder -unwillig: »O, über die wilden, unbiegsamen Männer, die nur immer ihr stieres Auge auf das Gespenst der Ehre heften.« (B VI, 84) Wiederum hat Minna nicht ganz unrecht, insofern Tellheim erstens, wahrlich unflexibel und seinerseits verabsolutierend, allein für sich »gesunden Verstand« (B VI; 85) beansprucht; insofern er zweitens unter dieser Prämisse argmentiert, er sei des Edelfräuleins »in den Augen der Welt nicht wert« (B VI, 86), sich also unversehens genau dem feudalen Konventionsdenken anschließt, das er bezüglich der Ehrauffassung verachtet. Seine Argumentation entspringt hier nicht nur aus sozialem Verantwortungsbewußtsein. Es wird aber sofort reaktiviert, als er Minna im Elend glaubt.

An diesem Punkt zieht Tellheim eine Selbstbilanz und erkennt einige der Defizite, die Minna ihm bewußt zu machen versuchte: »Mein eignes Unglück schlug mich nieder; machte mich ärgerlich, kurzsichtig, schüchtern, lässig; ihr Unglück hebt mich empor, ich sehe wieder frei um mich, und fühle mich willig und stark, alles für sie zu unternehmen -« (V/2; B VI, 91) Geleitet wird Tellheim hierbei, seinen eigenen Worten zufolge, von der »Tochter« der Liebe, vom Mitleid, das, »mit dem finstern Schmerze vertrauter, die Nebel zerstreuet, und alle Zugänge meiner Seele den Eindrücken der Zärtlichkeit wiederum öffnet« (V/5; B VI, 95). Im Sinne des Briefwechsels über das Trauerspiel und der kurz nach Erscheinen des Lustspiels begonnenen *Hamburgischen Dramaturgie* stimuliert der Mitleidsaffekt gutsinniges Handeln (vgl. Nr. 424; über den Zusammenhang des Lustspiels und der Theorie s. auch Nr. 182, S. 238ff. und Nr. 435, S. 13). Allerdings tritt ein besonderer Umstand hinzu: Auf Minnas Vorspiegelungen hin fühlt Tellheim sich schuldig an ihrem Unglück und zugleich verpflichtet, sie daraus zu erretten. Schuld- und Mitleidsgefühl wirken zusammen, alle Bedenken zu zerstreuen, die er vordem der von Minna ersehnten Eheschließung entgegenstellte. Übergroße Bedenklichkeit verkehrt sich in Übereifer. Tellheim borgt sogleich Geld von Kamerad Werner und will ähnlich wie dieser neue »Dienste«, nötigenfalls »unter dem entferntesten Himmel suchen« (V/5; B VI, 96).

Das königliche Handschreiben (V/9), früher als genretypischer Deus ex machina interpretiert (so auch noch von Michelsen, Nr. 425, S. 223 und 242 sowie von Reh in Nr. 174, S. 337f.), bedeutet unter den bereits veränderten Umständen keine Rettung oder Lösung schlechthin, trägt aber dazu bei, Tellheims Sinneswandel zu vollenden. Tellheim wird durch den Brief rehabilitiert und finanziell besser gestellt, also zweifach entfesselt. Es entfallen die geäußerten Wünsche bzw. Notwendigkeiten, in Berlin die verlorene spezifische Ehre wieder zu erstreiten und irgendwo wieder »Dienste« zu nehmen, sowie die nirgends erwähnte Pflicht, nach geltendem Soldatenrecht (s. Nr. 415, S. 111f.) beim König höchstselbst um eine Heiratserlaubnis nachzusuchen. Tellheim kann nun beginnen, seine im Krieg gewonnene kritische Einsicht (»Die Dienste der Großen sind gefährlich, und lohnen der Mühe, des Zwanges, der Erniedrigung nicht, die sie kosten.« V/9; B VI, 99) praktisch umzusetzen.

Der Brief des Königs läßt mithin einen fortgesetzten soldatischen Staatsdienst in keiner Weise verlockend erscheinen. Bestärkt wird statt dessen die Suche nach einer anderen, Tellheim wesensgemäßeren Betätigung oder präziser nach einer Alternative: in ehelicher Gemeinsamkeit »ein ruhiger und zufriedener Mensch zu [...] werden« und »unveränderlich [zu] bleiben« (B VI, 100). Allerdings führt der anhaltende mitleidsbestimmte Übereifer in ein absolutes Gegenextrem zur soldatischen Zwangsbindung an die staatlich-politische Sphäre. Tellheim sinniert über eine isolierte idyllische Privatexistenz im »stillsten, heitersten, lachendsten Winkel [...], dem zum Paradiese nichts fehlt, als ein glückliches Paar« (ebd.). Minna wendet sich dagegen, ihre »Lection« fortführend in einer letzten Ausprägung (der sogenannten Ringintrige; resümiert von Sanna, Nr. 435, Kap II.7), aber auch die problematische Konsequenz der »verliebten Träumereien« und der ihnen zugrunde liegenden extremen Antithetik ironisch hervorkehrend: »daß der ruhmvolle Krieger in einen tändelnden Schäfer ausarte« (B VI, 100f.).

Zweierlei ist aus diesem Verlauf der Auseinandersetzung gefolgert worden (bei Werner, Nr. 429, S. 145ff.). Zum einen, daß die Alternative zwischen »Diensten« und Privatexistenz unter den konkreten Gegebenheiten zwar unausweichlich ist, aber nicht konfliktlösend (wie z.B. von Weber, in Nr. 423, S. 26ff. behauptet) und schon gar nicht mit einer imaginären Privatidylle; zum anderen, daß Lessing sich (wie übrigens auch sonst; vgl. Albrecht, Nr. 131, Kap. 2) nicht einseitig gegen die öffentliche Sphäre wende. Kaum Aufmerksamkeit indessen hat das Problem gefunden: Wo liegt, wenn Tellheims Entscheidung angesichts seiner Kriegserfahrungen die einzig richtige ist, eine weniger illusionäre Alternative und inwieweit wird sie im Ausgang des Lustspiels gattungsgemäß hervorgebracht?

Nachdem Minna ihren überzogenen »Scherz« mit den Ringen (V/11; B VI, 105) gerade noch aufzulösen vermocht und ihr Oheim freundschaftliche und väterliche Zuneigung für Tellheim bekundet hat (V/13), steht einem Happy-End der dominanten Liebeshandlung nichts mehr im Wege. Es eröffnet sich, durch das eigentlich verspätete und nun genau rechtzeitige Erscheinen des begüterten Oheims auch (aber nicht allein) zufallsgelenkt, eine glücksverheißende Perspektive: ein im Kontakt mit dem Grafen von Bruchsall und mit anderen gleichdenkenden Freunden weltzugewandtes privat-familiäres Zusammenleben, das auf streitbarem Meinungsaustausch und wechselseitiger Billigung beruht. Dies ist eine neue und bessere Perspektive als diejenige Tellheims vor seinem Dienstantritt. Und sie ist alternativ, insofern sie – ähnlich wie der Ausgang der *Miß Sara Sampson* und des *Philotas* – auf eine prinzipiell für möglich gehaltene private Humanität hindeutet, die nach Lessings Überzeugung eine wesentliche Vorbedingung dafür bildet, eine humanere und vernünftigere Öffentlichkeit oder Gesellschaft insgesamt herbeizuführen. Eine zukünftige Gesellschaft, die er kraft seines lebenslangen, obwohl ihm gleich allen Aufklärern rational unbegründbaren Menschen- oder Menschheitsvertrauens erhoffte.

Bestätigen läßt sich die »Feststellung, daß Minnas Intrige kein Erziehungsprogramm zur Voraussetzung hat, keinen Erziehungsakt bildet und keinen Erziehungsvorgang bewirkt«; nicht jedoch der davon abgeleitete Schluß, »daß Tellheims Standpunkt objektiv wie subjektiv gerechtfertigt und insofern unkorrigierbar« sei und seine »starre Moralität [...] die Folge der Verinnerlichung rational zu akzeptierender Zwänge« (Werner, Nr. 429, S. 141). Es geht vielmehr um flexibles, situationsgerechtes menschliches Verhalten, das nach Lessings Überzeugung bei bestimmten individuellen Voraussetzungen auch unter sozialen und rechtlichen Zwängen möglich und wünschenswert ist. Zwar erfolgt keine »charakterliche Wandlung Tellheims« (ebd., S. 140), wohl aber wandeln oder korrigieren sich beide, Tellheim wie Minna, in streitbarer Auseinandersetzung insofern, als sie sich wechselseitig bestimmte Übersteigerungen und Defizite in ihrem lebenspraktischen Denken und Handeln bewußt machen (so daß die »Botschaft« des Stücks schwerlich allein identisch sein kann »mit den von Minna vertretenen Werten«; Sanna, Nr. 435, S. 22). Beide leisten sie das Ihre für die Schlußperspektive des Stückes, die ein zuvor nicht vorhandenes Übereinkommen und Verständnis zwischen ihnen einschließt – unbeschadet dessen, daß

Minna formal-rechtliche Beweggründe Tellheims verborgen bleiben, weil sie ihr nicht erklärt werden.

Bestätigen läßt sich ferner der Befund: »Die traditionelle affirmative Funktion der Aufklärungskomödie [...] wird außer Kraft gesetzt. Sie erreicht kein definitives Ziel, durch das sie sich selbst bestätigt, sondern eine Lösung, die sich weiten und noch unbekannten Räumen öffnet.« (Schröder in Nr. 417, S. 187) Lessing erneuerte die Gattung im Rahmen seiner Konzeption literarischer Aufklärung, den Zuschauer oder Leser bestimmte Überlegungen prüfen und fortführen zu lassen; hier den Zentralgedanken: »daß die Normen der alten Gesellschaft durch den Aufbau einer neuen gesellschaftlichen Moral ersetzt werden müssen, deren Leitbegriffe ›Liebe‹, ›Mitleid‹ und ›Freundschaft‹ heißen« (Kiesel, Nr. 427, S. 265).

Als charakteristisch für die Interpretations- und Rezeptionsgeschichte der *Minna von Barnhelm* gilt »eine durch die Jahrhunderte sich ziehende Konstanz der Deutungsprobleme«, im einzelnen vor allem betreffend: »die eigenartige Handlungsführung; die häufig bezweifelte Funktion der Riccaut-Szene; Tellheims skrupulöse Weigerung, Minna zu heiraten; Minnas Versuch, mit Hilfe ihres ›Betruges‹ Tellheim doch zur Einwilligung in die Heirat zu bewegen; die Ringintrige« (Steinmetz in Nr. 417, S. XIII und XIV). Dieses 1979 publizierte Resümee trifft noch immer weitgehend zu, wenngleich einige bemerkenswerte Neuansätze und Umwertungen hinzugekommen sind.

Schon im selben Jahr wurde ein wegweisender Versuch unternommen (von Werner, Nr. 429), Tellheims Verhalten aus seinen sozialen Umständen und moralischen Wertvorstellungen heraus plausibel zu machen und dabei das dem Lustspiel zugrunde liegende Spannungsverhältnis von gesellschaftlichen Normen und individueller Liebe zu verdeutlichen. Ein weiterer wichtiger Schritt auf diesem Deutungsweg erfolgte mit einer rechtshistorisch akzentuierten literaturwissenschaftlichen Studie (Saße, Nr. 434), durch die endgültig klargestellt worden ist, daß Tellheims Skrupel maßgeblich von den Normenzwängen bestimmt sind, in die ihn die Anschuldigung der Bestechung verstrickt hat.

Strukturanalytischen Betrachtungen verdankt sich der Nachweis einer Art Dramaturgie des Krieges, »einer quasi strategischen Auseinandersetzung« (Pütz, Nr. 182, S. 211). Nur, worum und mit welchen Resultaten sie geführt wird – dies blieb, wie schon bei früheren Strukturanalysen (vgl. z.B. die Arbeiten in Kap. II.4 von Nr. 417) weitgehend offen. Eines der Hauptresultate dieser Analysen bestand darin, daß die funktionale Verknüpfung der umstrittenen Riccaut-Szene mit dem Konfliktgeschehen um Minna und Tellheim erwiesen wurde (s. Martinis Studie in Nr. 417). Davon ausgehend, ist inzwischen eine übergreifende Relation der Szene zur titelgebenden Glücksproblematik des Lustspiels aufgzeigt worden (Giese, Nr. 430).

Weniger Aufmerksamkeit fand hingegen das von Franziska und Werner getragene Geschehen, das früherhin für eine gattungstypische Neben- oder Parallelhandlung mit Dienerfiguren angesehen wurde. Als eine spezifische »Gegenhandlung« zur Auseinandersetzung zwischen den beiden Hauptpersonen hat man es erkannt in der einzigen neueren Gesamtuntersuchung des Stückes (Sanna, Nr. 435). In dieser Studie sind linguistische Verfahren für relevante Detailanalysen fruchtbar gemacht worden.

Die Notwendigkeit umfassenderer Arbeiten und differenzierter Gesamtinterpretation unter angemessener Berücksichtigung der jüngeren Neueinsichten liegt auf der Hand.

1.5 Theaterkritiker, Druckereimitbesitzer, Altertumsspezialist (Hamburg 1767-1770)

Kurz nach Mitte April 1767 traf Lessing in Hamburg ein. Es erwartete ihn dort nicht nur seine vertragliche Aufgabe als Dramaturg und Berater bzw. Kritiker am Nationaltheater, sondern auch die Mitarbeit bei der Leitung einer Verlagsbuchdruckerei. Dieses Unternahmen hatte der Schriftsteller und Übersetzer Johann Joachim Christoph Bode aufgemacht. Lessing teilte die zugrundeliegende Idee, den geringen Gewinnanteil der Autoren an ihren Büchern oder Broschüren durch selbstverlegerische Publikationsformen zu erhöhen (s. Nr. 82 und 94, Sp. 1378ff.). Um Mitbesitzer der Druckerei werden zu können, mußte er seine in Berlin zurückgelassene Bibliothek verkaufen lassen.

Hamburg schien bestens geeignet für eine solche Geschäftseröffnung. Die prosperierende Kaufmannsstadt war nicht übermäßig weit entfernt von den Buchhandelsmetropolen Frankfurt und Leipzig und zugleich ihrerseits kulturell integrativ: als Zentrum der nordwestdeutschen Aufklärung (dazu Kopitzsch, Nr. 70). Wie überall zeigte das aufklärerische Druckwesen, besonders ein Zweig davon: die Presse, im Vergleich zum Theaterwesen größere Wirkungen. Und die glanzvollen Zeiten der Hamburger Oper im 17. Jahrhundert waren vorbei. »Immerhin war das Interesse am Theater binnen weniger Jahrzehnte, in denen die Akteure der Neuberin, Johann

Friedrich Schönemanns, Heinrich Gottfried Kochs in Hamburg häufig auftraten, so stark angewachsen, das [sic] Konrad Ernst Ackermann 1765 ein neues Theatergebäude eröffnen und ein ständig für dieses Haus tätiges Ensemble bilden konnte.« (Ebd., S. 657f. – Grundlegend zur zeitgenössischen Hamburger Theatersituation: Eigenmann, Nr. 279.)

Symptomatisch war dann die Gründung des Hamburger Nationaltheaters am 24. Oktober 1766. Sie erfolgte durch ein Konsortium von zwölf Theater- und Kaufleuten, die den theaterkundigen Schriftsteller Johann Friedrich Löwen zum künstlerischen Direktor ernannten und Ackermanns Spielstätte sowie Ensemble, zu dem Konrad Ekhof gehörte, unter Vertrag nahmen. Löwen verfolgte eine aktuelle Programmatik (zu ihr grundlegend Krebs, Nr. 277): die von Prinzipalen patriarchalisch geführten Wandertheater in dauerhafte städtische oder fürstliche Einrichtungen mit Direktorien und Theaterakademien umzuwandeln.

Hamburgische Dramaturgie

Dem stimmte Lessing in der (vom 22.4.1767 datierenden) »Ankündigung« des neuen Theaters in seiner Theaterzeitschrift *Hamburgische Dramaturgie* prinzipiell zu: »Die Principalschaft unter ihnen [den Schauspielern; W.A.] hat eine freie Kunst zu einem Handwerke herabgesetzt, welches der Meister mehrenteils desto nachlässiger und eigennütziger treiben läßt, je gewissere Kunden, je mehrere Abnehmer, ihm Notdurft oder Luxus versprechen.« (B VI, 184) Zugleich war sich Lessing, was oft übersehen wird, von Anfang an der schier unüberwindlichen Schwierigkeiten des reformerischen Neuansatzes bewußt: »Der Stufen sind viel, die eine werdende Bühne bis zum Gipfel der Vollkommenheit zu durchsteigen hat; aber eine verderbte Bühne ist von dieser Höhe, natürlicher Weise, noch weiter entfernt: und ich fürchte sehr, daß die deutsche mehr dieses als jenes ist.« (B VI, 185)

Lessings Absicht und Hoffnung bestanden offenbar darin, die Wirksamkeit des periodischen Schrifttums für das (hamburgische) Theater ausnutzen zu können. So konzipierte er eine Wochenschrift, über deren Programm er vorab verlautbarte: »Diese Dramaturgie soll ein kritisches Register von allen aufzuführenden Stücken halten, und jeden Schritt begleiten, den die Kunst, sowohl des Dichters, als des Schauspielers, hier tun wird.« (Ebd.) Die in Bodes und Lessings Unternehmen gedruckte *Hamburgische Dramaturgie* (EDW: B VI, 877-880 und 906-945; zur Wirkung Nr. 378) brachte dann einerseits weniger und andererseits mehr. Die Kritik der Darstellungskunst mußte alsbald eingestellt werden, da sie besonders einigen Schauspielerinnen, die Einfluß auf das Konsortium hatten, sehr mißfiel. Hinzu kamen geschäftstüchtige Raubdrucker, die Lessing veranlaßten, das regelmäßige »Stück«-weise Erscheinen der *Dramaturgie* zu unterbrechen und in ein unregelmäßiges umzuwandeln. Anfang 1768 faßte er, wegen der Nachdrucke, die Stücke 1-52 zu einem Buch zusammen, ein Jahr später die Stücke 53-104 zu einem zweiten. Er beschränkte sein »kritisches Register« auf die 52 ersten Spieltage des Nationaltheaters und knüpfte an sie immer umfangreichere grundlegende Ausführungen über Dramatik und Bühnenkunst.

Dabei verfuhr Lessing – wie sonst – nach seiner Eigenart und nach der ihr gemäßen aufklärerischen Methode bewußt unsystematisch, mit dem Ziel, zu weiterem, selbständigem oder allenfalls auch ordnendem Nachdenken anzuregen:

»Ich erinnere hier meine Leser, daß diese Blätter nichts weniger als ein dramatisches System enthalten sollen. Ich bin also nicht verpflichtet, alle die Schwierigkeiten aufzulösen, die ich mache. Meine Gedanken mögen immer sich weniger zu verbinden, ja wohl gar sich zu widersprechen scheinen: wenn es denn nur Gedanken sind, bei welchen sie Stoff finden, selbst zu denken. Hier will ich nichts als Fermenta cognitionis ausstreuen.« (95. Stück; B VI, 654f.)

»Schwierigkeiten« erregte Lessing im Interesse gemeinsamer Wahrheitsfindung. Und er machte seine Gedanken durchaus nachvollziehbar, indem er sie buchstäblich vor den Augen der Leser entstehen und sich entwickeln ließ, indem er ferner übergreifende Zusammenhänge deutlich genug herausstellte. Allerdings erwartete Lessing viel zuviel, wenn er voraussetzte, die Leser würden Resultate ihres Selbstdenkens als Zuschauer auf die Vorführungen zurückbeziehen und mit Meinungsbekundungen dazu beitragen, das Theater zu verbessern. Das Hamburger Publikum schwieg und zeigte sich an dem Nationaltheater zunehmend desinteressiert.

In der *Hamburgischen Dramaturgie* vervollkommnete Lessing seine Methode wirkungsästhetischer Kritik, das heißt er fragte nach Maßgabe seiner Dramentheorie, seiner Mitleidspoetologie, konsequenter denn je nach potentiellen Wirkungen eines Stückes und leitete von ihnen Schlußfolgerungen ab – ohne die Möglichkeit, sie praktisch überprüfen (lassen) zu können (Kramer, Nr. 382, S. 187). Nicht zu vergessen: Ihm stand kein Experimentaltheater zur Verfügung; er hatte nicht einmal ein größeres Mitspracherecht bei der

Spielplangestaltung (was sich zweifellos hemmend auf seine Dramenproduktion auswirkte und den Abschluß der schon relativ weit gediehenen Fragmente *Der Schlaftrunk* und *Die Matrone von Ephesus* [EDW: B VI, 867ff. und 872ff.] verhinderte).

Nach wie vor zielte Lessings kritische Methode (s. des näheren Nr. 380) auf öffentlichen streitbaren Diskurs. Analog zu den Fabelabhandlungen wurden ausgewählte (hier auch durch die aufgeführten Stücke nahegelegte) Theorien analysiert unter Berufung auf eine antike Autorität, hier: Aristoteles (dazu grundlegend Kommerell, Nr. 90). Entschiedener noch setzte Lessing jetzt der buchstabengemäßen Normativität von Theoremen oder >Regeln< deren >Geist< entgegen (45. Stück; B VI, 406; dazu im einzelnen Bohnen, Nr. 227, S. 104-130). Und er verallgemeinerte in dem Zusammenhang: »Ein anderes ist, sich mit den Regeln abfinden; ein anderes, sie wirklich beobachten. Jenes tun die Franzosen; dieses scheinen nur die Alten verstanden zu haben.« (46. Stück; B VI, 409) Es lag im Wesen der Sache, der weitergedachten Mitleidsdramaturgie, daß die Auseinandersetzung mit dem höfischen Klassizismus – Frankreichs allgemein (Nr. 86f., 383) und desjenigen Voltaires insbesondere (Nr. 379, S. 17ff. und Nr. 95, 114) – ihren Höhepunkt erreichte.

Schärfer konturiert wurde ein Menschen- und Heldenideal, das von politischen und ideologischen, von höfischen und religiösen Zwängen frei bleiben sollte:

»Die Namen von Fürsten und Helden können einem Stücke Pomp und Majestät geben; aber zur Rührung tragen sie nichts bei. Das Unglück derjenigen, deren Umstände den unsrigen am nächsten kommen, muß natürlicher Weise am tiefsten in unsere Seele dringen; und wenn wir mit Königen Mitleiden haben, so haben wir es mit ihnen als mit Menschen, und nicht als mit Königen.« (14. Stück; B VI, 251)

Diesen Grundsatz einer notwendigen Vermenschlichung fürstlicher und heroischer Figuren hatte Lessing bereits seit *Philotas* selbst praktiziert. Nicht unwesentlich bedingt durch das Scheitern der anschließenden Trauerspielexperimente war sicher die nachdrückliche Hinzufügung, »unsere Sympathie erfodert einen einzeln Gegenstand, und ein Staat ist ein viel zu abstrakter Begriff für unsere Empfindungen« (ebd.). Um die Empfindungen bzw. um die Herausbildung der Empfindungsfähigkeit als Ausgangspunkt für selbständiges gemeinsinniges Denken und Handeln, ging es Lessing unverändert seit dem Briefwechsel über das Trauerspiel mit Mendelssohn und Nicolai (1756/57). Seine dramatischen Versuche dürften ihn in der Überzeugung bestärkt haben: »Galanterie und Politik läßt immer kalt; und noch ist es keinem Dichter in der Welt gelungen, die Erregung des Mitleids und der Furcht damit zu verbinden.« (80. Stück; B VI, 583)

Solange partikularistische machtpolitische und höfisch-selbstische Interessen dominierten, mußte Lessing, wollte er seine literarischen Wirkungsabsichten konsequent weiterverfolgen, eine ideell an den aufklärerisch-bürgerlichen Bereich geknüpfte Humanisierung der individuellen »Privatperson« in charakterisierenden, nicht unbedingt »große[n]«, »Handlungen« (9. Stück; B VI, 228) am ehesten möglich erscheinen. Derartige Humanisierung erhob er jetzt energischer denn je zur gesellschaftsbezogenen Hauptfunktion bürgerlicher Dramen, der er im Kontext der Polemik gegen »die Franzosen« wiederum einen kräftigen antihöfischen Akzent verlieh: »Ich habe es lange schon geglaubt, daß der Hof der Ort eben nicht ist, wo ein Dichter die Natur studieren kann. Aber wenn Pomp und Etikette aus Menschen Maschinen macht, so ist es das Werk des Dichters, aus diesen Maschinen wieder Menschen zu machen.« (59. Stück; B VI, 477) Aus dem Verlangen, menschliche Individualität und Natürlichkeit zurückzugewinnen, entwickelte Lessing – übrigens im Anschluß an Diderot – die zentrale Aufgabe zeitgenössischer Dramatik, die nur durch sie selbst erfüllbar war (Stellmacher, Nr. 176, S. 139). Und dies bildete ein nicht unbeträchtliches Äquivalent für den Verzicht auf »große Handlungen« politischen Stils.

Der neugefaßten Funktionsbestimmung der antiklassizistischen, bürgerlichen Dramatik (zu eng gesehen als »realistische« Kunst in Nr. 376 und 379) korrespondiert eine modifizierte Mitleidstheorie. An die Stelle des Mitleidsbegriffs trat in der *Hamburgischen Dramaturgie* zunächst die Bezeichnung »Mitleid und Schrecken«, dann der Doppelbegriff »Furcht und Mitleid«. Mitleid bleibt die Zentralkategorie, insofern die Furcht im 75. Stück definiert wird als »das auf uns selbst bezogene Mitleid« (B VI, 557). Mitleidsbestimmte tätige Humanität und genüßlicher Rückbezug desselben Affekts waren für Lessing, im Sinne zeitgenössischer Theorien der Empfindsamkeit, kein Gegensatz. Gefühlvoller Selbstbezug, der nichts mit Egoismus oder Selbstzweck des Mitleids gemein hat, lieferte nach seiner Überzeugung vielmehr die Grundlage für stimulierendes Mitempfinden.

Sich auf Aristoteles berufend, spricht Lessing von der Furcht, »welche aus unserer Ähnlichkeit mit der leidenden Person für uns selbst entspringt« (B VI, 556). Hier liegt das genauer als im Briefwechsel über das Trauerspiel gefaßte reale Moment der vielfach idealischen Vorstellungen Lessings von den Wirkungspotenzen der bürgerlichen Dramatik. Es trägt dem Bewußtseinsgrad des durchschnittlichen Publikums Rechnung, den das jeweilige Stück positiv beeinflussen soll. Nur wenn das Vorgeführte den Zuschauer selbst betrifft, wird er sich angesprochen fühlen. Deshalb hat Lessing auch an seiner Dramaturgie der Identifikation festgehalten, für die die Bereitschaft, sich mit einer Figur oder einem Geschehen zu identifizieren, gar kein Problem bildet. Er hat die beste und zugleich unfehlbarste Möglichkeit zur Erregung von Furcht und Mitleid darin gesehen, daß der Dramatiker die leidende(n) Figur(en) »mit uns von gleichem Schrot und Korne schildere« (B VI, 559).

Aus der unveränderten Wirkungsabsicht, das Verhalten des Zuschauers im aufklärerisch-humanistischen Sinne zu leiten, ihn menschlich und sozial zu aktivieren (»Verwandlung der Leidenschaften in tugendhafte Fertigkeiten«, 78. Stück; B VI, 574) erklärt sich auch Lessings Neuübersetzung der Aristotelischen Begrifflichkeit von »phobos«. *Schrecken*, »das Erstaunen über unbegreifliche Missetaten« (74. Stück; B VI, 552), hat nach seiner Ansicht etwas Lähmendes, *Furcht* löst Reaktionen aus, die durch das Mitleid gesteuert werden. Wie aber die »Verwandlung der Leidenschaften« im einzelnen vor sich gehen soll, das bleibt trotz einer aufwendigen Umdeutung des Aristotelischen Begriffs der Katharsis (einer inneren Reinigung durch das Drama) nicht minder vage als im Briefwechsel über das Trauerspiel. Offenkundig hingegen ist, daß Lessing wie stets das Menschliche an sich im Auge hatte, nicht sozialständische »bürgerliche Tugend« (Almási, Nr. 379, S. 3). Anknüpfend an Mendelssohn, brachte er das Mitleid in Verbindung mit einer »Menschenliebe«, »die wir gegen unsern Nebenmenschen unter keinerlei Umständen ganz verlieren können«; und sie sei es, »welche Aristoteles unter dem Namen der Philanthropie verstehet« (76. Stück; B VI, 565).

Ob dies alles so zutrifft oder nicht, ist strittig und muß strittig bleiben aus jenem fachspezifischen altphilologischen Blickwinkel, aus dem vor allem Lessings Interpretation der dramaturgischen Zentralbegriffe des Aristoteles kritisch ablehnend erörtert und als tendenziell verfälschend angesehen wurde (von Schadewaldt, Nr. 377; auch von Kommerell, Nr. 90). Es fragt sich allerdings, ob der philologische Aspekt nicht vielleicht von untergeordneter Relevanz ist angesichts dessen, worauf es Lessing ankam: die theoretische Fixierung einer bürgerlichen Dramatik, gründend auf der Mitleidsdramaturgie. Die Gleichsetzung von dramaturgischem Mittel und dramatischem Endzweck aus dem Briefwechsel wurde noch weiter vorangetrieben; Lessing erklärte das Hauptmoment seines Wirkungsziels zugleich als Bedingung oder Garantie für die der Tragödie zugeschriebene Bestimmung: Furcht und Mitleid zu erregen, um im Endeffekt das gemeinnützige, soziale Engagement der Zuschauer (Leser) hervorzurufen. Dazu bedarf es freilich zumindest der Vervollkommnung, wenn nicht gar erst der Erweckung ihrer »Menschenliebe«. Andernfalls wäre ihnen die humanisierende Funktion der Tragödie entbehrlich, und es bliebe ihnen nur ästhetischer Genuß.

Seitens des Dramatikers setzte Lessing für eine adäquate Verwirklichung der Mitleidstheorie >Genie< voraus. Er führte hierbei sein bisheriges Bestreben fort, ästhetisch-formale >Regeln< und dichterisches >Genie< überein zu bringen (Kramer, Nr. 382, S. 188f.), und beharrte – gegenüber dem sich herausbildenden Sturm und Drang – auf einer Vermittlung von Genie-Dichtung und Kritik (J. Schmidt, Nr. 136, Bd. 1, S. 78-95). Als Inbegriff dramatischen Genies, das von der Praxis her zu »Regeln« gelangt (und nicht umgekehrt), galt ihm – wie schon in den *Briefen, die neueste Literatur betreffend* – Shakespeare, der antike Vorbilder genial eigenständig adaptiert habe. Dies blieb nach wie vor bloße Behauptung, und zwar unvermeidlich, weil Shakespeare gerade mit der von Lessing favorisierten Aristoteles-Tradition gebrochen hatte. Es war eine reine Zweckbehauptung im Dienste des Versuches, nunmehr kraft der wachsenden Berühmtheit Shakespeares die herkömmliche Autorität der französischen Klassizisten sowie ihre repertoirebestimmende und der Durchsetzung der neuen bürgerlichen Dramatik hinderliche Vorrangstellung endgültig zu untergraben (Stellmacher, Nr. 108, S. 73f.).

Am Hamburger Nationaltheater gelang dies noch nicht. Ganz im Gegenteil wurde der Spielplan in dem Maße dem überkommenen Gefallen an Heroendramatik einer- und an leichter Unterhaltung andererseits angepaßt, in dem der anfängliche Publikumszulauf nachließ. Die zweite und letzte Hamburger Saison des Nationaltheaters dauerte von Mai bis November 1768; am 3. März 1769 wurde es geschlossen (und dann von Ackermann wieder in ein Prinzipaltheater zurückverwandelt). Die eigentlichen Gründe des Scheiterns hat man, statt der früher gemeinhin angeführten drei Momente (innere Intrigen, Finanznöte, Desinteresse des Publikums), neuerdings darin gesehen: daß eine generelle Diskrepanz bestand zwischen avantgardistischen Ideen und rückständigen deutschen Sozialverhältnissen (Steinmetz, Nr. 110), eine durch jene Momente freilich mitbestimmte Differenz von Anspruch und Realisation des porgrammatischen Vorhabens (Kopitzsch, Nr. 68, S. 58-67).

Zur Enttäuschung wegen des fehlgeschlagenen Theaterunternehmens, über die Lessing sich im letzten Stück der *Hamburgischen Dramaturgie* vehement Luft machte, kam für ihn eine weitere. Die Nachdrucke der *Dramaturgie* und anderer Bücher aus seiner und Bodes Verlagsdruckerei führten zu Einnahmeverlusten. Um sie zu decken, sah Lessing sich neuerlich gezwungen, Teile seiner Privatbibliothek versteigern zu lassen und überdies Schulden zu machen.

Gleichwohl war es nicht allein die bedrohte Druckerei, die Lessing nach der Schließung des Nationaltheaters fernerhin in Hamburg fest- und davon abhielt, Auswanderungspläne (eine zeitweilig erstrebte Nachfolgerschaft Winckelmanns in Italien) zu realisieren. Er hatte in Hamburg freundschaftliche Beziehungen angeknüpft, die ihm so wichtig wurden, wie zuvor die Leipziger und Berliner Freundeskreise. Zu den engeren Vertrauten gehörten neben Bode und Ekhof die Familien des Gelehrten Hermann Samuel Reimarus (aus dessen Nachlaß Lessing 1774/77 jene *Fragmente eines Ungenannten* veröffentlichte, die den Fragmentenstreit erregten) und des Seidenhändlers Engelbert König (dessen Witwe, Eva König, Lessing 1776 heiratete). Außerdem bestanden anregende Kontakte zu weiteren Hamburger Gelehrten und Autoren (Überblicksdarstellung in Nr. 105).

»Antiquarische« Schriften

Ebensowenig wie an angenehmer Geselligkeit mangelte es Lessing an Veranlassung zu diskursfördernden streitbaren Kontroversen und Polemiken. Er hatte sie von jeher als integralen Bestandteil seiner literarischen Aufklärung erachtet. Die Auseinandersetzung mit den französischen höfischen Klassizisten in der *Hamburgischen Dramaturgie* ging gerade ihrem Höhepunkt entgegen, als er durch den halleschen Universitätsprofessor und Wissenschaftspublizisten Christian Adolph Klotz zu einem öffentlichen Meinungsstreit herausgefordert wurde. Hatte Klotz den Verfasser des *Laokoon* zunächst regelrecht umschmeichelt und umworben, übte er dann auf dessen Distanz hin überhebliche Detailkritik an dem Buch. Sie betraf ein Spezialgebiet der antiken Kunst, das zunehmend Interesse fand: die sogenannten geschnittenen Steine oder Gemmen. Lessing vertiefte seine Kenntnisse auf diesem Gebiet derart umfassend, daß er binnen kurzer Zeit gegen Klotz ebenso souveräne wie vehemente *Briefe, antiquarischen Inhalts* (1768-69; EDW: B VI 948-973 und 987-1085) richten konnte.

Es scheint fast, als habe Lessing in diesen ungemein polemischen *Briefen* seine Hamburger Enttäuschungen abreagiert. Persönliches spielt zweifellos mit, doch gliedert es sich in einen anderen Zusammenhang ein. Klotz hatte an der Universität Halle eine Blitzkarriere gemacht und war als jüngster preußischer Geheimrat zum gefeierten Haupt einer Literaturgruppierung aufgestiegen, die mit allen cliquenhaften Mitteln gegenüber >den Berlinern< eine Vormachtstellung zu erringen suchte (Barner, Nr. 118, S. 27ff.). Lessings einst gegen Gottsched erhobener Vorwurf angemaßter Gelehrsamkeit traf hier mehr zu: Klotz und erst recht viele seiner Anhänger waren den mancherlei wissenschaftlichen Gegenständen, denen sie sich zuwandten, meist nicht gewachsen. Nur so ist es erklärlich, daß Lessing mit seinen *Briefen* die Autorität Klotzens und der Klotzianer vernichtete – übrigens nicht betont als Zugehöriger oder Freund ›der Berliner‹, sondern einzelkämpferisch und allemal ausgesprochen kriegerisch. Lessing erwarb sich in dieser spezialistischen Fehde unabdingbares Rüstzeug für den – gewiß nicht zu Unrecht – als weitaus bedeutender geltenden Fragmentenstreit ab 1777.

Der zweite Teil der *Briefe, antiquarischen Inhalts* befand sich gerade in der Abschlußphase, als Lessing durch Klotz zu einer weiteren Spezial-»Untersuchung« herausgefordert wurde: *Wie die Alten den Tod gebildet* (1769; EDW: B VI, 1080-1104; zur Wirkung: Nr. 501f.). Er nutzte die »Vorrede«, um zur zwiespältigen Reaktion auf den ersten Band jener *Briefe* Stellung zu nehmen und dabei zugleich ein Leitprinzip seiner streitbar-polemischen Aufklärung darzulegen:

»Es [das zeitgenössische Publikum; W.A.] scheinet vergessen zu wollen, daß es die Aufklärung so mancher wichtigen Punkte dem bloßen Widerspruche zu danken hat, und daß die Menschen noch über nichts in der Welt einig sein würden, wenn sie noch über nichts in der Welt gezankt hätten. [...] Es sei, daß noch durch keinen Streit die Wahrheit ausgemacht worden: so hat dennoch die Wahrheit bei jedem Streite gewonnen. Der Streit hat den Geist der Prüfung genährt, hat Vorurteil und Ansehen in einer beständigen Erschütterung erhalten; kurz, hat die geschminkte Unwahrheit verhindert, sich an der Stelle der Wahrheit festzusetzen.« (B VI, 717)

Alle Aufklärung, die literarisch-publizistische eingeschlossen, bedeutete Lessing mehr denn je eine freimütige öffentliche Auseinandersetzung, von deren Beteiligten es abhing, wie weit man sich dieser oder jener Wahrheit nähern und dabei bestimmte Vorurteile überwinden konnte. Vorurteilskritik gehörte schon seit den frühen Problemkomödien *Der Freigeist* und *Die Juden* zentral zu Lessings Aufklärungskonzept; die ebenfalls bereits früher angebahnte Überzeugung, keine allgültige Wahrheit finden oder gar fest besitzen zu können, wurde zur Richtschnur bei dem Fragmentenstreit, der gewichtigsten aller Kontroversen Lessings.

Der Gegenstand der neuen »Untersuchung«, der letzten größeren Arbeit während Lessings Hamburger Jahren, berührt sich eng mit Problemen des *Laokoon*. Dort auch, im Abschnitt XI hatte Lessing anmerkungsweise einiges von dem umrissen, was er – auf Einspruch Klotzens hin – nunmehr in zwei betont wissenschaftlich entwickelten Thesen evident zu machen versuchte. Erstens, daß der Tod in der Antike als ein ewiger Schlaf aufgefaßt und von den Künstlern demgemäß als Zwillingsbruder des Schlafes in Jünglingsgestalt mit umgekehrter, erloschener Fackel dargestellt wurde und nicht als Gerippe. Zweitens, daß die antiken Darstellungen von Skeletten nicht den Tod verkörpern, sondern »Larvae, [...] abgeschiedene Seelen böser Menschen« (B VI, 766). Die erste These hat sich im wesentlichen als richtig erwiesen, die zweite indes nicht (vgl. Uhlig, Nr. 502, Einleitung).

Gewann Lessing seine Resultate primär durch scharfsinnige Interpretation umfassend herangezogener antiker Quellen aus ihrem eigenen Geist, so kam doch auch seine gegenwartsbezogene Aufklärerposition mehrfach mit zum Tragen. Zunächst darin, daß er das Schönheitsprinzip aus dem *Laokoon* zugrunde legte und »dem Bilde des häßlichen Gerippes« (B VI, 764) den »Genius« mit verloschener oder erlöschender Fackel kontrastierte. Diese schönende, ästhetisierende Todesdarstellung erklärte er durch »den Euphemismus der Alten«, durch »ihre Zärtlichkeit, diejenigen Worte, welche unmittelbar eine ekle, traurige, gräßliche Idee erwecken, mit minder auffallenden zu verwechseln« (ebd.; dazu Richter, Nr. 504). In der Hinsicht vollendete er gedankliche Ansätze Winckelmanns, über den hinausgehend er jedoch dem schönen oder geschönten Bild eine veränderte Auffassung vom Tode zur Seite stellte (Uhlig, Nr. 502, S. 14).

Für den zeitlebens an einen gütigen Gott glaubenden Aufklärer Lessing waren Tod und Schlaf und Ewigkeit identisch (vgl. auch den Schlußparagraphen der *Erziehung des Menschengeschlechts*: »Ist nicht die ganze Ewigkeit mein?« R VIII, 615). Folglich hatte der Tod für Lessing allen Schrecken verloren, und zu dieser Position wollte er auch seine Leser hinführen: »Tot sein, hat nicht Schreckliches; und in so fern Sterben nichts als der Schritt zum Totsein ist, kann auch das Sterben nichts Schreckliches haben.« (B VI, 760f.) Überdies scheint hier ein Zusammenhang mit der modifizierten Mitleidskonzeption der *Hamburgischen Dramaturgie* zu bestehen, in der die Bezeichnung »Schrecken« programmatisch (nicht etwa bloß rein begrifflich) durch die der »Furcht« ersetzt worden war. Und wie er dort Märtyrertragödien problematisiert hatte (1. und 75. Stück), so ging es hier nicht um stoische Unempfindlichkeit gegenüber dem Tod oder religiös eifernde Sehnsucht nach ihm, sondern um weltoffene gottvertrauende Gelassenheit. Sie bildet die Basis für das der Abhandlung immanente »Bewältigungsmodell« (Barner, Nr. 503) menschlichen Lebens.

Die christliche Todesdarstellung wurde mit dem Argument abgelehnt, daß sie der Botschaft vom erlösenden »Tod der Frommen«

widerspreche. »Nur die mißverstandene Religion kann uns von dem Schönen entfernen: und es ist ein Beweis für die wahre, für die richtig verstandene wahre Religion, wenn sie uns überall auf das Schöne zurückbringt.« (B VI, 778) Dieser Schlußsatz der »Untersuchung« weist auf die Wolfenbütteler theologiekritischen und religionsphilosophischen Schriften voraus, die die im *Laokoon* angebahnte Gleichsetzung von aktiver Humanität und lebendigem Schönheitssinn vollendeten.

Derselbe Monat September 1769, in dem die Schrift *Wie die Alten den Tod gebildet* erschien, brachte ihrem Autor das Angebot des braunschweigischen Erbprinzen Karl Wilhelm Ferdinand, das freigewordene Amt des herzoglichen Bibliothekars an der berühmten Bibliotheca Augusta in Wolfenbüttel zu übernehmen. An sich war dies eine Tätigkeit, die Lessing sich schon lange und immer vergeblich gewünscht hatte – nur war das abgelegene *ehemalige* Residenzstädtchen Wolfenbüttel kaum mit Hamburg oder Berlin zu vergleichen. So nahm er denn trotz der jüngst erlebten Fehlschläge und Ärgernisse einen zögerlichen, einen gemächlichen Abschied von der weltoffenen Handelsstadt und trat die neue Stelle erst fünf Monate nach der offiziellen Amtsernennung an.

1.6 Bibliothekar und Schriftsteller im Zeichen von Literarhistorie, Religionskritik und Geschichtsphilosophie (Wolfenbüttel, Braunschweig 1770-1781)

Am 7. Mai 1770 erfolgte die Amtseinführung in Wolfenbüttel, und Lessing widmete sich umgehend voller Elan ›seiner‹ Bibliothek. So umstritten seine bibliothekarische Tätigkeit lange Zeit war (vgl. Nr. 148-152), eines läßt sich nicht verkennen: Mit dem ihm eigenen Spürsinn machte er alsbald Entdeckungen. Noch im selben Jahr veröffentlichte er über ein Manuskript des Scholastikers Berangar von Tours aus dem 11. Jahrhundert einen dogmengeschichtlichen Traktat (*Berengarius Turonensis: oder Ankündigung eines wichtigen Werkes desselben*), mit dem er seine früheren *Rettungen* fortsetzte; 1771 folgten, samt Einleitung und Anmerkungen, Gedichte des schlesischen Barockdichters Andreas Scultetus, von denen die Bibliothek einige seltene Drucke besaß.

Aber Lessing geriet bald in Zwiespälte und unter psychischen Druck. Zunächst gab er sich, etwa einem langjährigen Freund wie Nicolai gegenüber, noch zuversichtlich (17.5.1770; B XI/2, 12):

»[...] und der Abfall von dem Zirkel, in welchem ich in Hamburg herumschwärmte, auf meine gegenwärtige Einsamkeit ist groß, und würde jedem unerträglich sein, der nicht alle Veränderung von Schwarz in Weiß so sehr liebt als ich.« Nicht allein die Abgeschiedenheit Wolfenbüttels war es, die ihm auf die Dauer denn doch ziemlich zu schaffen machte und die mit zahlreichen Kurzaufenthalten in der benachbarten Residenzstadt Braunschweig (Nr. 64) nur teilweise kompensierbar war. Hinzu kamen persönliche Bedrängnisse. 1771 verlobte er sich mit Eva König, der Witwe seines Freundes, in Hamburg – konnte sie aber erst fünf Jahre später heiraten, weil die Auflösung einer ererbten Seidenhandlung große Schwierigkeiten bereitete. Und waren auch seine amtlichen Pflichten maßvoll, so befand er sich doch in einer prinzipiell ungeliebten höfischen Abhängigkeit.

Gleichwohl sind der zählebigen Klischeevorstellung vom vereinsamten und verarmten Wolfenbütteler Bibliothekar neuerdings wieder zu Recht Hauptzüge eines differenzierteren Bildes entgegengestellt worden (z.B. Nr. 66 und Nr. 51, S. 114f.; über Forschungsdesiderate zu Lessings Wolfenbütteler Zeit: Nr. 71). Einerseits reichte sein Gehalt nach dem negativen Hamburger Bilanz, die ihn mehr denn je »um Geld zu schreiben« zwang (11.11.1770 an den Bruder Karl; B XI/2, 89) nicht zu, andererseits war es zeitgenössisch relativ ansehnlich (600 Taler im Jahr, bei freier Wohnung) und erlaubte ihm eine keinesfalls karge Lebensführung. Aus seiner Abgeschiedenheit hinaus, teilweise weit hinweg, führten ihn mehrere größere Reisen. Die längste und weiteste ging 1775 von Wien, wo er Eva König wiedersah und den jüngsten Bruder des Braunschweiger Herzogs traf, nach Italien, genauer: bis Neapel. Diese Reise ist nunmehr beispielhaft grundlegend dokumentiert und analysiert durch einen zweibändigen Ausstellungskatalog (Nr. 74), der das überkommene Zerrbild eines halb gezwungenen, halb freiwilligen prinzlichen Reisebegleiters und »eines unempfindsamen Reisenden durch ein ungesehenes Arkadien« gründlichst korrigiert und resümierend klarstellt:

»Lessing hat kein Italien nach den eigenen Wünschen erfunden, er hat weder das Land noch seinen Charakter und seine Sitten beschreibend verklärt; er hat sie mit dem Blick eines reizbaren Reisenden gesehen, der die Vorhänge der prinzlichen Kutsche zugezogen haben wird, weil sich seine Augen, wie sein Intellekt, leicht entzündeten. [...] Er reiste in ein Land von historischer Nähe, von Ideen und Personen, deren Namen er seit langem kannte oder gar bald kennenlernen sollte [...]« (Ritter Santini, ebd., Bd. 1, S. 16).

Neben Bibliotheksdienst und schriftstellerischen Brotarbeiten fand Lessing nicht nur Gelegenheit zum Reisen, sondern auch dazu, einige langgehegte literarische Projekte abzuschließen, beispielsweise den ersten Band einer neuen Werkausgabe (*Vermischte Schriften*, 1771) und das Trauerspiel *Emilia Galotti*. Kurz, Momente der Niedergeschlagenheit und gar Verzweiflung wechselten während der gesamten Wolfenbütteler Zeit mit Momenten der Frohmut und Geselligkeit.

Zu den letzteren trug wesentlich ein neuer Freundeskreis bei, bestehend vor allem aus Professoren der angesehenen Braunschweiger Bildungseinrichtung Collegium Carolinum (Nr. 65), unter ihnen der Anglist Johann Arnold Ebert (der Lessings Bibliotheksanstellung vermittelt hatte), der Theologe Konrad Arnold Schmid und der Literarhistoriker Johann Joachim Eschenburg. Auch der Braunschweiger Jurist und Schriftsteller Johann Anton Leisewitz und der Pädagoge Joachim Heinrich Campe gehörten zu diesem Kreis. Darüber hinaus bekam Lessing mehrfach beglückenden und anregenden Besuch von älteren Freuden (Gleim, Mendelssohn, Nicolai) sowie von namhafteren Zeitgenossen. Lebenslang zog Lessing das lebendige persönliche Gespräch einer Korrespondenz vor (vgl. Nr. 116).

Geschäftige Raubdrucker veranlaßten Lessing, sein lyrisches Frühwerk, überarbeitet und um Novitäten ergänzt, im ersten Band der *Vermischten Schriften* zu sammeln. Und hatte er 1759 seine Prosafabeln zusammen mit einschlägigen Abhandlungen veröffentlicht, so fügte er seinen Sinngedichten nunmehr etliche *Zerstreute Anmerkungen über das Epigramm und einige der vornehmsten Epigrammatisten* (EDW: G V, 909-915) hinzu. Das einigende Band zwischen den beiden zeitlich recht auseinander liegenden Arbeiten bildet das durch eigene dichterische Praxis vermittelte gattungstheoretische Interesse. Allerdings bestanden diesmal einige andere Voraussetzungen. Das Epigramm war kein derart bevorzugtes Medium literarischer Aufklärung wie die Fabel, es stand nicht im Mittelpunkt neuerer Poetologien. Auch deshalb sah Lessing sich hier bestärkt, auf ältere deutsche und auf antike Muster, die er zugleich selbst schätzte, zurückzugehen. Und nicht zu verkennen: er hatte seit dem *Laokoon* ausgeprägtere >antiquarische< Neigungen. Immer wieder unterbrechen entsprechende Exkurse die Darstellung und mit ihr das Bemühen, Klarheit in ein großes Durcheinander überkommener Begriffs- und Wesensbestimmungen der Gattung zu bingen sowie das Epigramm von anderen lyrischen und sonstigen dichterischen Kleinformen abzuheben.

Ähnlich wie Fabel und Drama betrachtet Lessing auch diese Gattung vorwiegend unter wirkungspoetologischem Aspekt. Seine Analyse mündet in die Forderung nach einer Pointe, auf die die Erwartung der Leser ziele, denn er setzt »die ganze Kraft, die ganze

Schönheit des Epigramms in die erregte Erwartung, und in die Befriedigung dieser Erwartung« (Abschn. I.4; R VII, 46) durch einen kongenialen »Aufschluß«. Nicht nur mit solch betonter »Zweiteiligkeit« als Wesensmerkmal, sondern mehr noch hinsichtlich einer gesellschaftskritischen Funktion orientiert sich Lessing vornehmlich und vereinseitigend an Martial (Riedel, Nr. 106, Kap. 8). In einer fiktiven Verteidigungsrede, die er (seine erprobte Form der »Rettungen« spezifisch modifizierend) dem römischen Epigrammatiker in den Mund legt, heißt es, daß das Epigramm »ein Brandmal für den werden soll«, den es trifft (Abschn. III.2; R VII, 74).

Über Wolfenbütteler Handschriften von Epigrammen und Fabeln unterschiedlicher Herkunft verfaßte Lessing mehrere Beiträge in seiner Schriftenreihe *Zur Geschichte und Literatur. Aus den Schätzen der Herzoglichen Bibliothek zu Wolfenbüttel* (EDW und Inhaltsübersicht: G V, 948-959). Mit dieser Reihe schuf Lessing sich ein Mitteilungsforum für seine Entdeckungen und Ausgrabungen. Exemplarisch veranschaulicht es den Dualismus von abgezwungenen Brotarbeiten und engagierten Publikationen aus Neigung: Ephemeres bzw. Hochspezialisiertes und Belangvolles sowie Hochbrisantes mischt sich in den vier Bänden, die Lessing bis 1777 herausgab (zwei weitere erschienen postum).

Emilia Galotti

Tiefverwurzelte Interessen brachten sich in Wolfenbüttel auch anderweitig wieder zur Geltung. Drei Jahre nach der *Hamburgischen Dramaturgie* und nach dem Scheitern des Nationaltheaters wandte Lessing sich erneut der dramatischen Praxis zu. Es entstand, im Rückgriff auf einen bereits 1757/58 gefaßten Plan zu einem bürgerlichen Trauerspiel, im Winter 1771/72 das als »Trauerspiel« ausgewiesene Stück *Emilia Galotti* (EDW: G II, 700-714; Aufführungsverzeichnis: Nr. 534, S. 174-178 und 284; Dokumentation zur zeitgenössischen Rezeption: Nr. 306; Studien zur Wirkungsgeschichte: Nr. 310, 316, 323, 535, 537).

Ebensowenig wie Lessing in der *Hamburgischen Dramaturgie* systematisch Theorien entwickelte, diente sie ihm zur Richtschnur der eigenen Dramatik. Darüber hat sich schon vor einiger Zeit zunehmend Einmütigkeit bei den Interpreten ergeben (vgl. Meyer, Nr. 312), während ihre Deutungen des Stückes sonst weit auseinandergehen wie eh und je. Dominierend ist inzwischen die – zweifellos richtige, nur häufig pauschalisierte – Auffassung geworden, *Emilia Galotti* markiere eine neue Stufe des bürgerlichen Trauerspiels: das sozialpolitische und gesellschaftskritische bürgerliche Trauerspiel (Guthke, Nr. 163, Kap. IV.2).

Trotzdem sorgt nicht selten schon die Gattungsbezeichnung für Schwierigkeiten, sperrt sie das Stück doch gegen schematisierende Zuordnungen ab. Daß Lessing es »Trauerspiel« nannte (und zudem 1772, gelegentlich seines Sammelbandes *Trauerspiele*, das Beiwort »bürgerlich« aus dem Untertitel der *Miß Sara Sampson* strich), ist vom Werdegang der Gattung her erklärbar. Denn zu ihrer unaufhaltsamen Trivialisierung führten mehr oder weniger alle bis dahin als »bürgerliches Trauerspiel« veröffentlichten Dramen (vgl. die Zusammenstellung in Nr. 163, Kap. III.3). Offenkundig distanzierte sich Lessing, zumal er sich ohnehin selbst nicht auf den Dramentyp der *Miß Sara Sampson* festgelegt hatte, von einer ungewollt durch sein erstes bürgerliches Trauerspiel ausgelösten Fehlentwicklung.

»Emilia Galotti« bezeichnet das Endresultat der dichterischen Versuche Lessings, der bürgerlichen Gegenwartsdramatik umfassendere gesellschaftspolitische Dimensionen zu erschließen, also die ursprüngliche thematische Begrenztheit des Familiengeschehens mittels Politisierung des Moralischen und ständisch abgestufter Sozialcharaktere sowie entsprechender Konfliktkonstellationen zu überwinden (Nr. 315, 322, 327). Er hat absolutistische oder feudalstaatliche Öffentlichkeit ins bürgerliche Trauerspiel integriert, und zwar nicht irgendeinen ihrer Bereiche, sondern ihr Zentrum, den Hof. Dargestellt wird, wie eine kraft Herrschermacht gewaltsam erzwungene Verschränkung der privat-familiären Sphäre mit der öffentlich-politischen unvermeidlich zu Inhumanität und tödlicher Bedrängnis führt. Die am Ende des *Philotas* bloß anklingende Polarität beider Sphären tritt nunmehr, unter den Verhältnissen eines italienischen absolutistischen Duodezfürstentums zur Zeit der Renaissance, die den Idealen vom aufgeklärten Absolutismus des 18. Jahrhunderts nicht unbeträchtlich kontrastieren, aufs äußerste verschärft hervor. Die Rückbindung an regionale historische Zustände Italiens (Nr. 320) ist prägnant plausibel gemacht worden (von Kiesel, Nr. 314, S. 205): »Ein Moment der Vorsicht mag dabei mitgespielt haben. Vor allem aber unterband Lessing durch diese Distanzierung die Möglichkeit zur unreflektierten Identifikation mit Gegenwärtigem und betonte den Denkanstoß, den das Stück geben sollte.«

Während des gesamten Dramengeschehens besteht eine Antinomie von absolutistischer Repräsentanz und antihöfischer Privatexistenz, die der Prinz Hettore Gonzaga mit seinem Kammerherrn Marinelli und die Galottis mitsamt dem Grafen Appiani repräsentieren. Der sonach letztlich verhältnis- oder gesellschaftsbedingte Zentralkonflikt wird zuvörderst zwischen, aber auch in den sozialständisch differenzierten Gruppierungen ausgetragen. Es ist ein moralisch akzentuierter Konflikt, der sich darin äußert, daß bei allen Hauptfiguren – ständisch wie menschlich individuell konditioniert – Gefühl und Verstand miteinander kollidieren. Erst beider Übereinstimmung verbürgt aber nach Lessings stets gehegter Ansicht rechtes menschliches Verhalten. Bei jeder Gruppierung Kritikwürdiges hervorkehrend, weist er der konfliktschürenden Auseinandersetzung unzweideutig den folgenreichen Widerstreit von partiell wandelbarer höfisch-politischer Unmoral und zunehmend rigoroser privater Tugend zu.

Der Prinz, Protagonist des Trauerspiels, ist angelegt nach Maßgabe seiner finalen Selbstbekundung, einer aufklärerischen Grundüberzeugung Lessings, »daß Fürsten Menschen sind« (V/8; R II, 318). Folglich hat dieser Herrscher menschliche Schwächen und Fehler. Ebensie machen ihn poetisch interessant für einen Autor, der zeitgenössischen Dramatikern empfahl, die »innere Mischung des Guten und Bösen in dem Menschen« angemessen zu berücksichtigen (63. *Literaturbrief*; R IV, 295). Hettore Gonzaga hat wohl kaum etwas von einem gefühllosen Despoten an sich, aber seine Humanisierung geht wiederum nicht bis zur »Familiarisierung im Sinne der [...] Landesvater-Ideologie« (Sørensen, Nr. 180, S. 88). Er ist auch kein aufgeklärter Herrscher, der die staatspolitischen Voraussetzungen seines Handelns erkennt (wie etwa König Aridäus im *Philotas*). »Die traurigen Geschäfte« (I/1; R II, 239) seiner Regierungspflichten vernachlässigt er zugunsten persönlicher Liebesneigungen. Das Verlangen nach Emilia entspringt durchaus einem aufrichtigen Empfinden des Prinzen; doch zugleich will er sie, emotionalisiert und nicht vorausdenkend, im Austausch gegen Gräfin Orsina, die er noch kurz zuvor womöglich »auch wirklich geliebt hat« (R II, 240), zur »neuen Geliebten« (I/6; R II, 247) machen. Beziehungsreich metaphorisch vollzieht er diesen Tausch zunächst anhand der vom Maler Conti geschaffenen Porträts (Prutti, Nr. 328, S. 491ff.).

Problematisch wird der den höfischen Konventionen vollauf gemäße Mätressenwechsel sodann im Verein mit unkontrollierter Emotionalität. Selbst kurz vor der Verheiratung (bezeichnenderweise keiner Liebes-, sondern einer nötigen Standesheirat) stehend, überläßt sich der Prinz um der Braut Emilia willen gänzlich seinen Gemütsstürmen. Deshalb zeigt er sich zu vernunftgemäßem Denken und Handeln außerstande und läßt sich beim Regieren von seinen Emotionen leiten (vgl. I/1), die ihn zeitweilig völlig übermannen (I/8, Rota-Szene). Wie Emilias Porträt betrachtet er sie selbst als ein für sich erlangbares Besitztum. Es sich zu verschaffen, weiß er keine Möglichkeit zu ersinnen: »Liebster, bester Marinelli, denken Sie für mich. Was würden Sie tun, wenn Sie an meiner Stelle wären?« (I/6; R II, 251)

Solange Hettore Gonzaga die Fähigkeit des Selbstdenkens fehlt, entäußert er sich weitgehend seines reflektierten Willens und gibt Marinelli alle Handlungsvollmacht. Damit erhält eine ungeheuerliche Willkür ungehemmten Lauf, es entsteht Gelegenheit zum Machtmißbrauch für ein rein persönliches Verlangen des Herrschers. Sein Eigeninteresse ruft eine Staatsaktion hervor, die durch den Mord an Appiani zum Staatsverbrechen wird, dessen unerwünschtes Ausmaß (»weder stille noch heilsam«, IV/1; R II 288) den Prinzen zwar erschreckt, an dem er trotzdem mitschuldig ist. Erst als er diese Mitschuld abzuwehren und Emilia in seinem Lustschloß festzuhalten versucht, gewinnt er eigene Überlegung zurück.

Gegenspieler des Prinzen ist Odoardo Galotti. Seine antihöfische Einstellung bewirkte – schon im früheren Vorfeld des Handlungsgeschehens – den Entschluß, sich in eine ländliche Privatexistenz (nicht unbedingt eine traditionelle »Idylle«, Kiesel, Nr. 314, S. 209) zurückzuziehen. Somit entzückt ihn dasselbe Vorhaben seines künftigen Schwiegersohnes Appiani (das ihm eine »Bestätigung des eigenen Lebenskonzepts« liefert; Saße, Nr. 185, S. 194), während die in der »Nähe des Hofes« erfolgende »Stadterziehung« (II/4; R II, 258) seiner Tochter ihn noch immer bedenklich stimmt. Auf den Einwand seier Frau, nur in der (Residenz-)Stadt hätten Emilia und Appiani einander begegnen können, erwidert er: »Das räum' ich ein. Aber, gute Claudia, hattest du darum Recht, weil dir der Ausgang Recht gibt?« (Ebd. – Eine aufschlußreiche sprechakttheoretische, indes zu isolierte Analyse der Szene bietet Graf, Nr. 329.) Da zu diesem Zeitpunkt bereits die Staatsaktion abläuft, stellt sich die Frage: Hat Odoardo recht, weil seine Bedenken sich bestätigen oder zu bestätigen scheinen?

Die Galottis bilden einen nach außen intakten, innerlich aber durch divergierende Lebensauffassungen instabilen Familienverband. Sein patriarchalisches Oberhaupt, ebenso selbstherrlich wie liebevoll besorgt, ist Odoardo (vgl. hingegen Ter-Nedden, Nr. 183, S. 190: Lessings »Anti-Vater schlechthin«). Er hat, aufgrund seiner Erfahrungen im Dienste des Prinzen, einen Tugendrigorismus entwickelt, der durch Claudia kritisiert wird (II/5; s. auch Nr. 162, S. 119ff.). Frau und Tochter bemühen sich, ihren latenten Konflikt mit dem Ehemann bzw. Vater in dem geheimen Einverständnis zu kompensieren, gemeinsam an den höfisch geprägten Lustbarkeiten der Residenz teilzunehmen. Und dabei hat sich Emilias Grundkonflikt, resultierend aus ihrer Gehorsamspflicht Vater und Mutter gegenüber (Nr. 174, S. 213 und 231), vertieft und zugleich ihre Unsicherheit vermehrt, wie sich nach der ersten Begegnung mit dem Prinzen erweist.

Das Hauptproblem der Galottis besteht darin, kein ausgewogenes, die familiäre Integrität stabilisierendes Verhältnis zwischen sinnesfreudigem Gefühlsleben und sittenstrenger antihöfischer Moral gefunden zu haben, obwohl ihnen dies als Privatpersonen prinzipiell möglich gewesen wäre. Statt dessen verfestigten vorrangig die Eltern ihre unterschiedlichen Positionen und verabsäumten jeden klärenden vertrauensvollen Diskurs.

Dennoch dürfte es unzutreffend sein, Emilia primär oder sogar ausschließlich als Opfer falscher Erziehung und ihren Vater als allein Schuldigen aufzufassen (wie z.B. Wehrli, Nr. 178, S. 144). Ruhig überlegend, gewinnt Emilia am Ende eigene Willens- und Tatkraft; Odoardo erregt sich so, daß er Selbstsicherheit und Handlungsfähigkeit verliert. Dadurch gelangen sie beide auf eine Ebene, auf der der Konflikt zwischen ihnen aufhebbar wird. Sie finden nun eine gemeinsame Basis innerhalb des privat-familiären Vorstellungssystems, das die Ungeheuerlichkeit des Tochtermordes uneingeschränkt hervortreten läßt und ihn gleichzeitig als einen »Akt familialer Liebe und Sittlichkeit« verständlich machen soll: »Emilia hat das moralische Recht, vom Vater Schutz zu verlangen; Odoardo hat die moralische Pflicht, seine Tochter vor dem Übergriff einer lasterhaften Umwelt zu schützen.« (Sørensen, Nr. 180, S. 92.)

Selbst wenn der sozialständisch höchste Repräsentant dieser Umwelt, der Prinz, keineswegs so einschichtig lasterhaft ist, bleibt der durch sein Begehren ausgelöste machtpolitische Vorgang ein schlimmer Übergriff, zumal er sich nach der Ermordung Appianis fortsetzt. Odoardo wird all dies durch »die betrogene, verlassene Orsina« (Selbsteinschätzung in IV/7; R II 302) bewußt gemacht, woraufhin er monologisiert: »Was hat die gekränkte Tugend mit der Rache des Lasters zu schaffen? Jene allein hab' ich zu retten.« (V/2; R II, 306) Gewiß ist dies Figurensicht und eine recht schematische noch dazu, die der scharfblickenden und kritischen Gräfin (s. z.B. Nr. 172, S. 218ff.) nicht gerecht wird. Aber bezeichnet ihr Vorhaben, das Verbrechen an Appiani publik zu machen, wirklich »eine öffentlich-politische Alternative«, eine von aller »persönlichen Rache« freie »Tat«, für die sie selbstlos »das Bündnis mit Odoardo sucht« (Sanna, Nr. 327, S. 43f.)? Ob das Vorhaben realisiert wird, ist aus dem Stückverlauf nicht zu ersehen – wohl aber, daß es keineswegs so uneigennützig und vielmehr von bedenklichen Rachephantasien (Nr. 183, S. 220ff.) begleitet ist. Sie erinnern an das Problematische der Marwood; nur hat diese ihre Rache immerhin eigenständig verwirklicht. Es entbehrt somit keineswegs der Berechti-

gung, daß Odoardo es ablehnt, ein Werkzeug anderer zu sein. Inwieweit er und Orsina prinzipiell gleiche Interessen gegenüber dem
Hof haben, wäre noch zu prüfen.

Sich den Zwängen zu entziehen, indem der Vater – unbeeinflußt
von Orsina, wennschon mit ihrem Dolch – die Tochter tötet, ist unter den gegebenen Umständen die einzige Möglichkeit, Emilias
menschliche Integrität zu bewahren. Aus dieser soeben erst gewonnenen Integrität, nicht etwa bloß aus einem anerzogenen gehorsamsver-
pflichtenden Tugendprinzip, leitet Emilia ihr Recht (und das ihrer Familie) auf moralische Selbstbestimmung ab: »Als ob wir, wir keinen
Willen hätten, mein Vater!« (V/7; R II, 315) Es ist dies freilich ein
Recht, das durch die selbstsüchtigen, Emilias Gemütslage ignorierenden Weisungen des Prinzen, sie in seinem Lustschloß festzuhalten, auf
eine Verfügung über das eigene Leben reduziert wird. In dieser Perspektive kommt Emilias Ermordung einem »Selbstmord sehr nahe, einem Freitod« (Steinmetz, Nr. 326, S. 131). Er ergibt das verbleibende
Äquivalent selbständigen Handelns, wobei bewußt zu halten ist (Pütz,
Nr. 182, S. 200): »Der für Emilia entscheidende, d.h. zur Tat treiben-
de Antagonismus ist nicht der zwischen Tugend und Leben oder Tugend und Adel, sondern zwischen Gewalt und Autonomie.«

Das Notwendige der Tötung in der bestehenden Zwangssituati-
on soll offenkundig mit Emilias Bezug zu dem Römer Virginius
und dessen Tochter Virginia (s. z.B. Nr. 325, S. 12ff.) bestärkt werden, das keineswegs Selbstverständliche und zutiefst Beunruhigende
mit Odoardos Eigenbezichtigung, eines »Verbrechens« mitschuldig
geworden zu sein, für das ihn und den eigentlich schuldigen Prinzen
in letzter Instanz der »Richter unser aller« zur Verantwortung ziehen
werde (V/8; R II, 318). Es sind dies Verständnishilfen, die kritisch-
distanzierte Reflexionen auslösen sollen über den Sinn einer Tat, die
unter religiösem wie aufklärerischem Blickwinkel nicht anders als
unmenschlich erscheinen muß und soll. Denn: »Letztlich beraubt
das Drama als Ganzes aufklärerische Gewißheit ihrer Selbstverständ-
lichkeit und Eindeutigkeit.« (Steinmetz, Nr. 326, S. 129) Distanz-
schaffend kann die beabsichtigte, vom Prinzen in dem Ausruf »Ent-
setzen« (R II, 317) prägnant gefaßte Affekterregung wirken, die die
Erweckung von Furcht und Mitleid begleitet, vielleicht gar überlagert. Jedenfalls soll es irgendeine voreilige Identifikation hier nicht
geben, weder mit Odoardo und Emilia noch mit Hettore Gonzaga
und Orsina. Und unzweifelhaft knüpft sich an die kathartische
Funktion des Stückes eine demonstrierende (Werner/Lerchner, Nr.
321, S. 66) – ähnlich wie schon in *Philotas*.

Der Ausgang der *Emilia Galotti* provoziert noch brisantere ideelle Folgerungen. Zu Isolierung führender Rückzug ins Private soll

angezweifelt, wenn nicht sogar für unangebracht gehalten werden. Denn ebenso wie Odoardos selbstfixiertes Landleben scheitert Appianis Vorhaben, »in seinen väterlichen Tälern sich selbst zu leben« (II/4; R II, 258; dazu Albrecht, Nr. 131, S. 47ff.). Angesichts der Diskrepanz zwischen staatsabsolutistischer Öffentlichkeit und bürgerlich-familiärer Privatheit indes scheint es nach Lessings Ansicht weniger darauf anzukommen, die Privatexistenz unflexibel vom öffentlichen Bereich zu isolieren, sondern eher darauf, sowohl Übergriffen höchster Staatsrepräsentanten und Hofzugehöriger als auch eigenem öffentlichkeitsgerichtetem Engagement gewachsen zu sein – etwa durch Ausbildung in sich harmonischer, zwanglos tugendhafter Moralität und lebenspraktischer Fähigkeiten.

Zwang und Gewalt, sei es familienbezogener Tugendrigorismus oder mißbrauchte Herrschermacht und erst recht beides zusammen, führen nach Lessing notwendig zum Verderben. Es schimmern hinter dem Stückverlauf zwei Ideale hervor: zum einen das eines aufklärerisch-bürgerlich denkenden und sozial antihöfisch gesinnten Menschen, der seinen (nicht ungefährdeten) Freiraum des Privaten zum Ausgangspunkt vernunftbestimmten gemeinsinnigen Wirkens macht; zum anderen das eines Herrschers, der sein Empfindungsvermögen in vernunftkontrollierte Regierungstätigkeit fürs Gemeinwohl umsetzt. Und beide Ideale konvergieren darin, daß ihre Anhänger vereint den Aufklärungsprozeß seinem Ziel näherbringen: dem humaneren, glücklicheren Zusammenleben der Menschen.

In der neueren Forschung überwiegt die Beschäftigung mit Einzelproblemen des Stückes, während es nur wenige Gesamt- oder Modellanalysen gibt, die auffälligerweise alle sozialhistorisch akzentuiert sind (Nr. 315, 325, 327). Es sind seither keine systematischen Anstrengungen erfolgt, eine (noch in Unkenntnis von Nr. 325 formulierte) bedenkliche Bilanz zu verändern: »Insgesamt ist keine Untersuchung nachweisbar, die, statt einzelne Komponenten zu analysieren, der mehrsträngigen, komplizierten Gesamtanlage des Konflikts nachgeht.« (Sanna, Nr. 327, S. 3) Einen wichtigen Ansatz zumindest hat es dazu von anderer, spezifisch geistesgeschichtlicher Warte her gegeben, wobei *Emilia Galotti* als »Anti-Virginia« und tragisches Exempel teils unmöglicher, teils unterlassener Verständigung interpretiert worden ist (bei Ter-Nedden, Nr. 183, Kap. C). Dem korrespondierend hat man Sprachlosigkeit einer dialektischen Empfindung festgestellt und resümiert (Nolting, Nr. 451, S. 258): »Das Drama, als Struktur betrachtet, vermittelt Emilias zufälligen und unnötigen Tod. Das Drama, als Sprache gesehen, vermittelt Emilias Tat als Willen ihrer eigenen Empfindungen.«

Die Frage nach Sinn und Ursachen von Emilias Tod steht seit Anfang unseres Jahrhunderts unverändert im Mittelpunkt mannigfacher kleinerer Studien, und die Vielzahl der Antwortversuche ist mit der der Studien nahezu identisch. Um nur einige – exemplarisch gegensätzliche – hervorzuheben: schuldhaftes Versagen der Bürgerstochter Emilia gegenüber dem Prinzen (Steinhauer, Nr. 309); Emilia als Opfer des Absolutismus und der Ohnmacht des Bürgertums (traditionelle marxistische Deutung, s. z.B. R X, 274f.); Emilia gebe sich dem Prinzen auf dessen Lustschloß hin und fühle sich deshalb mitschuldig an der Ermordung ihres Bräutigams (Durzak, Nr. 311, S. 83f.); »das biblische Bild von der tödlichen Gefährdung des Menschen durch die sinnlichen Versuchungen der sozialen Welt als Hauptursache des Todes der Emilia« (Wierlacher, Nr. 313, S. 157). All dem hat man inzwischen zu Recht entgegengehalten, daß Lessing in diesem Drama die traditionelle Schuld-Sühne-Kausalität modifizierte und nach Möglichkeiten menschlichen Handelns unter bestimmten Umständen fragte (Bauer, Nr. 325, S. 8f.; Steinmetz, Nr. 326, S. 105 und 115).

Ebenso wie die Schuld- und Todesproblematik ist neuerdings die Figur des Prinzen differenzierter gesehen worden. Galt er herkömmlicherweise als skrupelloser Verführer (kritisch dazu Nolle, Nr. 168, Kap. V), so hat man inzwischen »die Verbindung von schwacher Menschlichkeit und fürstlicher Allmacht« wahrgenommen (Werner/Lerchner, Nr. 321, S. 51), mehrheitlich aber fragwürdige pauschalisierende Aufwertungen versucht. Sie tendieren zum Gegenextrem (so Merkel, Nr. 318) früherer Negativzerrbilder, wobei des Prinzen Mitverantwortung an der verbrecherischen Staatsaktion außer Betracht bleibt, er »im Namen der Galotti-Ideale zum schärfsten Kritiker der höfischen Gesellschaft« (Ter-Nedden, Nr. 183, S. 188) erhoben wird und sogar zum Träger einer »ständeübergreifende[n] Utopie der natürlichen Egalität aller Menschen« (Schenkel, Nr. 324, S. 172).

Das Komplement jener allzu unkritischen Hochschätzung des Prinzen bilden allzu kritische Abwertungen Odoardos (z.B. Ter-Nedden, Nr. 183, S. 190 und 234). Er hat vieles von der Sympathie verloren, die er früherhin – oft nur wegen seines unscharf wahrgenommenen »bürgerlichen« Standes – genoß (F. Brüggemann, Nr. 155; R X, 275: Exponent »bürgerlichen Protestes«). An die Stelle solch ideologisierender Wertungen sind sachliche Analysen getreten, bei denen man problematische Momente der Vaterfigur und zugleich innerfamiliäre Spannungen aufgezeigt hat (exemplarisch Saße, Nr. 185, S. 179ff.).

Im dritten und vierten Band der Reihe *Zur Geschichte und Literatur*, 1774 und 1777, veröffentlichte Lessing *Fragmente eines Ungenannten*, theologiekritische Abhandlungen aus dem Nachlaß seines Hamburger Freundes Reimarus, die ihm wahrscheinlich dessen Familie übergeben hatte (wofür es Indizien gibt, aber keine Beweise; s. Nr. 259). Sie entstammen Reimarus' Hauptwerk *Apologie oder Schutzschrift für die vernünftigen Verehrer Gottes*, das erst zweihundert Jahre später in einer vollständigen Ausgabe erschienen ist (hg. von Gerhard Alexander, Frankfurt/M. 1972). Von deistischer Warte her übte Reimarus eine radikale Bibel- und Dogmenkritik, wobei er, über die Neologie (die zeitgenössische Aufklärungstheologie; Nr. 255) hinausgehend, auch die Offenbarungslehren bezweifelte. Mit den Auszügen oder Fragmenten, denen Lessing – unzufrieden mehr noch mit der seichten zeitgenössischen Neologie als mit der traditionsreichen protestantischen Orthodoxie – eine umfangreiche kritische Stellungnahme hinzufügte, löste er die letzte und größte Kontroverse seines streitbaren Lebens aus. (Die besten Verlaufsüberblicke bieten B IX, 760-767 und Kramer, Nr. 263, S. 292-297.)

Eine monographische Gesamtdarstellung des Fragmentenstreits gibt es nicht. Am besten erforscht ist die Kontroverse zwischen Lessing und Goeze, wobei es auch hier an detailliert umfassenden Studien mangelt. Stark vernachlässigt sind die vorangegangenen und parallel verlaufenen relativ kleineren Auseinandersetzungen, die Lessing aber nicht minder wichtig waren, wie anhand seiner dort verfolgten aufklärerischen Absichten und Vorgehensweisen nachgewiesen worden ist (Kröger, Nr. 266).

Anknüpfend an derartige neuere Einsichten, daß der Fragmentenstreit über fachtheologische Probleme weit hinausreicht, hat man die Lessing-Goeze-Kontroverse aus sozialhistorischem Blickwinkel nach ihrem politisch-sozialen Kontext und Gehalt untersucht und interpretiert als exemplarische Verlautbarung zugespitzter Gegensätze: von aufklärerischem und aufklärungsfeindlichem Bestreben (Boehart, Nr. 268). Um der fundamentalen theologischen Differenz der beiden Debattanten genauer beizukommen, ist man der Frage nachgegangen, inwiefern sich bei ihnen »eine Betroffenheit durch die theologische Wahrheitsfrage anzeigt, aus der das Bewegende der Kontroverse ebenso verstehbar wird wie das zunehmend Hemmende und Paralysierende« (Freund, Nr. 270, S. 39). Bei diesen Neuansätzen ist die Kontroverse nicht mehr herkömmlicherweise von Lessings Warte her gesehen und Goeze dementsprechend differenzierter wahrgenommen worden, nicht nur kurzweg als bornierter Apologet antiquierter lutherischer Orthodoxie.

Umstritten ist nach wie vor Lessings spezifisch theologische Position. Früher galt er, der einstigen Gleichsetzung von Aufklärung und Rationalismus gemäß, als rationalistischer Taktiker (Fittbogen, Nr. 254); aber auch als offenbarungsgläubiger Theist und Lutheraner, der die Aufklärung >überwunden< habe (Thielicke, Nr. 256). Hiergegen ist Lessings aufklärerisches historisch-philosophisches Denken vergegenwärtigt worden, das traditionelles Luthertum problematisierte (J. Schneider, Nr. 257; über Lessings ambivalentes Verhältnis zu Luther vgl. auch Werner, Nr. 115). Die geschichts- und religionsphilosophischen Aspekte bei Lessing haben immer wieder besondere Aufmerksamkeit gefunden. Man hat, in jeweils grundlegenden Untersuchungen, einerseits von einer »Theologie der Geschichte« nach Maßgabe eines theistisch-personalen Vorsehungsglaubens gesprochen (Schilson, Nr. 216); andererseits, ein genuin theologisches Interesse Lessings bezweifelnd, von einem vernunftphilosophischen Ansatz, der »die tiefe Kluft zwischen Glauben und Vernunft gegen die Widerstände der Theologie, der scheinprogressiven Neologie und der rationalistischen Religionsbestreitung im Blick auf die Zielhypothese des aufgeklärten Geistes wieder zusammendenkt« (Bollacher, Nr. 140, S. X). Unter dem Aspekt der Spinoza-Rezeption schließlich gilt Lessing als bahnbrechender spekulativer Religionsphilosoph, der durch einen »bildungsgeschichtlichen« Pantheismus die Aporie der zeitgenössischen Theologie und Philosophie zu vermitteln suchte (Timm, Nr. 262) und »eine erste Metakritik der aufklärerischen Religionskritik« (ebd., S. 59) übte.

Fest steht mittlerweile, daß Lessings Beiträge zum Fragmentenstreit und seine umliegenden Schriften nicht auf einen einzelnen, eng begrenzten Standpunkt zurückbezogen und weder irgendeiner zeitgenössischen theologischen noch philosophischen Richtung restlos zugeordnet werden können. Genauso unzweifelhaft hat sich gezeigt, daß bei aller Religions- und Theologiekritik Lessings (Bohnen, Nr. 227 und Lüpke, Nr. 271) zwar Nähe zu christlicher Gläubigkeit (Pons, Nr. 258 und Schilson, Nr. 267), aber Distanz zu institutionalisierter Frömmigkeit bestand. Insgesamt gilt: »Sowohl die Orthodoxie als auch die Neologie [...] suchten den Fortbestand der christlichen Religion mit dem Instrumentarium der Logik zu sichern. Lessing verfolgte dasselbe Ziel, indem er die Dimension der Geschichte in die Religion einführte.« (Kramer, Nr. 263, S. 291.)

Eine erste Phase des Fragmentenstreits umfaßt Lessings Auseinandersetzungen mit zwei norddeutschen Theologen und Pädagogen, die unmittelbar auf die *Fragmente*-Publikation von 1777 reagierten.

Den Anfang machte der hannoversche Gymnasialdirektor Johann Daniel Schumann, dem Lessing 1777 mit einem Sendschreiben und mit einem äußerst verknappten Dialog antwortete: *Über den Beweis des Geistes und der Kraft* (Kernthese: historische Wahrheiten des Christentums sind erweislich, >die Wahrheit< der christlichen Glaubenslehren ist es nicht) und *Das Testament Johannis* (humanitäre Nächstenliebe als gelebtes Christentum). Es folgte der Wolfenbütteler Superintendent Johann Heinrich Reß, dessen heftige Attacke die Schrift *Eine Duplik* (1778) hervorrief, in der Lessing (am Ende des Abschnitts I) programmatisch seine Auffassung über lähmenden Wahrheitsbesitz und aktivierende Wahrheitssuche darlegte. Brieflich faßte er diese Auffassung in einen prägnanten Satz (an Johann Albert Heinrich Reimarus, 6.4.1778; B XII, 144): »Jeder sage, was ihm Wahrheit *dünkt*, und die *Wahrheit selbst* sei Gott empfohlen!«

Einen besonderen Bereich bzw. den Hauptabschnitt des Fragmentenstreits bezeichnet sodann die umfängliche Kontroverse mit dem Hamburger Hauptpastor Johann Melchior Goeze im Jahre 1778 (Überblick zu Verlauf und Strategien des Streits: B IX, 778 bis 796).

Lessing schrieb zunächst *Eine Parabel. Nebst einer kleinen Bitte, und einem eventualen Absagungsschreiben an den Herrn Pastor Goeze, in Hamburg* (EDW: B IX, 821-827). Er reagierte mit dieser Schrift auf erregtes Polemisieren Goezes, den er zu sachlich-besonnenem Disput hinleiten wollte und deshalb bat, sie »in einige Überlegung zu ziehen« (B IX, 41). Das Ersuchen ergeht gleichzeitig an die Leserschaft, insofern Lessing seinen Gegner nicht mehr ohne weiteres für konsensfähig zu halten vermochte (vgl. den Textteil »Das Absagungsschreiben«) und seine der *Parabel* zugrunde liegende Grundposition nicht zu verbergen gewillt war.

Das Kernstück des Textes, das man – analog zur Ringparabel des *Nathan* – Palastparabel nennen könnte, läßt sich stark verkürzt etwa so auffassen (einzelne Hinweise dazu in Nr. 484 und 485, S. 297ff.): Der unermeßliche Palast (die christliche Religion) eines weisen tätigen Königs (Gottes) ist an sich ebenso sonderbar schlicht wie zweckmäßig gebaut. Dennoch streiten sich »vermeinte Kenner« (Theologen), denen das lichtvolle Palastinnere kaum bekannt ist, um den Sinn der Architektur. Sie glauben verschiedene Original-»Grundrisse« (die biblischen Bücher als göttliche Offenbarungsschriften) zu besitzen. Deren Angaben sind aber erklärungsbedürftig, woraufhin beliebige neue Grundrisse (Glaubenslehren) entstehen, auf die die jeweiligen Urheber nicht nur selbst schwören, sondern auch andere Menschen teils beredend, teils zwangvoll einschwören wollen. Damit verbindet sich permanenter Streit, und nur selten wird eines der neuen Schemata kritisch geprüft, was die Streitenden dann allemal als Brandanschlag auf den Palast ausgeben. Sie ignorieren die Feststellung ihrer Kritiker, daß »>sich aus ihm nichts als Schönheit und Ordnung und Wohlstand auf das ganze Land verbreitet<« (B IX, 43). Ein falscher Feueralarm bringt zutage, daß den »geschäftigen Zänker[n]« die Grundrisse wichtiger sind als der Palast, den sie unter ihren permanenten Auseinandersetzungen hätten abbrennen lassen.

Die Palastparabel situiert ihren eigenen geschichtlichen Standort. Ihr Erzählgang, der vom Äußeren zum Inneren und vom historischen Rückblick zu gegenwärtigen Verhältnissen führt, birgt Hinweise, wie die Leser zu Hauptpunkten des angesprochenen Problemkomplexes vordringen könnten. Der Erzähler verlautbart sich in einer Phase der Religionsaufklärung, in der alte Theologenstreitigkeiten als zunehmend selbstbezügliche erkennbar und mittels historisch-kritischer Durchdringung überwindbar geworden sind. Dies erfordert einen neuen hermeneutischen Umgang mit den biblischen Offenbarungsschriften und eine adäquate Sprachgebung für das sich dabei ergebende neue Verständnis. Lessing fand sie in poetisierten metaphorischen und parabolischen Ausdrucksformen (Eibl, Nr. 250), die zudem voreilige Festschreibungen und einschichtige Auslegungen verhindern konnten, d.h. Verstehensweisen, die ihm im Verlaufe des Fragmentenstreits immer problematischer wurden.

Als eine mögliche Quintessenz der *Parabel* ergibt sich die Mahnung, nicht bei dem – sei es noch so schönen und zweckvollen – Äußerlichen (Formalen) zu verharren, sondern sich in das Innerliche (den Wesensgehalt) hineinzudenken und dort bestehende (wesenshafte) Zusammenhänge weitestmöglich zu erkennen. Die darum Bemühten sind aus Lessings Sicht bislang eine Minderheit, jedoch haben sie begriffen, worauf es bei religionsbezogener und sonstiger Aufklärung ankommen sollte. Es gilt, das Wohltuende, das die »Gehülfen« im Palast von der tätigen Güte und Weisheit Gottes und somit aus dem humanen Wesen der christlichen Religion heraus vermitteln, wahrzunehmen und tatkräftig zu unterstützen. Statt erkenntnishemmendes Gezänk zu perpetuieren, sollten die verschiedenen Glaubensrichtungen einander tolerieren und sich darüber klar werden, daß keine für sich die absolute oder göttliche Wahrheit beanspruchen kann und daß vielmehr jede christliche Glaubenslehre eine menschliche Auslegung der Bibel ist. Durch diese und andere Gedanken sind Palast- und Ringparabel engstens miteinander verknüpft.

Wie Lessing herkömmliches Theologengezänk zu vermeiden und im Fortgang der Goeze-Kontroverse eine neue Form religionsaufklärerischer Auseinandersetzung durchzusetzen versuchte, zeigt exemplarisch die elfteilige Broschürenfolge *Anti-Goeze* (EDW: B IX, 866 bis 873 und fortlaufend zu den weiteren Teilen). »Worum er nun mit Goeze kämpft und streitet, ist nicht mehr und nicht weniger als die Legitimität und Unverzichtbarkeit des Streites um die Wahrheit selbst.« (Schilson, Nr. 273, S. 68) Vor allem hat es Lessing darauf abgesehen, die aus vermeintlichem Wahrheitsbesitz resultierende Selbstgewißheit seines lutherisch orthodoxen Kontrahenten zu erschüttern, die der von Reimarus bekundeten Selbstsicherheit neologischer Bibelkritik nicht viel nachstand, und diesem Hauptanliegen ordnet sich die mit Goeze geführte »theologische Prinzipiendiskussion« (Freund, Nr. 270, Kap. C.III) zu. Programmatisch heißt es am Ende des *Anti-Goeze. Siebenter*:

»Wenn nur bei der löblichen Bescheidenheit und Vorsicht des Ungenannten [Reimarus; W.A.], nicht so viel Zuversicht auf seinen Erweis, nicht so viel Verachtung des gemeinen Mannes, nicht so viel Mißtrauen auf sein Zeitalter zum Grunde läge! [...] Oder meinen Sie auch, Herr Hauptpastor, daß es gleich viel ist, was die Verständigen im Verborgenen glauben; wenn nur der Pöbel, der liebe Pöbel fein in dem Gleise bleibt, in welchem allein, ihn die Geistlichen zu leiten verstehen?« (B IX, 347)

Lessing kehrte die vorgefundene Relation um. Sein »Mißtrauen« bzw. Zweifeln richtete sich auf den Autor der hinterlassenen Schriften (und auf dessen orthodoxen Gegenkritiker), seine »Zuversicht« bzw. Hoffnung auf die Leser. Ihnen gegenüber begründete er als Herausgeber die Publikation, mit dem Hintergedanken, daß sie sich vollends rechtfertige, wenn sie von ihnen angenommen wird.

Lessing wollte das (am Gegenstand interessierte oder interessierbare) Lesepublikum zum Diskurspartner gewinnen – was ihm eher möglich schien, als einen Kontrahenten wie Goeze sachlich zu überzeugen (Mauser, Nr. 232, S. 287), ohne daß er deshalb auf jegliche Überzeugungsversuche verzichtet hätte (s. Schilson, Nr. 273, S. 72ff.). Er hielt die Leserschaft für befähigt und willens genug, öffentlich mitzudiskutieren – eine Hoffnung, die sich so nicht erfüllte. Unverkennbar ist jedenfalls das Anliegen, seinen Publikumsbezug zu erweitern. Was nach Goezes Meinung ein lateinisch geführter Fachdisput hätte sein und bleiben sollen, verhandelte Lessing als ein auch die weniger gebildeten oder aufgeklärten Kreise angehendes öffentliches Belangen. Und modifiziert reaktivierte er sein in den frühen Problemkomödien (*Der Freigeist*, *Die Juden*) vermitteltes Bemühen, vorurteilsstärkenden Einflüssen durch Geistliche entgegenzutreten:

»Denn auch der geringste Pöbel, wenn er nur von seiner Obrigkeit gut gelenkt wird, wird von Zeit zu Zeit erleuchteter, gesitteter, besser: anstatt, daß es bei gewissen Predigern ein Grundgesetz ist, auf dem nemlichen Punkte der Moral und Religion immer und ewig stehen zu bleiben, auf welchem ihre Vorfahren vor vielen hundert Jahren standen. Sie reißen sich nicht von dem Pöbel, – aber der Pöbel reißt sich endlich von ihnen los.« (*Anti-Goeze. Fünfter*; B IX, 207)

Den früherhin selbst gestellten Vorbedingungen für erfolgreiche Aufklärung aller Menschen fügte Lessing diejenige neu hinzu, auch >den Pöbel< zu humanisieren und menschenwürdig zu regieren. Gerade weil Lessing nun deutlicher denn je Defizite der zeitgenössischen Aufklärungsbewegung wahrnahm, wollte er eine aufsehenerregende Debatte provozieren, die sich – vor allen fachspezifischen Fragen – mit hierzu gehörenden, grundlegend allgemeineren Problemen beschäftigte und die Notwendigkeit uneingeschränkter religiöser und sonstiger Aufklärung verdeutlichte. Er verfocht, den altherstammenden theologischen Begriff der >Erleuchtung< nach zeitgenössischer Weise im Sinne einer allgemeinen Menschenaufklärung gebrauchend, die Ansicht:

»Nun ist, so viel ich, mit Erlaubnis des Herrn Hauptpastor *Goeze*, davon verstehe, die letzte Absicht des Christentums nicht unsere Seligkeit, sie mag herkommen woher sie will: sondern unsre *Seligkeit, vermittelst unsrer Erleuchtung*; welche Erleuchtung nicht bloß als Bedingung, sondern als Ingredienz zur Seligkeit notwendig ist; in welcher am Ende unsre ganze Seligkeit besteht.« (*Anti-Goeze. Vierter*; B IX, 196)

Lessing wollte die konsequente Weiterführung des Aufklärungsprozesses als eine vordringliche Aufgabe aller vernünftig denkenden Menschen bewußt werden lassen (Kröger, Nr. 266, S. 107 und 110). Und mehr noch. Er erstrebte nichts geringeres, als das Lesepublikum heranzuziehen zu einer einflußreichen öffentlichen Gemeinschaft fortschrittsinteressierter Menschen, zu einer am Prozeß der Aufklärung aktiv teilnehmenden und ihn unumkehrbar machenden Kraft. Dies war sein beispielgebendes (alsbald von zahlreichen deutschsprachigen Spätaufklärern aufgenommenes, freilich oft genug verflachtes) Gegenkonzept zu einer neuartigen Aufklärungsfeindlichkeit, deren Anfänge Goeze exemplarisch repräsentierte: von den Zeitgenossen nach 1780 >Obskurantismus< genannt, heute als >Gegenaufklärung< bezeichnet (und noch nicht systematisch erforscht).

Zur Strategie der religiösen Gegenaufklärung Goezescher Observanz gehörte es, die Widersacher nicht nur nach bewährtem orthodoxistischen Muster zu verketztern oder zu verteufeln, sondern sie auch staatsbürgerlich verdächtig zu machen; indem mittels einer publizistischen Kampagne die Bibel- und Theologiekritik als Gefährdung des menschlichen Zusammenlebens oder gar als Aufreizung des Pöbels, kurz: als potentielle Subversion, ausgegeben und die Wachsamkeit der Regierung angemahnt wurde (Boehart, Nr. 268, S. 458ff.). Und Goezes Strategie ging zunächst auf, sie war kurzfristig erfolgreicher als Lessings Gegenkonzept. Am 13.7.1778 wurde Lessing von seinem obersten Dienstherren, dem braunschweigischen Herzog, »alles Ernstes befohlen, die Handschrift des Ungenannten [...] nebst den etwa davon genommenen Abschriften binnen acht Tagen ohnfehlbar einzuschicken« und keine weiteren Streitschriften mehr zu veröffentlichen (B XII, 163f.).

Nathan der Weise

An Elise Reimarus, die Tochter »des Ungenannten«, schrieb Lessing daraufhin (6.9.1778; B XII, 193): »Ich muß versuchen, ob man mich auf meiner alten Kanzel, auf dem Theater wenigstens, noch ungestört will predigen lassen.« So entstand die mittelbare »Fortsetzung vom >Anti-Goeze<, Numero zwölf« (Friedrich Schlegel; s. z.B. in Nr. 506, S. 183). Gemeint ist Lessings letztes Stück, das erste große deutsche Blankversdrama (Nr. 462, S. 73-107), *Nathan der Weise* (EDW: B IX, 1129-1240; Fortsetzungen und Nachahmungen: Nr. 454; Aufführungsverzeichnis: Nr. 534, S. 192; zur Uraufführung: Nr. 474; zur Wirkungsgeschichte: Nr. 467f., 470, 476, 482; zur neueren Bühnenrezeption: Nr. 461 und 536).

Es ist dies, spätestens unter dem Eindruck des Holocaust, das am wenigsten kontrovers, von jeher aber am meisten interpretierte Drama Lessings. Meinungsdifferenzen bestehen in jüngerer Zeit vor allem hinsichtlich dessen, inwieweit es als Kunstwerk Fortführung des Fragmentenstreits sei oder über ihn hinauslange; ansonsten hinsichtlich verschiedener Einzelprobleme. Und während die Interpreten sich früher oft auf die Ringparabel konzentrierten (so auch noch Wehrli, Nr. 178, Kap. 3.4), wird sie neuerdings zunehmend in größerem Kontext gesehen (z.B. bei Fuhrmann, Nr. 475). Gesamtinterpretationen des Stückes sind freilich rar (Nr. 460, 465, 472); übersichtliche Kurzdarstellungen zu den wichtigsten Besonderheiten, Motiven, Problemen usw. bietet Kiesel (Nr. 464). Als hehres >Hohelied der Humanität und Toleranz< erscheint *Nathan* allenfalls noch gelegentlich in Unterrichts- und Studienmaterialien, wohingegen auf dem Theater längst dazu übergegangen wurde, die >Humananitäts-Botschaft< kritisch bis skeptisch in Frage zu stellen (Nr. 536). Natürlich steht und fällt das Stück heute mehr denn je damit, ob man bereit ist, sich auf die handlungsbestimmende Problemdiskussion ernsthaft einzulassen, oder man sie bzw. die zugrunde liegende gottvertrauende Weisheit Nathans vordergründig betrachtet und durch den seitherigen Geschichtsverlauf für obsolet, gar für >erledigt< hält.

Nathan wird gleich bei seinem ersten Auftritt als ein begüterter Kaufmann vorgeführt, der nach seinen eigenen nüchternen Worten »Schulden einkassieren« war (I/1, Vers 9; das Stück wird zitiert nach B IX). Voreiligen Lesern und Zuschauern könnte es somit zunächst scheinen, er übe >das typische jüdische Metier< aus – doch erweist sich dies alsbald und immer nachdrücklicher als Vorurteil. Gewinnbringender Handel bedeutet für den aufgeklärten Kaufmann Nathan nichts anderes, als die materielle Basis für sein gemeinsinnig weises Menschsein zu schaffen; Geld an sich ist ihm recht gleichgültig (dazu Hernadi in Nr. 458, S. 341-349). Und solches Menschsein, vor aller individuellen Gläubigkeit und Tätigkeit, wennschon nicht unabhängig von beiden, bildet das Zentralthema des Dramas.

Die Titelfigur verkörpert, darüber besteht (bei der Forschung, nicht auf dem Theater) weithin Einmütigkeit, im Unterschied zu allen anderen Lessing-Stücken, uneingeschränkt ein Ideal, ein idealisches Beispiel oder Muster. Dieses Leitbildhafte bringt Sittah am prägnantesten auf den Begriff, wenn sie, den Derwisch Al-Hafi zitierend, über Nathan bemerkt: »[...] wie frei von Vorurteilen / Sein Geist; sein Herz wie offen jeder Tugend, / Wie eingestimmt mit jeder Schönheit sei.« (II/3, V. 336ff.) Adäquaten Ausdruck findet die aufgeklärte, harmonische Vollkommenheit Nathans in seinem Tatethos, aus dem heraus er, gleich anfangs, Rechas kontemplativen Wunderglauben problematisiert (»Begreifst du aber, / Wie viel *andächtig schwärmen* leichter, als / *Gut handeln* ist?« I/2, V. 359f.; dazu Nr. 463 und Nr. 465, S. 38ff.).

Nathan eröffnet die symbolträchtig verknüpfte Kette der drei guten Taten (bzw. vier, s. S. 93), die die männlichen Hauptpersonen und Repräsentanten der drei Weltreligionen exemplarisch vollführen; auffälligerweise allesamt vor Beginn des Dramas, das man »als dramatischen Essay über die gute Tat« aufgefaßt hat (Waniek, Nr. 473, S. 136). Der Jude Nathan nimmt in einer Hiob-Situation, die ihm eine lebensbestimmende »religio-Erfahrung« bringt (Strohschneider-Kohrs, Nr. 146, Kap. I.3) ein verwaistes Christenmädchen zu sich; der Moslem Saladin begnadigt aus einer ihn anrührenden Ähnlichkeit mit seinem Bruder einen Tempelherrn (also einen Kriegsgegner); dieser christliche Tempelherr rettet bei einem Hausbrand spontan, im Einklang mit seinem Ordensethos, einen Menschen: jenes ihm unbekannte Judenmädchen. Mit diesen guten Taten ließe sich der Befund erhärten: »Bezeichnend für den *Nathan* ist, daß die hier auftretenden Figuren nicht nur theoretisierend über Religionen reden, sondern diese auch verkörpern, ja daß sie in ihrer besonderen Zusammensetzung die Relationen darstellen, die die Religionen untereinander haben oder zumindest haben sollten.« (Pütz, Nr. 182, S. 249)

Indessen haben außer Nathan alle Figuren nicht unbeträchtliche Schwierigkeiten, individuelle Menschlichkeit, Tätigkeit und Gläubigkeit in Übereinstimmung zu bringen, offenkundig besonders Al-Hafi. Er fühlte sich durch das Anerbieten, Schatzmeister des Sultans zu werden, »zum erstenmal geschmeichelt; / Durch Saldins gutherz'gen Wahn geschmeichelt« (I/3, V. 459f.). »Wahn« nennt er nunmehr ein zunächst positiv bewertetes Handlungsprinzip des Herrschers: inmitten kriegerischer Auseinandersetzungen, durch die die Politik bestimmt wird, im kleinen mildtätig zu sein und Bettlern großzügig zu geben, ferner in Einzelfällen wie dem des begnadeten Templers menschliche Erwägungen über politische Konsequenzen zu stellen.

Die mit der Amts- oder Funktionsübernahme verbundene Hoffnung Al-Hafis, selbst Gutes tun zu können, ist infolge einer permanenten Finanzmisere enttäuscht worden. Die aus ihr resultierende Hauptverpflichtung, ständig Geld auftreiben zu müssen, hat ihn so verbittert, daß er seine eigenen Zwänge mit denen des Sultans kurzweg vermischt und sich »eines Gecken Geck« zu sein zeiht, alle Einspruchsversuche Nathans abwehrend: »Es wär' nicht Geckerei, / Bei Hunderttausenden die Menschen drücken, / Ausmärgeln, plündern, martern, würgen; und / Ein Menschenfreund an Einzeln scheinen wollen?« (V. 480ff. – Zur »Großmut und Menschenverachtung am Hof des Sultans« Koebner, Nr. 479, S. 184ff.) Während dieses Problem in der utopischen Zukunftsperspektive der Ringparabel (und der Schrift über *Die Erziehung des Menschengeschlechts*, ebenfalls im Freimaurer-Ideal von *Ernst und Falk*) transzendiert wurde, beantwortet Nathan mit seinem weiteren praktischen Handeln Al-Hafis zweite Frage: »Was? es wäre / Nicht Geckerei, an solchen Geckereien / Die gute Seite dennoch auszuspüren, / Um Anteil, dieser guten Seite wegen / An dieser Geckerei zu nehmen?« (V. 491ff.) Daß es auf den, dann von Nathan unternommenen Versuch ankommen müßte, die »gute Seite« nicht nur »auszuspüren«, sondern auch ideell und möglichst noch materiell zu unterstützen, dabei die sogenannte »Geckerei« in etwas Klügeres oder Ernsthafteres umzuwandeln, verkennt der Schatzmeister. Es ist zu Recht konstatiert wor-

den, daß seine auf die öffentliche >Rolle< fixierte System- und Ideo-
logiekritik das Menschsein nicht berücksichtige (König, Nr. 465, S.
64; zum Problem des Rollenverhaltens des näheren Arendt, Nr.
477). Und zwar geschieht dies deshalb nicht, weil er seine Selbstidentität verloren hat und mit ihr besonnenes Selbstdenken. Seine
erklärte Verweigerung ruhigen Überlegens und eine zweckhafte Ei-
genapologie (vgl. II/9, V. 717ff.) relativieren einschneidend das po-
tentiell Vorbildliche und Alternative seines Rückzuges aus der öffentlichen Sphäre, der Lessings dramatische Motivreihe »sich selbst
zu leben« (Albrecht, Nr. 131, Kap. 2) beschließt. (Zum geplanten
Nachspiel *Der Derwisch* s. Nr. 478.)

Der Tempelherr hat Verhaltensregeln seines Ordens so weit ver-
innerlicht, daß (Lessing stets ungemein wichtige) menschliche Ge-
fühle wie reflektiertes Mitleid dahinter zurücktreten. Dank für Rechas Errettung weist er stolz zurück und begründet sie mit seiner
Ordenspflicht und momentanem Lebensüberdruß. Nathan bewertet
dies im Sinne der Mitleidspoetologie: »Groß und abscheulich! –
Doch die Wendung läßt / Sich denken. Die bescheidne Größe
flüchtet / Sich hinter das Abscheuliche, um der / Bewundrung aus-
zuweichen.« (II/5, V. 434ff.) Der Tempelherr ist zwar für Bewunderung unempfänglich, aber eine tiefere Empfindungsfähigkeit gewinnt er erst in dem Maße, in dem er Nathans Angebot zur Freundschaft selbst aktiv wahrnimmt. (Zur Freundschaft, die auch Saladin
– nach der Parabelerzählung – Nathan anträgt, vgl. Nr. 465, S.
18ff.) Unkontrolliertes Liebesgefühl stürzt den Templer dann zeitweilig nochmals in Verirrung und bringt ihn buchstäblich auf Ab-
wege, zu dem Patriarchen hin, dessen Todesurteil über Nathan er
beinahe aufnimmt mit der Drohung, »hinter diesen jüd'schen Wolf
/ Im philosoph'schen Schafpelz, Hunde schon / Zu bringen [...] die
ihn zausen sollen« (IV/4, V. 402ff.).

Insgesamt allerdings unterscheidet sich die christlich-ethische
Gesinnung des Tempelherrn von der des Patriarchen, dem er sich als
Spion verweigert und erst recht als Mörder seines Lebensretters Saladin. Sie schließt aber zunächst auch das überkommene Vorurteil
ein: »Jud' ist Jude.« (I/6, V. 777) Analog dazu meint Sittah pauschal
über »die Christen«: »Ihr Stolz ist: Christen sein; nicht Menschen.«
Beide Vorurteile werden durch lebendiges Gegenbeispiel, durch
Nathan und durch den Tempelherrn, widerlegt. Und beide stehen
im Kontext zu historisch gegründeten kritischen Einwänden.

Der Klosterbruder, Inkarnation tugendhafter schlichter Fröm-
migkeit, erinnert wider den christlichen Antisemitismus lapidar,
»Daß unser Herr ja selbst ein Jude war« (IV/7, V. 646). Und der
Tempelherr stellt die rhetorische Frage: »Doch kennt Ihr auch das

Volk, / Das diese Menschenmäckelei zu erst / Getrieben? Wißt Ihr, Nathan, welches Volk / Zu erst das auserwählte Volk sich nannte?« (II/5, V. 500ff.) Nathan weiß es sehr wohl, und er zeigt es durch sein ganzes gegenteiliges Verhalten. Die von ihm so weit akzeptierte Kritik bekommt einen fragwürdigen Zusatz, wenn der Tempelherr des »Stolzes« gedenkt, den das jüdische Volk »auf Christ und Muselmann vererbte, / Nur sein Gott sei der rechte Gott« (V. 506ff.). Der nun selbstgerechte Kritiker vergißt, daß ein Erbe ausgeschlagen oder vom Erbnehmer zum Besseren gewendet werden kann. Christen und Mohammedaner haben die jüdische Erbschaft aber gemeinhin nur allzu bereitwillig angetreten und das ihr immanente Problematische daraufhin noch vervielfältigt. Sie haben zumeist allesamt dazu beigetragen, jenes menschheitliche Problem zu verschärfen, das Sultan Saladin einem einzelnen Menschen, Nathan, zur Lösung aufzwingen zu können meint – und so die Erzählung der Ringparabel veranlaßt. (Zu ihren Qullen: Nr. 480, 483; Gesamtinterpretationen der Parabel: Politzer, Nr. 459 und Atkins in Nr. 458, S. 155-167.)

Die unmittelbare Ausgangssituation der Ringparabel wird durch den Sultan geprägt, der Nathan eine Falle stellen will, um sich dringend benötigtes Geld zu verschaffen (und hierbei nachträglich einiges von Al-Hafis Kritik bestätigt). Es ist somit zumindest partiell ein bloßes Vorgeben, wenn Saladin den »Unterricht« (III/5, V. 321) des Weisen verlangt. Und beachtenswert, daß er dies damit begründet, er habe der Frage, welcher der beste Glaube sei, »selber nachzugrübeln, nicht die Zeit / Gehabt« (V. 335f.). Er reduziert das Problem voreilig auf ein rational ergründbares und erwartet obendrein, ein anderer löse es ihm völlig auf; er überläßt sich (zunächst jedenfalls) einer Fremdaufklärung ohne selbstdenkerische Mitwirkung, um bequem Wahrheit zu erlangen – die überdies wie eine Münze weiterreichbar sein möge (hierzu Schlütter, Nr. 469). Somit will er, aus der Sicht Lessings, etwas schwer zu Vereinbarendes, wenn nicht Unmögliches. Die Schwierigkeit und Verfänglichkeit der abgenötigten Belehrung, die ein eindeutiges Glaubensbekenntnis mitverlangt (wie auch Goeze es Lessing abzwingen wollte), liegt darin, daß es »die Wahrheit« hier nicht gibt.

Nathan entscheidet sich für eine poetisch indirekte Antwort, die ihn aus einer akuten Gefahr befreien und den Sultan zum Selbstdenken bringen soll. »Das kann / Mich retten! – Nicht die Kinder bloß, speist man / Mit Märchen ab.« (III/6, V. 372) Nathans Unterricht kann hiernach in zweierlei Weise zufriedenstellen. Will der Sultan eigentlich das Geld, so wird er die Parabel nur als etwas Märchenhaftes und Unterhaltendes nehmen. Will er aber Aufklärung, dann muß er vom Unterhaltsamen zum parabolisch Lehrhaften vordringen und selbst Einsichten gewinnen. Er wird dann reagieren, wie Lessing es vom aufmerksamen Leser (oder Zuschauer) erwartet, der nicht anders als beim Goeze-Streit am Diskurs beteiligt werden soll. Goezes Bevorzugung des traditionellen Gelehrtendisputs vergleichbar, dringt Saladin auf ein internes Gespräch, wohingegen Lessings Bestreben, aufgeklärte Öffentlichkeit herzustellen, in Nathans Wunsch wiederkehrt: »Möcht auch doch / Die ganze Welt uns hören.« (III/7, V. 378f.)

Wesentliche Momente des unmittelbaren Kontexts widerspiegelt die Parabelerzählung an exponierter Stelle. Die drei Söhne in der Ringparabel verhalten sich ähnlich wie der Sultan. Sie verlangen einen definitiven Aufschluß, völlige Gewißheit und Wahrheit von einem anderen Menschen. So wie Nathan gewissermaßen zum Schiedsrichter bestellt wird, wenden sie sich an ein Gericht – wo sich aber ihr >Fall< als nicht justitiabel herausstellt. Statt eines Urteils gibt der Richter einen »Rat« (V. 515), durch den Lessing das Selbstdenken und Selbsthandeln der Rezipienten in eine erwünschte Richtung lenkt. (Wie überhaupt das Drama in besonderer Weise exemplarisch für diese aufklärerische Leserlenkung ist, wird von Suesse-Fiedler, Nr. 471, aufgezeigt.) Lessing läßt den Richter die Aufmerksamkeit auf das gemeinsame *innere Wesen* der drei Weltreligionen hinleiten und es als dem gleichend vorstellen, das der *Parabel*-Text aus der Goeze-Kontroverse als ideelle Basis praktizierter Christengläubigkeit vermittelte. Der Richter empfiehlt jedem der Söhne, das meint letztlich jedem Menschen jeglichen Glaubens, eine aufgeklärte gemeinsinnige Religionsausübung: vorurteilsfrei, liebevoll, sanftmütig, wohltätig, gottergeben. Dieser Rat geht über in einen eindringlichen Vernunftappell, die von den Ringen erhoffte und allen drei Religionen innewohnenden guten Kräfte freizusetzen – was freilich die Anstrengung von zahlreichen Generationen erfordere (Lessings Grundansicht vom menschheitlichen Langzeitprozeß Aufklärung).

Die imperative Ratgebung (jeder »eifre«, »strebe«, »komme«; V. 525ff.) führt an die sinnstiftende Einheit von Parabel und Drama heran: Nathans religio-Erfahrung (Strohschneider-Kohrs, Nr. 146, Kap. I.3). Des Richters Rat dürfte somit Nathans (und Lessings) eigener sein. Er vermittelt weder umstandslos anwendbares Wissen noch irgendwelche Normative, sondern eine individuelle Glaubenswahrheit. Man könnte sagen, daß der Ringparabel eine Anregung zu gutem, nicht aber eine »Anleitung zu richtigem Handeln im Sinne der menschheitlichen Entwicklung« zu entnehmen ist und dem Stück insgesamt »die Notwendigkeit einer eigenverantwortlichen menschlichen Handlungsweise nach dem Rat des Richters« (Kiesel,

Nr. 464, S. 325f.). Auf lebensnahe Umsetzung der empfohlenen Glaubens- und Verhaltensprinzipien sowie auf weitere Wahrheitsfindung zielt die Ringparabel trotz aller Behutsamkeit und Zurückhaltung (des Richters, des Erzählers, des Autors) recht unzweideutig ab (vgl. auch Fuhrmann, Nr. 475, S. 68-73). Aufgeklärt tätiges humanes Menschsein, so die offenkundige Quintessenz der Ringparabel im Verbund des parabolischen *Nathan*-Dramas, werde einst die derzeit unlösbare Streitfrage entweder entscheidbar oder gegenstandslos machen.

Einer spezifischen »parodistischen Umkehrung« der Parabel-Szenen gleicht der Auftritt des Patriarchen in der Szene IV/2 (s. Nr. 252, S. 236ff.; zu IV/2 auch Nr. 165, Kap. IX und Nr. 465, S. 127ff.), in der der Goeze-Bezug innerhalb des *Nathan*-Dramas satirisch gebrochen kulminiert. Absolut konträr zum Richter der Ringparabel verlangt der Patriarch, strikt zu befolgen, was er an »Rat« zu geben weiß. Und er fällt ein Todesurteil, noch bevor eine Gerichtsverhandlung anberaumt ist. Er fühlt sich gleich Goeze im Besitz alleinseligmachender Wahrheit und ist auf »das Heil der Kirche« (V. 106), nicht das der Menschen fixiert. Goezes gegenaufklärerisch inkriminierende Argumentation kehrt wieder im Vorhaben des Patriarchen, die Staatsmacht für seine Position zu mobilisieren, das heißt die Bestrafung des todeswürdigen Juden, der ein Christenmädchen ohne christliche Religion aufwachsen ließ, vom Sultan zu erzwingen: »Auch mach' ich ihm gar leicht begreiflich, wie / Gefährlich selber für den Staat es ist, / Nichts glauben!« (V. 200ff.) Gläubigkeit wird also ganz selbstverständlich mit christlicher Religion gleichgesetzt. Von der Warte des Patriarchen her existiert das Problem der Ringparabel überhaupt nicht.

Nicht aus Sorge um sich selbst, sondern um andere Menschen, konstatiert Nathan nach dem Bericht des Klosterbruders bündig: »Hier brauchts Tat!« (IV/7, V. 693) Er vollbringt die vierte gute Tat des Dramas, die unmittelbar auf seine eigene erste zurückbezogen ist, indem er die Verwandtschaftsverhältnisse aufdeckt. Er ist bereit, sich allen Anspruchs auf Recha zu entschlagen, »wenn sie von meinen Händen / Die Vorsicht wieder fodert« (V. 699) – und nicht etwa die religiös verbrämte Willkür eines Patriarchen. Nathans Bereitschaft bedeutet nicht mehr und nicht weniger, als daß er mit einem problematischen Besitzdenken gebrochen hat, das er gleich bei seiner Rückkehr bekräftigte (»Dies Eigentum [an Recha; W.A.] allein / Dank' ich der Tugend«; I/1, V. 35f.) und das seine beträchtlichste, vielleicht seine einzige größere menschliche Schwäche darstellt. Aus seiner Sicht hat er am Ende nichts verloren, vielmehr mit Rechas Geschwistern seinen engsten, quasi-familiären Freundeskreis erweitert; eine Gemeinschaft Gleichdenkender, in der nicht nur Geschwisterliebe sinnbildlich für Menschenliebe gilt (Pütz, Nr. 182, S. 277ff.), sondern überhaupt Lessings »Entwurf einer harmonischen Gesellschaftsordnung« (Kiesel, Nr. 464, S. 316ff.) symbolisch resümiert ist. Nathan als den abseits stehenden Verlierer des Stückes zu betrachten (so Suesse-Fiedler, Nr. 471, S. 287f.), ist eine groteske Fehldeutung, die zudem den Schlußsatz, eine gewiß nicht nebensächliche Spielanweisung, ignoriert: »*Unter stummer Wiederholung a l l s e i t i g e r Umarmungen fällt der Vorhang.*« (Hervorhebung; W.A. – Zu dem in Nr. 471 mehrfach kurz angesprochenen Verhältnis von Bluts- und Wahlverwandtschaft des näheren Nr. 185, Kap. C.IV.)

Nathan der Weise ist integraler Bestandteil vielgestaltiger poetischer Antwortversuche auf Probleme, die sich Lessing im Zusammenhang mit dem Fragmentenstreit stellten (Nr. 261). Der Bogen dieser Versuche spannt sich von der Palast-*Parabel* bis zu den zwei sich einander wechselseitig ergänzenden Schriften *Die Erziehung des Menschengeschlechts* und *Ernst und Falk*, die beide ihrerseits mannigfache Berührungspunkte mit dem *Nathan*-Drama aufweisen (s. Nr. 146, S. 149ff.; Nr. 185, S. 251ff. und die Studie von Bohnen in Nr. 458, S. 374-401).

Die Erziehung des Menschengeschlechts

Das Verhältnis von göttlicher Offenbarung und menschlicher Vernunft, das eines der Zentralprobleme des Fragmentenstreits und überhaupt des Lessingschen Spätwerks war, versuchte er hypothetisch zu lösen in seiner Schrift *Die Erziehung des Menschengeschlechts* (1777-80; EDW: G VIII, 706f.; zur Entstehung auch Nr. 331), deren erste 53 Paragraphen er seinen kritischen Bedenken wider die *Fragmente* beifügte. Er deutete Offenbarung bzw. die Offenbarungen des Alten und Neuen Testaments als eine stufenweise, noch andauernde Erziehung, des Sinnes einer stetigen Vervollkommnung der Menschheit (zum Erziehungsbegriff: Waller, Nr. 349).

Zugrunde liegt die Idee einer triadischen Höherentwicklung des Menschengeschlechts nach Maßgabe planvoller gütiger Vorsehung Gottes, wobei Lessing im Unterschied zu zahlreichen zeitgenössischen Aufklärern nicht an linear-kontinuierliche Fortschritte denkt (Schilson, Nr. 216, S. 152). Aus seiner Sicht sind die Menschen vom früheren Kindes- zum gegenwärtigen Jugendalter oder von der Gedanken- und Lebenswelt des Alten Testaments zu der des Neuen

Testaments vornehmlich durch Christus (also nicht durch die Institution christliche Kirche) geführt worden. Bewegende Kräfte dieses noch unabgeschlossenen, noch fern der Zeit der (Mannes-)Reife oder des »neuen ewigen Evangeliums« (§ 86; R VIII, 612; dazu Nr. 216, S. 229ff.) befindlichen Erziehungsprozesses sind – nach wie vor – der sich offenbarende Gott und der das Geoffenbarte auslegende Mensch. Von Gott gegebene »Richtungsstöße« wurden und werden seitens der Menschen aufgenommen (Bollacher, Nr. 140, S. 305ff.; in dieser Perspektive läßt sich der vieldiskutierte sogenannte Widerspruch zwischen den §§ 4 und 77 der Erziehungs-Schrift auflösen, s. Eibl, Nr. 354).

Der solcherart seine individuellen Anlagen entwickelnde Mensch wird sich immer mehr seiner gottgewollten Bestimmung und Verpflichtung bewußt: der »Ausbildung geoffenbarter Wahrheiten in Vernunftswahrheiten« (§ 76; R VIII, 610), der Umsetzung sich offenbarender Vernunft in menschliche Vernunft, die endlich dahin leiten wird, aus eigenem Antrieb Gutes zu tun. (Zu dem hierbei zentralen Problem des Verhältnisses von Vernunft und Geschichte sowie von Geschichte und göttlicher Vorsehung: Bollacher, Nr. 140, S. 203-339 sowie Schilson, Nr. 216, S. 146-168, mit dem Fazit S. 168: »Die Vorsehung bildet den Horizont, in dem Lessing die Geschichte betrachtet [...]. Zugleich aber wird in diesem Horizont der Mensch und sein Geschick Mittelpunkt allen Geschehens; die anthropozentrische Ausrichtung bleibt konstitutiv.«)

Der gegenwärtige Entwicklungsstand der Menschheit ist gegenüber dem vorherigen dadurch gekennzeichnet, daß »bloß zeitliche [irdische – W.A.] Strafen und Belohnungen« (§ 96; R VIII, 614) als moralisch gesellschaftliche Regulatoren hinter versprochenen »Aussichten in ewige Belohnungen« (§ 97; R VIII, 615) zurückzutreten beginnen, daß aber »das menschliche Herz« noch immer »überhaupt höchstens nur vermögend ist, die Tugend wegen ihrer ewigen glückseligen Folgen zu lieben« (§ 79; R VIII, 611). Erst wenn sie »um ihrer selbst willen« geliebt wird (§ 80; ebd.), ist die »höchste Stufe der Aufklärung« (§ 81; ebd.) und mit ihr das Ziel der menschheitlichen Erziehung (§ 82) erreicht.

Von dieser Stelle aus läßt sich die teils schon erbrachte, teils noch ausstehende Erziehungsleistung als eine dem Aufklärungsprozeß insgesamt obliegende Hauptaufgabe verstehen. Sie zu erkennen, so legt es der Gedankengang im Schlußteil der Schrift nahe, bedurfte es anscheinend eines bestimmten Entfaltungsgrades der Aufklärung – erlangt im sogenannten Zeitalter der Erziehung, dessen pädagogische Repräsentanten (exemplarisch: die Philanthropisten) ähnliche Mittel der Belohnung und Bestrafung anwandten wie die Geistlichen. Nur gilt es nachdrücklich hinzuzufügen, daß der heutige Interpret vermeiden müßte, in die nicht seltene Kurzschlüssigkeit früherer allzu eng pädagogischer Auslegungen der *Erziehung des Menschengeschlechts* (Nr. 346) zurückzuverfallen; daß er vielmehr die inzwischen bekannten Divergenzen der Position Lessings und derjenigen der Philanthropisten, beispielsweise hinsichtlich der Perfektibilität und des Utilitarismus (des Vervollkommnungs- und Nützlichkeitsdenkens), gebührend zu berücksichtigen hat. Während Lessing individuelle, prinzipiell uneingeschränkte Vervollkommnung als unabdingbar für zukünftiges Menschsein erachtete, bemaßen die Philanthropisten sie nach eng gegenwartsbezogener und oft vereinseitigt an Staatsbelangen orientierter Gemeinnützigkeit. »Einer Aufopferung des Individuums zugunsten kollektiver Ansprüche redet Lessing nirgends das Wort.« (Bollacher, Nr. 140, S. 308.)

Der Übergang zur dritten und höchsten Stufe der Menschheitsgeschichte ließ sich, anders als der zur zweiten, nicht durch historisch-analytische Denkanstrengungen sowie religionsphilosophische Durchdringungen ergründen und demzufolge weder sprachlich noch zeitlich genauer fixieren. Einem historischen Diskurs schließt sich daher in der Darlegungsabfolge ein spekulativer an (Dörr, Nr. 357, Abschn. II-III), in dem Lessings ästhetisierte, metaphorische »antidogmatische Fiktionsbildung« (Michel, Nr. 351) kuliminiert und zugleich die der *Erziehungs*-Schrift eignende besondere »Spannung von Hoffnung und Verzweiflung« (Altenhofer, Nr. 353, S. 32).

Hatte Lessing in früheren Schriften die Aufklärung mehrfach als einen menschheitlichen Langzeitprozeß umrissen, so rückte er nunmehr ihr Zielstadium in eine unermeßlich ferne Zukunft (der Ringparabel im *Nathan* analog). Bei seiner gewachsenen Einsicht, daß vor allem die – gemeinhin so gepriesene – Religionsaufklärung noch recht defizitär sei, fand er weniger denn je ein Genügen an begrenzteren, perspektivarmen Entwicklungs- und Verbesserungsmöglichkeiten, wie sie viele seiner Zeitgenossen beschäftigten und befriedigten. Er unternahm es, auf die ihm erkennbaren allgemeinen Signaturen und ideellen Grundlagen der »Zeit der Vollendung« (§ 85; R VIII, 612) hinzudeuten.

Die Erziehung der Menschen sollte nach Lessings – seit längerem schon ausgebildeter und immer mehr bekräftigter – Überzeugung dahin führen, aufgeklärten Verstand in aufgeklärtes Verhalten umzusetzen, will sagen: stets selbstlos zu handeln und humanisierte zwischenmenschliche Beziehungen zu unterhalten. (Vgl. Nr. 250, S. 240.) Und dies galt für alle Menschen. »Eben die Bahn, auf welcher das Geschlecht zu seiner Vollkommenheit gelangt, muß jeder einzelne Mensch (der früher, der später) erst durchlaufen haben.« (§ 93; R

VIII, 614) Es könnte sein, daß Lessing gerade dieser unabdingbaren Voraussetzung wegen die hypothetischen Fragesätze zur Seelenwanderung (dazu Nr. 347 und 350; Nr. 216, S. 264ff.; Nr. 140, S. 324ff.) aufstellte, in die die Schrift mündet, ihre eigene Erkenntnisleistung zur Diskussion stellend und ihrem Autor unlösbare Probleme weiterreichend.

Der Weg zur Vollkommenheit, als letzte große Hauptetappe des menschheitlichen Werdegangs, war für Lessing (ähnlich wie für andere geschichtsphilosophische Aufklärer) nur annähernd faßlich zu machen in Analogie zum stetigen Lauf der »Natur« (§ 90) und mit dem »unmerklichen Schritt« der »ewige[n] Vorsehung« (§ 91; R VIII, 613). Der Glaube, diese allmähliche und im einzelnen unüberschaubare Entwicklung beschleunigen zu können, wurde genauso unmißverständlich als höchst problematisches Moment von Schwärmerei hervorgekehrt wie Lessing ihr etwas Anregendes zuschrieb: »Der Schwärmer tut oft sehr richtige Blicke in die Zukunft: aber er kann diese Zukunft nur nicht erwarten. [...] Wozu sich die Natur Jahrtausende Zeit nimmt, soll in dem Augenblicke seines Daseins reifen.« (§ 90) Indem Lessing die Beschleunigungsversuche seitens der Schwärmerbewegungen des 13. und 14. Jahrhunderts (vgl. § 87) verwarf, schloß er gewaltsame Änderungen bestehender Verhältnisse aus. An dem Punkt bestand ein genereller Konsens namentlich in der reformorientierten deutschen Spätaufklärung.

Darüber nun, welchen Einfluß der Mensch überhaupt auf die »Zeit der Vollendung« (§ 85) habe, gingen und gehen die Meinungen auseinander. Auf der einen Seite heißt es etwa: »Das Heil in der Zukunft ist für Lessing zunächst und zuerst Gabe und nicht Aufgabe; es kann erwartet, aber nicht herbeigeführt werden.« (Schilson, Nr. 216, S. 242) Auf der anderen Seite kann man (z.B. im Anschluß an Bollacher, Nr. 140, S. 304ff.) interpretieren, Lessing habe mit jenen Schwärmern und mit zahlreichen aufklärerischen Zeitgenossen prinzipiell auch darin übereingestimmt, daß es den Menschen selbst aufgetragen sei, die göttliche Vorsehung zu erfüllen und unermüdlich einer besseren Zukunft zuzuarbeiten. Denn er gründete seine trotz aller Bedenken unerschütterliche Hoffnung (»sie wird gewiß kommen, die Zeit der Vollendung«, § 85; R VIII, 612) auf eine höchst idealische, von allem konkret Praktischen völlig absehende Vernunftutopie: daß der Mensch das Gute aus freien Stücken um so mehr tun werde, »je überzeugter sein Verstand einer immer bessern Zukunft sich fühlet« (ebd.). Das aber bedeutet unzweifelhaft: Auch auf dem obersten Entwicklungsniveau dachte Lessing sich ein Fortschreiten der Menschheit; Stagnation wäre ihr Ende.

Staatspolitische Gegebenheiten und praktische Erfordernisse berücksichtigte Lessing gegenstandsbedingt viel genauer in *Ernst und Falk. Gespräche für Freimäurer* (1778-80; EDW G VIII, 693-700; speziell zur Entstehung: Nr. 331; zu Lessings geplanter Fortsetzung: Nr. 333; zur Wirkung: Nr. 343). Die ersten drei Gespräche erschienen mit einer Vorrede 1778 anonym; zwei weitere Gespräche wurden gegen Lessings Willen 1780 veröffentlicht, wiederum mit einer Vorrede. Daß sie von Lessing selbst stamme, ist von Muncker (LM XIII, 388) bis hin zu jüngsten Publikationen (z.B. Dziergwa, Nr. 343, S. 133) mehrfach bezweifelt worden. Inzwischen liegt der Nachweis vor, daß das norddeutsche Oberhaupt der Illuminaten, Adolph Freiherr von Knigge, sie verfaßte und bei dem Druck von 1780 auch als Herausgeber fungierte (Fenner, Nr. 344).

Lessing war, nicht zuletzt um der Wolfenbütteler Einsamkeit zu entkommen, 1771 einer Hamburger Loge, einer sogenannten Winkelloge, die sich nicht dem dominanten System der Strikten Observanz angeschlossen hatte, beigetreten – unter einmaligen Sonderkonditionen; man erließ ihm sowohl die Aufnahmegebühr als auch alle Prüfungen und erteilte ihm sofort die höheren Weihen (Nr. 209, S. 166ff. und Nr. 211, S. 107ff.). Die erhofften Erkenntnisse fand er dabei nicht, und so verzichtete er auf die vorgesehene Gründung einer Loge in Wolfenbüttel und hielt sich vom Logenleben fern. Indessen dachte er darüber nach, was Freimaurerei sein könnte und müßte und legte die Resultate allen Logenbrüdern (vgl. den Untertitel: »Gespräche f ü r Freimäurer«) zur Prüfung vor.

In den *Freimäurergesprächen* hat Lessing seine individuelle Variante des aufklärerischen Prinzips, den Leser mittels dialogischer Textgestaltung zum Selbstdenken hinzuleiten statt ihn direkt und vordergründig zu belehren, nochmals exemplarisch angewandt (»Unterweisung zur Selbstaufklärung«, Kiesel, Nr. 334, S. 337ff.; ähnlich Hill, Nr. 252, S. 232ff.). Ernst und Falk, ein nicht immer vorurteilsfrei sowie etwas überstürzt Erkenntnissuchender und ein erfahrungsgestützt kritischer Freimaurer, führen freundschaftlich aufklärerische Gespräche sowie Gespräche über Aufklärung. Diese gehen bis an äußerste Grenzen, und zwar nicht lediglich hinsichtlich des Arkanums (des Geheimnisses der Freimaurerei), sondern was begrifflich prägnant Denk- und Mitteilbares überhaupt anlangt:

ERNST: Wovon ich einen Begriff habe, das kann ich auch in Worten ausdrücken.
FALK: Nicht immer; und oft wenigstens nicht so, daß andre durch die

Worte vollkommen eben denselben Begriff bekommen, den ich dabei habe. (1. Gespräch; R VIII, 550)

Soviel ist immerhin eindeutig erkennbar: daß ein ideeller Zusammenhang zwischen Freimaurerei und Aufklärung hervorgekehrt wird, der weiter reicht als die gewöhnlichen personalen Beziehungen: in Form der Zugehörigkeit der meisten Aufklärer zu Freimaurerlogen und ihrer dortigen Aktivitäten. Lessing bekundete programmatisch: »Die Freimäurerei ist nichts Willkürliches, nichts Entbehrliches, sondern etwas Notwendiges, das in dem Wesen des Menschen und der bürgerlichen Gesellschaft gegründet ist.« (1. Gespräch; R VIII, 549f.) Gemeint war allerdings nicht die gegenwärtige reale Freimaurerei, die in dem Maße, wie sie sich in Richtungskämpfen und in zunehmend abstrusen Zeremonien oder Ritualen verlor, von ihren ursprünglichen Anliegen abkam: eine gesellige Vereinigung von Menschen (fast ausschließlich von Männern) zu sein, die nach ›höherer‹ Erkenntnis und Wahrheit streben, sich geistig und ethisch vervollkommnen und zugleich zum Wohle anderer wirken, vielfach aufklärerisch wirken wollten. Vielmehr ging es um einen idealischen oder utopischen Gegenentwurf zu den bestehenden Logenverhältnissen. Er entfaltet sich in der besonderen Art des Dialogs (s. Nr. 242, S. 129ff.), wobei dessen Geheimnis und das der Freimaurerei miteinander verschmelzen (Nr. 340, S. 155-167). Der Dialog selbst wird zu praktizierter Freimaurerei (ebd., S. 174).

Lessings Ideal zufolge sollte die Freimaurerei eine übernationale ideelle (nicht unbedingt logenartig oder sonst durchorganisierte) Vereinigung vernunftorientierter avantgardistischer Aufklärer sein, die behutsam auf eine harmonische Menschengemeinschaft und höchstmögliche individuelle Persönlichkeitsentfaltung hinarbeiten. Hieran maß er kritisch das bestehende institutionalisierte Freimaurertum, eine aufschlußreiche Parallele zum Christentum ziehend: daß »Loge sich zur Freimäurerei verhält, wie Kirche zum Glauben« (4. Gespräch; R VIII, 578). Damit wurde unterschieden zwischen Außenform und Wesen (Nr. 340, S. 177ff.) oder ›Buchstabe‹ und ›Geist‹ (Nr. 227, S. 181), im weiteren zwische Institutionalisierung und ursprünglicher Idee. Ähnlich wie die christliche Kirche von Christus hatte sich aus Lessings Sicht die Freimaurerei von ihren Gründungsanliegen entfernt und in Nebensächlichkeiten verirrt.

Entbehrlich und verfehlt erschienen Lessing außer den Organisationsstrukturen auch Geheimlehren und vor allem Geheimkulte der verschiedenen, zudem gegeneinander intrigierenden Freimaurersysteme. Sogar die öffentlichkeitsgerichteten Logenarbeiten, beispielsweise die Unterstützung sozialer und pädagogischer Anstalten, relativierte er als »Taten ad extra«, die »dem Volke in die Augen fallen sollen« (1. Gespräch; R VIII, 553). Denn sie könnten nur eine nachgeordnete, aber (noch) unentbehrliche Funktion erfüllen: zu vermitteln zwischen den Logenmitgliedern und den anderen Menschen, um den unsicheren, vorurteilsbelasteten Ruf der Freimaurerei zu verbessern. Vorteilhafter dafür hielt Lessing allerdings, wenn sowohl die Freimaurer als auch die Presse sich etwas zurückhaltender gäben und ein stilles freimaurerisches Wirken auf sich beruhen ließen.

Lessing wandte sich weder gegen jene Unterstützung noch gegen die generelle Tendenz der zeitgenössischen Aufklärung zum Sozialpraktischen. Wahrscheinlich verkannte er auch nicht Gemeinnützigkeit und Notwendigkeit solcher Freimaurer- und Aufklärertum einigenden Betätigungen. Sie sollten jedoch, als begrenzte und vereinzelte Wirksamkeit, keinesfalls den alleinigen Maßstab abgeben und erst recht nicht das – von Ernst geteilte – »Vorurteil« erhalten helfen, »daß alle baubedürftige Plätze schon ausgefunden und besetzt, alle nötige Arbeiten schon unter die erforderlichen Hände verteilet wären« (3. Gespräch; R VIII, 565). Die Gesamtheit dieser Arbeiten nennt Falk »wahre Taten«, die dahin zielen müßten, »größten Teils alles, was man gemeiniglich gute Taten zu nennen pflegt, entbehrlich zu machen« (1. Gespräch; R VIII, 554). Das klingt wahrlich wie »reine Paradoxie« (Werner, Nr. 341, S. 580). Indes läßt sie sich sinnfällig auflösen, durchdenkt man sie im Kontext zur Zukunftsvision der *Erziehung des Menschengeschlechts* (speziell § 85), der Komplementärschrift zu den *Freimäurergesprächen*. Es ist dies die Vision einer menschheitlichen Vernunftgemeinschaft, in der das Gute vorherrschende Realität geworden ist, also konträrem Denken und Handeln nicht mehr eigens entgegengesetzt werden braucht.

Dem angedeuteten Ziel freimaurerischen Arbeitens korrespondiert eine Staatsauffassung, deren äußerst radikale Leitthese lautet: Jeder Staat dürfte eigentlich nie Selbstzweck, sondern nur »Mittel« sein, und zwar zur »Glückseligkeit jedes wirklichen einzeln Wesens« (2. Gespräch; R VIII, 557) – was freilich keiner uneingeschränkt leiste (zur Radikalität dieser Auffassung: Werner, Nr. 341, S. 582ff.). Falk gibt seinem Gesprächspartner zu verstehen, daß es die »wahre Taten« vollbringenden Freimaurer »*mit* zu ihrem Geschäfte gemacht hätten, jene Trennungen, wodurch die Menschen einander so fremd werden, so eng als möglich wieder zusammen zu ziehen« (R VIII, 563) und ihre Mitmenschen zu befähigen, den »unvermeidlichen Übeln des Staats« (R VIII, 565) eingedenk zu leben. Es ging Lessing also um mehr als die ihm gelegentlich (von Michelsen, Nr. 337, S.

314f.) zugeschriebene Stiftung freundschaftlicher zwischenmenschlicher Beziehungen und den Vollzug von Freundschaft im gemeinsamen Nachdenken und Diskutieren.

Wenn die genau erkannten Übel einer (noch) notwendigen Ordnungsform menschlichen Zusammenlebens für unabwendbar galten (und Lessing war kein Revolutionär, entgegen der Annahme von Bahr, Nr. 335), dann mußte es darauf ankommen, den Menschen ein Bewußtsein hiervon zu vermitteln und sie zur geeigneten Mitwirkung an den »wahren Taten« anzuregen. Somit wies Lessing der Freimaurerei indirekt eine gesellschaftlich praktische Funktion zu, die mit dem reformerischen Aufklärerwesen seiner Zeit konvergierte. Und ebensowenig wie dieses zeitgenössische Aufklärertum sich in einer elitären Grundhaltung erschöpfte, knüpfte Lessing sein Freimaurerideal an eine solche. Eine »elitäre Rolle« als »Heilige« (Michelsen, Nr. 337, S. 306) war seinen Wunsch-Freimaurern schwerlich zugedacht. Das ihnen vielmehr abverlangte avantgardistisch aufklärerische Engagement »in der Welt [...] – merke wohl: in der *Welt*« (1. Gespräch; R VIII, 553) erforderte zugleich, daß er dem Arkanum einen neuen weltlichen Zentralgehalt gab und es allgemein politisch motivierte (Koselleck, Nr. 332, S. 68ff.), nicht einseitig ideologisch festgelegt wissen wollte. »Der Hauptgrund für die Geheimnistuerei und Mystifaktionen«, so ist resümiert worden, liege in Lessings »Einsicht, daß alle institutionalisierten Begriffe [...] bestenfalls provisorisch gültig und schlimmstenfalls dazu geeignet sind, Vorurteile und Intoleranz zu bestätigen«; und »das paradoxe Nebeneinander von Mystifikation und Aufklärungsidealen« bilde einen Versuch, die Leser wie stets zum Selbstdenken und -handeln anzuregen (Nisbet, Nr. 339, S. 306). Es genügt nicht, wie sich gerade im Falle der *Freimäurergespräche* erweist, auf das für Lessing charakteristische Phänomen der Unsagbarkeit hinzuweisen (so z.B. Strohschneider-Kohrs in Nr. 146, S. 216f.); vielmehr sollte der Interpret bei aller gebotenen Behutsamkeit möglichst auch zu ergründen suchen, weshalb etwas unsagbar wurde.

Für Lessings Ideal der Freimaurerei gilt: »Das Geheimnis impliziert keine direkten Umsturzpläne, aber es verschleiert die politische Konsequenz der moralischen Pläne, die sich gegen den absolutistischen Staat richten.« (Koselleck, Nr. 332, S. 74) Ein solches Geheimnis, das genauer gesagt moralisch-soziale Pläne verhüllte, war indes nicht etwa bloß aus Vorsicht zu wahren, sondern auch und gerade deshalb weder aufzulösen noch begrifflich klar auszudrücken, weil Lessing es mit dem Aufklärungsprozeß verknüpfte, den er als einen grundlegenden menschheitsgeschichtlichen Entwicklungsvorgang verstand – äußerst langwierig, keiner einzelnen Ideologie und keinen partikularistischen Interessen auf Dauer verpflichtbar. Und das Ziel dieses evolutionären Prozesses, das mit Ideen des deutschen Frühliberalismus übereinstimmt (Fink, Nr. 338, S. 37-49), ließ sich durch vernunftgemäß humanes Denken umrißhaft bezeichnen, nicht aber die Vielzahl der konkreten Wege dorthin.

Ohnedies hoffte Lessing mit einem »Vernunftidealismus« sondergleichen (Werner, Nr. 341, S. 575), allmählich vervollkommnete Menschenvernunft würde die noch unvermeidlich bestehenden gesellschaftlichen Zwänge und die – im 2. Gespräch diskutierten – »Trennungen« zwischen den Menschen überwinden und einstmals die repressiven Staatsgefüge überflüssig machen. (Hierin stimmte er mit den Illuminaten überein, und es verwundert nicht, daß Knigge ihn für sie zu werben erwog; vgl. Fenner, Nr. 344.) Aus den *Freimäurergesprächen* läßt sich keineswegs schließen, freimaurerische »wahre Taten« seien »auf die Abschaffung des Staates ausgerichtet« (Bahr, Nr. 335, S. 303). Ihn abschaffen zu wollen, wäre die Konsequenz eines Widerstands gegen die notwendigen »Übel«, den Falk nachdrücklich zurückweist: »Entgegen arbeiten! – Um sie völlig zu heben? – Das kann nicht sein. Denn man würde den Staat selbst mit ihnen zugleich vernichten.« (3. Gespräch; R VIII, 565) Indes ermöglichen – nach des Autors unerschütterlicher Überzeugung – die »wahren Taten«, ausgeführt mit einem strengen Verantwortungsbewußtsein (Nr. 342), den Staat durch geistig-ethische Vervollkommnung der Menschheit irgendwann einmal entbehrlich, unnötig zu machen. Ebendies hat Lessing gesprächweise Jacobi gegenüber bekräftigt, wenn er, »in Eifer« gekommen, äußerte, »die *bürgerliche Gesellschaft* müsse noch ganz aufgehoben werden« (D, S. 520).

Spinoza-Gespräche

Bargen *Ernst und Falk* und *Die Erziehung des Menschengeschlechts* einen Nachhall des Fragmentenstreits, so löste Lessing durch gesprächsweise Äußerungen über den als Atheisten verfemten Philosophen Baruch de Spinoza (1632-1677) noch postum eine weitere gewaltige Kontroverse aus: den sogenannten Pantheismusstreit (Auftaktphase dokumentiert in Nr. 237), ein »fortgesetzter Fragmentenstreit auf philosophischem Felde« (Timm, Nr. 262, S. 38) und eine Grundsatzdebatte »über die philosophische Bestimmung des Weltganzen« (Teller, Nr. 246, S. 161). Anlaß des Streits waren Gespräche, die Lessing mit dem philosophischen Schriftsteller Friedrich

Heinrich Jacobi im Juli und August 1780 führte (D, S. 498-510; G VIII, 563-575). Dieser teilte sie 1783 Mendelssohn mit, um zu beweisen, daß Lessing ein Spinozist gewesen sei, was sein langjähriger Berliner Freund bestritt – eben deshalb, weil Spinozismus mit Atheismus für gleichbedeutend galt; und das heißt mit einer Position, die bis dahin in der deutschen Aufklärungsbewegung (im Unterschied zur englischen und besonders zur französischen) eine ganz seltene Ausnahme darstellte.

»Der Stein des Anstoßes liegt darin, daß dieser konsequenteste Pantheismus das Jenseits negiert«; Spinoza »versichert sich der Natur als eine Art unbewußter Gottheit, die übrig ist, nachdem der Schöpfergott und alle anderen Götter verschwunden sind« (Teller, Nr. 246, S. 145). Daß Lessing – wie namentlich sein Spätwerk beweist – so wenig wie Spinoza schlichtweg Gottesleugner war, darüber ist sich die neuere Forschung weithin einig. (Tendenzen zum Atheismus oder Materialismus wurden in Studien von DDR-Wissenschaftlern herausgestellt, s. Nr. 244ff.). Umstritten geblieben sind aber der Stellenwert der Spinozagespräche in Lessings Gesamtwerk, gelegentlich auch ihre Authentizität, vor allem aber das divergente Spinoza-Verständnis der beiden Gesprächspartner.

Grundsätzlich gilt es, diese Gespräche im Kontext der Dialogstrukturen und Diskursprinzipien beim späten Lessing (Nr. 116 und 242) zu sehen und das Umfeld seiner Wolfenbütteler Schriften gebührend zu berücksichtigen. Es wird sodann zweifelhaft, ob man die Gespräche mit Jacobai als letztgültige Selbstinterpretation Lessings und vor allem seiner *Erziehung des Menschengeschlechts* auslegen kann (wie in Nr. 262, S. 38ff.).

Da Jacobi »Hülfe gegen den Spinoza« erhoffte, verhielt Lessing sich nicht anders als sonst in derartigen Situationen, er ergriff betont die Gegenpartei: »Werden Sie lieber ganz sein Freund. Es giebt keine andre Philosophie, als die Philosophie des Spinoza.« (D, S. 499) In dieser – diskussionsstrategisch: provokativen – Zugespitztheit wird die Aussage durch sämtliche einschlägigen Verlautbarungen Lessings widerlegt. Er war niemals unbedingter Anhänger eines einzelnen Systems. Deshalb braucht man aber seinen Spinozismus nicht zu verharmlosen oder zu bezweifeln (wie z.B. Nr. 240 und 243). Vielmehr kommt es darauf an wahrzunehmen, was Jacobi verkannte: »die panentheistische Deutung, die Lessing dem System Spinozas gab«; den Versuch »zu beweisen, daß Gott, weil er die vollständigste Vorstellung von sich habe, seine notwendige Wirklichkeit nicht nur vorstelle, sondern mit ihr identisch sei«, und »daß Gott und Welt nach Lessing zwei Aspekte der gleichen Realität sind« (Altmann, Nr. 239, S. 57).

Genuin aufklärerisch wie auch sonst dachte Lessing hierbei an eine zu vervollkommnende Menschenwelt und an einen impulsgebenden gütigen Gott. Jacobi bezeugt ausdrücklich: »Mit der Idee eines persönlichen schlechterdings unendlichen Wesens, in dem unveränderlichen Genusse seiner allerhöchsten Vollkommenheit, konnte sich Leßing nicht vertragen.« (D, S. 509)

In den Spinoza-Gesprächen erzeigte sich nochmals Lessings Disputierkunst, genauer vielleicht: letztmalig. Denn in seinen letzten Lebensjahren, nach dem um die Jahreswende 1777/78 erfolgten Tod seines Sohnes (der nur zwei Tage lebte) und seiner (erst im Oktober 1776 geheirateten) Frau Eva König, verfiel er zunehmend der Hypochondrie und litt an Schlafsucht. Dadurch erschwerte sich sein Umgang mit anderen Menschen, mit Freunden sogar. Am 15. Februar 1781 erlag Lessing, 52jährig, einer Brustwasserkrankheit.

2. Grundzüge der Rezeptions- und Wirkungsgeschichte in Deutschland

»Die Geschichte des Verhältnisses der Deutschen zu Lessing ist eine Geschichte ohne jede Sensation.« (Steinmetz, Nr. 506, Einleitung, S. 13) Diese Bilanzierung aus der Entfaltungsphase der germanistischen bzw. weiteren Sinnes kulturhistorischen Rezeptions- und Wirkungsforschung um 1970 hat sich inzwischen immer wieder bewahrheitet – durch eine Vielzahl von Überblicks- und Einzelstudien, auch durch verschiedene weitere Dokumentationen (s. Kap. 4.8, S. 170). Eine grundlegende wirkungsgeschichtliche Gesamtdarstellung, ein Pendant etwa zu Karl Robert Mandelkows Standardwerk *Goethe in Deutschland. Rezeptionsgeschichte eines Klassikers* (2 Bände, München 1980-89), fehlt noch und ist dringendes Desiderat.

Nicht bestätigt haben sich allzu pauschale Feststellungen wie zum Beispiel, es gebe »keinen ernst zu nehmenden Angriff auf Lessing« und niemals habe sein Name »auf dem Banner irgendeiner Bewegung« gestanden (Steinmetz, Nr. 506, S. 13 und 15). Sollten die Attacken eines Goeze sowie antisemitischer ›Reichsdeutscher‹ (vgl. Nr. 220f.) und die Bestrebungen des »Lessingbundes Deutscher Freimaurer« im späten 19. Jahrhundert nicht ernst zu nehmen sein? Nicht aufrecht zu erhalten sind ferner die Annahme einer absoluten Distanz des Sturm und Drangs zu Lessing (Nr. 506, S. 15) und die (z.B. von Mayer und Demetz, Nr. 516f., aufgestellte) These von der generellen »Folgenlosigkeit Lessings« wegen der klassisch-romantischen Neuansätze.

2.1 Zeitgenossen und spätes 18. Jahrhundert

Bei den Zeitgenossen dominierte zuerst und anhaltend eine zwiespältige Wirkung des Kritikers Lessing, der von den frühen fünfziger Jahren an ebenso geachtet und bewundert wie gefürchtet und verhaßt war. Diese Ambivalenz verstärkte sich durch jede seiner aufsehenerregenden Kontroversen und kulminierte folgerichtig in den Nekrologen (auf die noch zurückzukommen sein wird).

Konträr blieb auch stets die – um 1755 einsetzende – Wirksamkeit des Gelehrten (vor allem Altertumskundigen) und des Dramatikers Lessing. War man von seinen gelehrten Detailkenntnissen überwiegend angetan, so traf sein erstes Trauerspiel, *Miß Sara Sampson*, auf ein – trotz des auch in Deutschland bereits angebahnten Traditionswandels – letztlich überfordertes Publikum (Nr. 520, S. 352ff.). Die Rezensenten argumentierten vielfach kleinlich, zudem mit unangemessenen herkömmlichen Kriterien; die Theaterzuschauer reagierten zuvörderst affektiv und gaben sich ihren Emotionen hin, so daß Lessings neuartige Mitleidsdramaturgie kaum den erwünschten Haupteffekt, zum Selbstdenken anzuregen, erreicht haben dürfte. *Philotas* sodann wurde nachgerade grotesk mißverstanden: als Heldenstück aus Anlaß des (Siebenjährigen) Krieges; Lessings Freund Gleim adaptierte es mit einem versifizierten Heroendrama, Lessings Widersacher Bodmer verspottete es in einem satirisch-parodistischen Gegenentwurf (dazu Nr. 486 und 492).

Eine etwas differenziertere Aufnahme fand *Minna von Barnhelm*, obwohl das Innovatorische wiederum nur partiell, hinsichtlich der moralischen Dimension, wahrgenommen wurde (Werner in Nr. 528, S. 64ff.) Die »rückhaltlose Zustimmung des Publikums«, so ist resümierend festzustellen, »galt *zuerst* der moralischen Bewährung, die von den Figuren des Stückes gezeigt wird, und erst in zweiter Linie, gleichsam über das Ethos des Stückes vermittelt, seiner Gesellschaftsmodellierung« (Ritter, ebd., S. 100). Während der relativ große Bühnenerfolg nur etwa zehn Jahre über die Uraufführung von 1767 hinaus anhielt, erschienen zahlreiche Nachahmungen und Adaptionen des Lustspiels (s. Nr. 418). Erst im Verlaufe des 19. Jahrhunderts gewann es seinen – noch heute gegebenen – festen Platz im Repertoire der deutschen Bühnen.

Ebenso *Nathan der Weise*, für den nach der recht folgenlosen Uraufführung (1783; Nr. 474) Schillers Bühnenbearbeitung aus dem Jahre 1801 eine nicht unwesentliche Mittlerfunktion erfüllte (Nr. 467 und 468, Kap. 7.3). Ansonsten fand *Nathan* zunächst außerhalb des Theaters eine vielfältigere (in Nr. 468 von Wessels detailliert aufgearbeitete) Resonanz als alle vorherigen Dramen Lessings – freilich selten genug ein tiefergehendes Verständnis. Anhand des *Nathan* wie auch der *Emilia Galotti* bestätigt sich nochmals: Lessing unterlief die Erwartungshaltungen des Publikums und überforderte es damit weitgehend. Signifikant, daß Lessings zweites bürgerliches Trauerspiel an dem Muster gemessen wurde, das sein erstes inzwischen geworden war; daß die neuen illusionsstörenden Momente als mißlungenes galten und die politischen Implikationen anfangs kaum, erst nach Ausbruch der Französischen Revolution nähere Beachtung fanden (Nr. 520, S. 359-370 und Nr. 535, Kap. 6.4 sowie Werner in Nr. 528, S. 114ff.).

Modell- oder Musterstücke sind Lessings Dramen somit insgesamt gesehen (und auch nach der Aufklärungsepoche) vorwiegend in einem äußerlichen, formalen Sinne geworden, weniger nach ihren kritisch-ideellen Dimensionen und mitleidspoetologischen Intentionen.

Die frühen Wirkungen des Dramatikers Lessing wurden anscheinend zeitweilig von denen des Theologiekritikers und Geschichtsphilosophen überlagert, mindestens während der Jahre des Fragmentenstreits, dessen Bezüge zum *Nathan* nicht verborgen blieben. Und die Polarisierungen, die der Streit mit sich gebracht hatte, prägten denn auch entscheidend das Lessing-Bild der Nekrologe (Neudrucke in Nr. 505, Bd. 2 und Nr. 509, Abschn. II.1; Nachträge in Nr. 511, S. 6-9). Die Reaktionen auf seinen frühen Tod waren geteilt zwischen trauervoller Würdigung und haßerfüllter Diskreditierung; letztere reichte bis zu regelrechter Verketzerung und Verteufelung (analytischer Überblick in Nr. 468, Kap. 4.1). Offenkundig unter dem Eindruck des Fragmentenstreits trat die Ansicht hervor, »daß in Lessings Tode für die Religionsaufklärung mehr Gewinn als Verlust liege« (zitiert in Nr. 511, S. 61). Eine singuläre Besonderheit blieb Herders Nachruf (Drucknachweise: LB I, Nr. 2769 und II, Nr. 404), der in doppelter Hinsicht wirkungsgeschichtliche Bedeutung erlangte. Zum einen nahm Herder historisch objektivierte Einschätzungen vor, zum anderen stimulierte er maßgeblich eine folgenreiche und in der Romantik kulminierende Umwertung, bei der der Kritiker Lessing dem Dichter dezidiert übergeordnet wurde (Nr. 520, S. 384f.).

Herder war zudem derjenige Zeitgenosse, der am umfassendsten und am produktivsten Lessings Werke rezipierte – von *Literaturbriefen* und Fabelbuch an, über *Laokoon* und Epigrammschrift bis zu *Ernst und Falk* (bislang nur unzureichend dargestellt bei Henry, in Nr. 515; speziell zu Herders *Laokoon*-Rezeption tiefer gehend Knodt, Nr. 411). Diese Kontinuität spricht gegen die verbreitete pauschale Annahme einer Beziehungslosigkeit der Sturm-und-Drang-Generation zu Lessing. Neben Herder war es vor allem der junge Goethe, der sich eingehender mit Lessing auseinandersetzte und sich von ihm anregen ließ (Nr. 527). Insgesamt unterhielten die Zugehörigen und Freunde des Herder-Goethe-Kreises, die weitaus eher aufklärerische Kritiker der Aufklärungsbewegung als deren Gegner waren, ein besonderes Verhältnis zu Lessing. Sie unterschieden ihn prägnant von anderen Aufklärern und versuchten, seiner Sonderstellung im aufklärerisch-literarischen Prozeß gerecht zu werden, indem sie ihm eine exzeptionelle Rolle zubilligten und ihn niemals öffentlich angriffen, sondern fast durchweg in seiner Individualität akzeptierten (ebd., S. 165f.).

Ähnlich verhielt sich Schiller, und sogar noch in seiner Spätphase finden sich produktive Lessing-Bezüge, wie neuerdings werkanalytisch konstatiert worden ist (Albrecht in Nr. 528, S. 218-233); wohingegen frühere Forschung, die sich nur an expliziten Namensnennungen und direkten Bezügen orientierte, vereinseitigend Traditionsbrüche vermerkte (exemplarisch Rychner, Nr. 513). Am Fortleben aufklärerischer und speziell Lessingscher Vorstellungen oder Ideale in der Weimarer Klassik und in der Romantik ist inzwischen nicht mehr zu zweifeln. Allerdings muß stets berücksichtigt werden, daß auf der Grundlage jeweils unterschiedlicher Literaturkonzeptionen und sonstiger Neuansätze eine selektive Traditionsverarbeitung und Deutung bzw. Umdeutung Lessings erfolgte (am Beispiel der Dramatik gezeigt von Härtl in Nr. 528, S. 183-217).

Begründete Vorbehalte hatten die Repräsentanten der neuen Literatur- und Kulturströmungen um 1800 gegen diejenigen Spätaufklärer, die sich im Unterschied zu Lessing den meisten aufklärerischen Zielen schon sehr nahe wähnten. Sie hegten entsprechend verflachte Aufklärungsvorstellungen, die sie massenweise in den zeitgenössischen Hauptdiskurs, in die nach 1780 thematisierte Aufklärungsdebatte, einbrachten (vgl. den Auswahlband *Um Menschenwohl und Staatsentwicklung. Textdokumentation zur deutschen Aufklärungsdebatte zwischen 1770 und 1850*, hg. von Wolfgang Albrecht, Stuttgart 1995).

Besonders problematisch und langanhaltend aber wirkten sich solche Vorstellungen im schulischen Bereich aus, wo der Fabeldichter Lessing schon früh in den Kanon integriert und dabei – das ganze 19. Jahrhundert hindurch – derart entstellt wurde, daß von der Programmatik seiner fünften Fabelabhandlung über den heuristischen Nutzen der Fabeln an Schulen schier nichts übrig blieb (umfangreiches, doch analytisch unzulänglich durchdrungenes Material dazu bei Aley, in Nr. 512). »Diese Verballhornungen und bewußten Fälschungen weisen alle in die gleiche Richtung: Lessing sollte als kritischer Vordenker für die Schule und ihre literaturdidaktischen Konzeptionen entschärft werden.« (Ebd., S. 216)

Außerhalb des Schulbereichs entstand eine andere Form von mehr oder weniger verzerrender Umdeutung, insofern sich manche Spätaufklärer nach dem Tod Lessings vielfach selbstapologetisch auf ihn beriefen. So exemplarisch Nicolai, der ganz und gar nicht im Sinne Lessings die Wahrheit zu besitzen vermeinte und sich als einzig legitimer Sachwalter seines verstorbenen Freundes gerierte (dazu Albrecht in Nr. 531, Bd. 2, S. 12f.). Andererseits setzte die von Nicolai repräsentierte Berliner Spätaufklärung auf ihre Weise beispielsweise etwas von Lessings Fragmentenstreit fort, indem die aufklärungsfeindliche Religionspolitik Friedrich Wilhelms II. vielfach öffentlich kritisch diskutiert wurde (s. Weber in Nr. 533, S. 76-81).

Nicolai und den ihm Gleichgesinnten galten satirisch zugespitzte Passagen des Stückes *Der neue Hercules am Scheidewege* (1800) von Ludwig Tieck, worin Lessing auftritt und seine – vereinseitigt nur als anmaßungsvoll gesehenen – Nachfolger kategorisch zurückweist (zitiert in Nr. 506, S. 18f.): »Ihr, die ihr nie das Kleinste gefühlt, / Wohin ich mit meinen Pfeilen gezielt, / Die ihr nicht ahnden konntet, nicht fassen, / Wie ich euresgleichen mußte hassen, / Wie ich immer, wonach ihr mit allen Sinnen trachtet, / Herzinnig und tiefsinnig habe verachtet: / Nun sagt, was habt ihr denn mit eurem Geschrei?«

Polemisch gegen jene überwiegend verflachte Spätaufklärung richtete sich auch Friedrich Schlegels epochemachender Essay *Über Lessing* von 1797 und 1801 (Drucknachweise: LB I, Nr. 2772 und LB II, Nr. 399; einer der bestuntersuchten Texte der Wirkungsgeschichte Lessings, s. die Literaturhinweise in Nr. 520, S. 386). Aus der scharf abgrenzenden Polemik heraus und auf der Grundlage seiner frühromantischen Poesiekonzeption systematisierte Schlegel provokant die zuvor nur vereinzelt andeutungsweise begegnende Charakterisierung Lessings als eines unpoetischen Dichters, dessen Kritikertum sich erst in seinen grandiosen geschichtsphilosophischen Spätschriften recht entfalte und im übrigen hinter seiner persönlichen Erscheinung zurücktrete. Schlegel versuchte »ein mit epigonalen Vorstellungen durchzogenes Stereotyp zu durchbrechen« (Strohschneider-Kohrs in Nr. 524, S. 25); zugleich installierte er unwillentlich ein Lessing-Bild, das sich bald selbst nicht selten epigonal stereotypisiert forterbte (vgl. die Einleitung zu Nr. 506).

In einem zweiten Neuansatz (1804; Drucknachweise: LB I, Nr. 236 und LB II, Nr. 1109) vollzog Schlegel »Lessings Umdeutung vom Wegbereiter der Romantik zum Verkünder einer neuen Religion«, der »gegen die ›politischen Reformversuche‹ und gegen die deistische ›Aufklärungssucht‹« einen rettenden Ausweg angebahnt habe (Grimm, Nr. 520, S. 388f.). Hiermit kehrte Schlegel einerseits gegenaufklärerische Argumente um, andererseits vereinnahmte er Lessings Spätschriften für sein restauratives Religionsprogramm, das bereits auf seine 1808 erfolgte Konversion zum Katholizismus hindeutete.

Dieser zwiespältigen Umdeutung vermochten sich allerdings anscheinend weder protestantische noch katholische Theologen ohne weiteres anzuschließen. Besonders von katholischer Seite blieben Vorbehalte gegen Lessings ›Rationalismus‹ bestehen, obgleich insonderheit die sogenannte ›Tübinger Schule‹ einige seiner Gedanken wohlwollend aufnahm (nachgewiesen von Schilson in Nr. 524, S. 73ff.).

2.2 Das 19. Jahrhundert

Friedrich Schlegel hatte, insbesondere mit seinem Lessing-Essay und auf literarischem Gebiet, wesentliche Kriterien und ideelle Grundlagen für die Lessing-Rezeption nach 1800 vorgegeben. Sie wirkten zunächst nicht nur bis zur Spätromantik hin (ihr ist gewidmet Nr. 514, Abschn. III), wie namentlich das Beispiel Eichendorff zeigt (Nr. 520, S. 390ff.), sondern auch dort, wo man sich von romantischen Traditionen betont abgrenzte und die mit ihnen verbundene Distanz zu aufklärerisch politischen Implikationen bei Lessing entschieden beendete: im Vormärz. Selbst für Heine, den wohl radikalsten Lessing-Verehrer der Vormärzepoche (grundlegend dargestellt von Pongs, in Nr. 529, S. 56-87), gilt, »daß Friedrich Schlegels an Lessing gewonnener Protestantismusbegriff die Perspektive gewiesen hat« – insoweit dieser Begriff eine »Negation« jeder dogmatischen Position« bedeutete und sich von der Tendenz zum Katholizismus abtrennen ließ (Hohendahl, Nr. 530, S. 104f.).

In Heines Darstellung *Zur Geschichte der Religion und Philosophie in Deutschland* (1833/35; Auszüge: Nr. 506, S. 262-266) figuriert Lessing als ein zweiter Luther, der, konsequent die Reformation fortsetzend, die Emanzipation des menschlichen Geistes von der Theologie begann; woran – mittels Vorbereitung eines revolutionären Gesellschaftsumbruchs statt einer bloßen Religionserneuerung – anzuknüpfen nunmehr die Zeit gekommen sei. »Unter dem Blickwinkel des menschlichen Selbstbefreiungsprozesses heroisiert Heine Lessing zum einsamen Kämpfer für die Befreiung von gesellschaftlichen und geistigen (vor allem religiösen) Banden.« (Grimm, Nr. 520, S. 395). Angesichts der dabei aufgewandten militanten Metaphorik ist vermutet worden: »Lessing scheint die ideale Projektions- und Identifikationsfigur für Heines Allmachtstraum vom Schriftsteller gewesen zu sein.« (Schröder in Nr. 524, S. 95). In der *Romantischen Schule* (1836; Auszüge: Nr. 506, S. 260f.) bekommt Lessing den Rang eines Begründers der neueren deutschen Literatur zugesprochen, was charakteristischerweise vornehmlich mit dem gesellschaftskritischen Gehalt der *Emilia Galotti* legitimiert wird. Ansonsten dominiert, ebenfalls nach Maßgabe eigener literarischer Intentionen und ähnlich wie bei Schlegel, eine Würdigung des kritisch-theoretischen Spätwerks.

Für die Literaturbewegung des Jungen Deutschland sodann stand fast ausschließlich der Kritiker Lessing im Mittelpunkt des Interesses. Und zwar mit einem weitgefaßten Kritikverständnis, das dem seinigen durchaus entsprach: literarische, theologische, historische und politische Aspekte umfassend. In dreierlei Hinsicht wurde er – auch von Heine – als vorbildlich erachtet: »Der Aufklärer Lessing ist der Bürge für den geschichtlichen Fortschritt; der Kritiker Lessing wird zum Inbegriff des polemischen, für die Wahrheit kämpfenden Schriftstellers; und der Deutsche Lessing ist der Garant für die kulturelle Identität einer Nation, die ihre politische Einheit noch nicht gefunden hat.« (Hohendahl, Nr. 530, S. 86)

Zeitgenössische protestantische Religions- und junghegelianische Kulturhistorie fanden bei Lessing ebenfalls ihre – noch nicht näher untersuchten – Anknüpfungspunkte. David Friedrich Strauß identifizierte seine religionskritischen Veröffentlichungen undifferenziert mit denen Lessings (so Trillhaas kurz in Nr. 524, S. 64; spätere Äußerungen von Strauß in Nr. 506, S. 363-367). Hinzuzufügen ist, daß nicht nur er, sondern auch andere Vormärzautoren und Junghegelianer den Fragmentenstreit für unabgeschlossen und fortführensbedürftig erachteten. Unter dem Eindruck derartiger Aktualisierungen stellte Bruno Bauer, der Autor einer grundlegenden *Geschichte der Politik, Cultur und Aufklärung des achtzehnten Jahrhunderts* (4 Bände, Charlottenburg 1843-45; Reprint: Aalen 1965), Lessing in umfassende kulturgeschichtliche Zusammenhänge des Aufklärungszeitalters.

Ähnliches leistete, für die Literaturgeschichtsschreibung zur aufklärerisch-klassischen Epoche, Georg Gottfried Gervinus in seiner *Neueren Geschichte der poetischen National-Literatur der Deutschen* (Leipzig 1835-42; Auszug in Nr. 506, S. 293-296). Er charakterisierte Lessing, von den aufsehenerregenden Wirkungen der *Literaturbriefe* her, als ein »Revolutionsgenie«, indem er auf ihn das Ideal eines liberalen Politikers zurückprojizierte, der die nationale Einigung Deutschlands zuwege bringen könne. Zugleich reduzierte er ihn, ein zwiespältiges Deutungsmuster stiftend, zum Vorklassiker, wies ihm eine ambivalente Mittelstellung zwischen angeblich traditionsverhafteten Aufklärern (Klopstock, Wieland) und originärer Klassik (Goethe) zu.

Aus dem liberalen Nationalgedanken heraus ist auch die Lessing-Ausgabe Karl Lachmanns (LB I, Nr. 7) entstanden, die erste historisch-kritische Edition der germanistischen Neuphilologie. Desgleichen die erste wissenschaftlich fundierte Lessing-Biographie, von Danzel und Guhrauer (Nr. 35).

War Lessing für die neue Dramaturgie des Vormärz nahezu bedeutungslos geblieben (wie Ehrlich zeigt in Nr. 125, Bd. 2, S. 539 bis 548), so gewannen Dramentheoretiker des Nachmärz ein viel engeres Verhältnis zu ihm, insofern sie – entgegen zeitgenössischen Literaturentwicklungen – an der Vorrangstellung des Dramas festhielten, der Gattung aber ihre bei Lessing einst ausgeprägten weltbürgerlich-kritischen Intentionen benahmen (darüber Stellmacher in Nr. 533, S. 99-111). Aufs Ganze gesehen erfolgte ein weiteres Mal in der Wirkungsgeschichte Lessings ein absichtsbestimmt funktionalisierter Bezug:

»Die Lessing-Rezeption des Nachmärz war ein Feld der Selbstdarstellung und der Selbstverständigung, dann aber auch ein Mittel zur Durchsetzung der eigenen Positionen und Interessen. Die Realisten des 19. Jahrhunderts setzten die Autorität Lessings ganz bewußt ein, um ihren Kunstansichten in der Öffentlichkeit einen möglichst hohen Grad von Anerkennung, Einfluß und Wirkung zu verschaffen.« (Ebd., S. 108)

Solch Funktionalisierung nahm in dem Maße noch beträchtlich zu, wie die Rezeption sich politisierte und der Traditionsbezug sich differenzierte oder relativierte.

Während der zweiten Hälfte des 19. Jahrhunderts verwurzelte sich im sogenannten Bildungsbürgertum, mitbedingt durch das Goethe-Jubiläum 1849 und durch das Schiller-Jubiläum 1859, endgültig eine Art klassischer Dreieinigkeit, wobei Lessing als der ›Vorklassiker‹ zumeist hinter Goethe und Schiller rangierte. Zur popularisierten Verbreitung dieser Dreiheit trug entscheidend der Schulunterricht bei.

In der Germanistik wurde die klassisch-romantische Literatur maßstabgebend (und blieb es im wesentlichen bis zu den sechziger Jahren des 20. Jahrhunderts). Damit war vielgestaltigen Variationen des Schlegelschen Diktums vom unpoetischen Dichter Lessing ein fruchtbarer Boden bereitet. Und Lessing war ein fester exponierter Platz in den verschiedensten Literaturgeschichten gesichert; sein Name fehlt in keiner einzigen. (Konstanten und Wandlungen der dort präsentierten Lessing-Bilder zu untersuchen, ist ein vordringliches Desiderat der weiteren Wirkungsforschung.)

Ein völlig anderer Befund ergibt sich aus der Theologiegeschichtsschreibung, wo die Distanz zur Aufklärungsepoche sich viel mehr vergrößerte als in der Germanistik. Bei Protestanten ebenso wie bei Katholiken begann eine »Periode des Verschweigens« (Trillhaas in Nr. 524, S. 60), die – von wenigen Ausnahmen abgesehen – fast ein Jahrhundert lang anhielt. Und wenn Lessing zur Kenntnis genommen wurde, dann vor allem von Katholiken »rein negativ«, entsprechend dem »Strukturwandel der katholischen Theologie seit der Mitte des 19. Jahrhunderts, der die fruchtbaren Ansätze der ersten Jahrhunderthälfte erstaunlich rasch zunichte macht und restaurative Züge trägt« (Schilson in ebd., S. 73 und 78). Einen ähnlichen Wandel brachte die protestantische Erweckungstheologie mit sich.

Christlich orthodoxe Positionen prägten auch weithin die schulische Lessing-Vermittlung. Der Entstellung seiner Fabeln (dokumentiert in Nr. 512) korrespondierten Vorbehalte gegenüber dem *Nathan*, die bis zu seiner unverhohlenen Ablehnung und dem Verdikt »für Schüler ungeeignet« gingen (Grimm, Nr. 520, S. 407ff.). Anderen zeitgenössischen Schulrichtungen »galt Lessings Werk als wichtiger Markstein in der Entwicklung der deutschen Literatur, dessen Schriften stets zum Lektüre-Kanon gehörten« (ebd., S. 409).

Seitens der staatsoffiziellen Historie wurde zunehmend eine nationalistische ideologische Vereinnahmung Lessings betrieben. Speziell preußische Geschichtsschreiber erhoben ihn neben Friedrich II. zum »Fahnenträger der deutschen Einheit unter preußischer Führung, wobei die preußenfeindlichen Äußerungen Lessings meist unterschlagen wurden« und er selbst letztlich in einen »Wegbereiter monarchisch reglementierter Unfreiheit und patriotisch verbrämter Unmündigkeit« umgefälscht wurde (ebd., S. 401).

Nach der Reichsgründung im Gefolge des deutsch-französischen Krieges 1870/71 (und bis zum Zweiten Weltkrieg hin) vermehrte sich die zweifelhafte Metapher vom >tapferen Deutschen< oder männlich kämpferischen Lessing geradezu inflationär. Modifiziert fand sie sogar Eingang in hochrangige Forschungsliteratur, wie die von Franz Mehring (Nr. 40) attackierte Lessing-Biographie des Berliner Ordinarius Erich Schmidt (Nr. 39) zeigt. Gänzlich vereinseitigend und verflachend aber verfuhr man »an den Umschlagplätzen, in den Schulbüchern, den Kommentaren für Schule und Selbstunterricht, den populären Literaturgeschichten und Biographien, in den Zeugnissen der Presse. Hier konnte sich das negative Bild der französischen Kultur und ihres Gegners Lessing widerspruchslos in das ebenfalls ideologisch einseitige Erbfeindklischee einfügen« (Grimm, Nr. 520, S. 403). Von solch entstellender Indienstnahme Lessings bis zu seiner antisemitischen Diskreditierung (z.B. Nr. 220) war es dann nur noch ein kleiner Schritt.

Diese Konstellationen dürften den scharfsinnigsten Kulturkritiker der Zeit, Friedrich Nietzsche, zu der sarkastischen Bemerkung veranlaßt haben, »im ganzen ist keiner der großen deutschen Schriftsteller bei den kleinen deutschen Schriftstellern so populär wie Lessing« (zitiert nach Nr. 506, S. 384).

Gegensteuerungen zur militant chauvinistischen Lessing-Vereinnahmung wurden von Freimaurern und naturalistischen Schriftstellern sowie insbesondere seitens der frühen Sozialdemokratie unternommen.

Obwohl es auch in der deutschen Freimaurerei national-konservative Tendenzen gab (s. Nr. 343, Kap. B.II.1), hatte sich doch zumindest einiges vom Ideal der »Freimäurergespräche« *Ernst und Falk* das 19. Jahrhundert hindurch lebendig erhalten, und ihr Autor ein mehr oder weniger verklärtes Leitbild geblieben (ebd., Kap. C.II.4). Seine recht begrenzte praxisgerichtete maurerische Rezeption kulminierte 1884 mit der Gründung eines »Lessingbundes deutscher Freimaurer«, dessen Satzung beginnt:

1. Der Zweck des Vereins ist, der Frmrei [Freimaurerei] die ihr von ihren Stiftern zugewiesene Stellung im Kulturleben wieder zu gewinnen.
2. Der Verein sucht diesen Zweck auf Grund der alten, mit der fortschreitenden Erkenntnis in Einklang zu bringenden Grundgesetze (Old chargos) auszuführen, und richtet seinen Wirkungskreis zunächst auf die dem deutschen Grosslogenbunde zugehörigen Johannislogen.
(Die Bauhütte. Jg. 27. Leipzig 1884, No. 26, S. 201.)

Das Bestreben des – bislang außerhalb der Logenforschung ignorierten – »Lessingbundes« kam dem Versuch einer zeitgemäß aufklärerisch reformerischen Neuaktivierung der Freimaurerei gleich und einem Teilaspekt der von Lessing umrissenen »wahren Taten« nahe. Denn es wurde »*die Organisation der sozialen Hülfeleistung* als die erste und wichtigste Aufgabe erkannt und zwar nicht in dem eng begrenzten negativen Sinne des Almosengebens, sondern in dem positiven Gedanken Lessings: >Wohlthaten entbehrlich zu machen<« (ebd., No. 36, S. 282). Der »Lessingbund« vermochte sein Anliegen nur ansatzweise zu verwirklichen, worüber in einem Jahrbuch berichtet wurde, das bis 1892 (in Leipzig) erschien. Er bestand somit nur sieben Jahre. Gescheitert ist er nicht zuletzt an der direkten politischen Engagiertheit, die der tief verwurzelten freimaurerischen Zurückhaltung in der Politik fremd war.

Bereits ins Jahr 1879 fällt eine – noch kurzlebigere – Bemühung, mittels praxisorientierter Lessing-Rezeption auf die Gegenwart zu wirken: die Gründung eines Lessing-Vereins in Berlin und Leipzig, der die Durchsetzung naturalistischer Kunst, Dramatik vor allem, fördern sollte (dazu Bernhardt in Nr. 125, Bd. 2, S. 558-569). Im übrigen scheint der Lessing-Bezug deutscher Naturalisten vorwiegend innerhalb der Theoriebildung erfolgt und relativ eng begrenzt gewesen zu sein:

»War zu Beginn der naturalistischen Bewegung der Kritiker Lessing vor allem ein Beispiel dafür, daß aus einer kritischen Leistung auch ein gültiges literarisches Werk hervorgehen könne, wenn mit der nötigen Radikalität der Anspruch gegenwärtiger Literatur gestellt werde, so galt für jene Naturalisten, die schon in den achtziger Jahren auf der Suche nach neuen -ismen waren, die immer noch reflektierte Beziehung zu Lessing vor allem als Entschuldigung dafür, daß ein eigenes literarisches Werk von Wert nicht entstanden war.« (Bernhardt in Nr. 528, S. 300)

Bewußt zu halten ist, daß all diese naturalistischen Theoretiker und Schriftsteller ihre Lessing-Rezeption mehr oder weniger direkt dem wilhelminischen Kulturbetrieb entgegenstellten.

Darin konvergierten sie mit der Sozialdemokratie, die die Vermittlung Lessingscher Gedanken und Werke in ihr Volksbildungsprogramm integrierte (überblicksartig dargestellt von Friedrich in Nr. 528, S. 312-338), das zudem eine – noch kaum untersuchte – Sondermodifikation volksaufklärerischer Bestrebungen gewesen sein dürfte. Freilich läßt sich nicht übersehen, daß hierbei parteipolitische Interessen dominierten, gemäß etwa der Ansicht: Lassalle, Marx und Engels seien »für die Erziehung des Proletariats nötiger [...] als Lessing, Goethe und Schiller« (zitiert ebd., S. 335) – weshalb eine langgeplante Klassikerbibliothek nicht zustandekam. Und überhaupt war das volksbildnerische sozialdemokratische Lessing-Bild, konzentriert auf einige dichterische Werke zumeist, ebenso selektiv wie simplifiziert. Dem korrespondierte eine moralistische Stilisierung, wie beispielsweise 1881, wo Lessing anläßlich seines 100. Todestages als »einer der allergrößten und edelsten Menschen, die je gelebt« (zitiert ebd., S. 327), gepriesen wurde.

Derartige Lobeserhebungen waren im Jubiläumsjahr 1881 keine Seltenheit, sie wurden von allen geistig-politischen Positionen her verkündet, was denn freilich entsprechend vereinseitigendes Betrachten erforderte (s. Nr. 509, Kap. III). »Ausblendungen sind auch für das Jahr 1881 noch der Weg, intellektuelle Beunruhigungen, die den festen Rahmen des gewonnenen Selbstverständnisses im Deutschen Reich gefährden könnten, zu umgehen.« (Ebd., Nachwort von Bohnen, S. 179)

Den Höhepunkt sozialdemokratischer Lessing-Rezeption und -Vermittlung bezeichnet unzweifelhaft Franz Mehrings *Lessing-Legende* (Nr. 40), mit der die preußisch-nationalistische Vereinnahmung Lessings umfassend ideologiekritisch zurückgewiesen und er statt dessen – wiederum ideologisch begründet – zum wertvollen Erbgut für das Proletariat reklamiert wurde (Nr. 520, S. 411f.; mit Hinweisen auf neuere Mehring-Interpretationen). »Als anzueignende Erbschaft Lessings blieben letztlich nur die schriftstellerische Form seines Werkes und die sich darin ausdrückende schriftstellerische Haltung übrig.« (Werner, Nr. 525, S. 404) Das war keineswegs Zufall, da es Mehring nicht allein darum ging, Lessing der Bourgeoisie zu entreißen, was er nebenbei bemerkt pathetisch genug und im exzessiven Rückgriff auf die altherstammende »Kämpfer«-Metaphorik tat (Schröder in Nr. 524, S. 104f.). Hauptsächlich wollte der Historiker Mehring politisch-ideelle Grundlagen des preußisch dominierten Kaiserreiches kritisch-polemisch bloßlegen.

Denselben Staat von entgegengesetzter, konservativer Position her rettend zu reformieren, fühlte sich der Kulturtheoretiker Julius Langbehn berufen. Das Programm dafür enthält sein 1890 (sofort in über vierzig und dann in vielen weiteren Auflagen!) erschienenes Buch *Rembrandt als Erzieher*, worin sich ein – erst neuerdings wirkungsgeschichtlich beachtetes – Kapitel über Lessing findet. Sieht man es im Kontext zur *Lessing-Legende*, dann treten die denkbar äußersten Polaritäten hervor. »Denn Langbehn ordnet Lessing zum ersten Mal offen in eine irrationalistische, gegenaufklärerische, völkische und geistesaristokratische Gesamtkonzeption ein. Genau jenes Proletariat, das Mehring als künftige geschichtsbestimmende Kraft setzt, will Langbehn [...] historisch rückgängig machen.« (Schröder in Nr. 524, S. 106) An beiden aufsehenerregenden Büchern wird deutlich, daß sich am Ausgang des 19. Jahrhunderts eine unüberbrückbare Polarisierung der bis dahin unter dem Signum Bürgerlichkeit immer noch relativ geeinten Lessing-Rezeption vollendete: in eine sozialistische und in eine nationalistisch-konservative, ja bereits tendenziell völkische. Innerhalb dieser Polarität mußte die traditionsreiche bürgerlich-demokratische oder -liberale Rezeption (nicht bloß Lessings, sondern der aufklärerisch-klassischen Epoche insgesamt) ihren Standort zu behaupten versuchen.

2.3 Das 20. Jahrhundert

Die Verteidigung und Bewahrung aufklärerisch-klassischer humanistischer Kulturtraditionen verkümmerte für einige Jahre, als bei Ausbruch des Ersten Weltkrieges neben vielen liberal- bis sozialdemokratischen Persönlichkeiten selbst ein erklärter Bürger-Dichter wie Thomas Mann dem nationalen Sog erlag. Um so stärker gewannen hernach, während der Weimarer Republik, bürgerlich-demokratische Schriftsteller, die ihre Gesellschaftsvorstellungen mehr und mehr direkt politisch engagiert durchsetzen wollten, Ideen und Prinzipien Lessings maßstab- und vorbildgebende Momente ab; er wurde für sie vorrangig ein Repräsentant vernunftbestimmten kritischen Eingreifens in brisante Zeitgeschehnisse, zugleich aber auch ein Überwinder einseitig rationalistischen Aufklärertums (s. Rieck in Nr. 528, S. 339-360).

Es waren dies nach wie vor individuelle Rezeptionsvorgänge, denn ein überregionales, institutionelles Forum wie etwa die Goethe-Gesellschaft (gegründet 1885) gab es für Lessing noch immer nicht. Es bestand lediglich eine »Gesellschaft zur Erhaltung des Lessinghauses«, die sich 1908 in Berlin konstituiert hatte und besagtes Ziel verfolgte. Nachdem das Haus 1910 doch abgerissen wurde, begannen – vielfach von jüdischen Förderern unterstützte – Bestrebungen zur Errichtung eines Berliner Lessingmuseums, die schließlich 1927 eine örtliche »Lessinggesellschaft« hervorbrachten. Sie hatte jedoch keinen langen Bestand, sondern löste sich bereits 1936 wieder auf – primär aus Finanznöten, eine Folge offenbar der faschistischen Judenpolitik.

Diese zunehmende bürgerliche Lessing-Rezeption scheint gegenteilige Haltungen im proletarisch-revolutionären Kulturbereich, sonderlich innerhalb des von der KPD zeitweilig kräftig geförderten Proletkults, mitbegünstigt zu haben. Die Nichtbeachtung Lessings und das Desinteresse an ihm waren dort so total, daß nicht einmal einzelne Ursachen exakt nachweisbar sind (so Heinemann in Nr. 528, S. 365-373). Immerhin läßt sich auf hemmende Folgen einer gänzlich augenblicksorientiert klassenkämpferischen Kunstfunktionalisierung zurückschließen aus Äußerungen wie der folgenden: »Die literarischen Waffen des Klassenkampfes sollen aus den altehrwürdigen Zeughäusern geholt werden? Das bedeutete, auf ein anderes Gebiet übersetzt: gegen die Tanks und Flammenwerfer der kapitalistischen Armeen soll das Proletariat mit Hinterladern losziehen!« (Zitiert ebd., S. 394) Lessing und seine Zeitgenossen galten also als unbrauchbare Relikte einer bedeutungslos gewordenen Geschichtsperiode. Ein bemerkenswerter Standpunkt im Jubiläumsjahr 1929, das eine »publizistische Großaktion« der KPD-Presse mit sich brachte (ebd., S. 384).

Aus ganz anderen, offenkundigeren Gründen wußten Antisemiten und radikale Antidemokraten mit Lessing wenig anzufangen. Sie stilisierten ihn teils zum Opfer »der jüdischen Freimaurerei« (exemplarisch Mathilde Ludendorff: Der ungesühnte Frevel an Luther, Lessing, Mozart, Schiller im Dienste des allmächtigen Baumeisters aller Welten; München 1928), teils verunglimpften sie ihn als Söldling der Juden und Freimaurer (exemplarisch: Nr. 221; zu beiden

Positionen Nr. 343, Kap C.III und Nr. 520, S. 414f.). Nicht anders als die abstruse Phantasmagorie einer mordsüchtigen jüdisch-freimaurerischen Weltverschwörung sollte die angeblich von den Logen getragene aufklärerische bis kommunistische (Freiheits-)Bewegung zum Erklärungsmuster für unbewältigte Gegenwartskrisen dienen.

Zu einem Brennpunkt der eskalierenden Gegensätze wurde das Lessing-Jahr 1929. Im Zentrum der zahlreichen, häufig tagesjournalistisch oberflächlichen Publizistik aller politischen Schattierungen standen die Persönlichkeit und der Charakter des Kritikers und »Kämpfers« Lessing, während seine Werke meist im Hintergrund blieben und seltener mitbestimmend waren für seine dominante polare Zuordnung: in die Gipfelzeit der Aufklärung und unter die Wegbereiter des »Irrationalismus« (s. Nr. 523). Daneben »behauptet sich die nationale, die patriotische Tendenz, die gegenüber der Zeit des Kaiserreichs jetzt nur einen Beiklang von Selbstbemitleidung erhalten hat«; und neuerlich, »wie nach 1871, wird Lessing zum Führer nationalstaatlicher Einigung und Stärkung mit bewußt auslandsfeindlichem Akzent«, der sich bemerkenswerterweise in zeitgenössischen Lehrplänen wiederfindet (Grimm, Nr. 520, S. 405). Ebensowenig neuartig wie die nationalistischen Verlautbarungen waren die kampagnenartig erschienenen proletarisch-revolutionären und kommunistischen Artikel, die gänzlich an Mehring anknüpften. Sie hatten »möglicherweise eine Popularisierung der Sichtweise Mehrings in der Arbeiterschaft zur Folge, leitete[n] aber keine auf historisch-materialistischer Methodologie beruhende Weiterentwicklung der wissenschaftlichen und künstlerischen Rezeption der Werke Lessings in der Arbeiterbewegung ein« (Heinemann in Nr. 528, S. 384). Insgesamt gesehen erreichte die äußerst widersprüchliche Vereinnahmung Lessings in den politischen Richtungskämpfen der Weimarer Republik ihren Höhepunkt (Nr. 522). Und dem entsprechend hoch schlug emotionalisierte Rhetorik. Was am Beispiel der Festrede von Julius Petersen (LB I, Nr. 2992), dem namhaften Lessing-Forscher und Präsidenten der Goethe-Gesellschaft, kritisch festgestellt werden muß, gilt gleichermaßen für viele andere Beiträge zum Jubiläum: »Es ist kaum ein größerer Gegensatz denkbar als zwischen diesen pompösen und geschwollenen Tiraden und Lessings gelassener, auch in den erregtesten Passagen gezügelter Sprache.« (Steinmetz, Nr. 506, Einleitung S. 39)

Hervorhebenswert ist noch ein schönerer Effekt des Jahres 1929. Es brachte – endlich – dauerhafte museale Einrichtungen an den Eckstationen der Lebenswelten Lessings. In Kamenz wurde, da das Geburtshaus einem früheren Stadtbrand zum Opfer gefallen war, der Grundstein für einen (1931 eröffneten) Museumsbau gelegt, im

Wolfenbütteler Lessinghaus richtete man drei Erinnerungsräume her.

Beschränkten sich faschistische Publizisten im Umfeld des Festjahres zumeist darauf, Lessing hohnvoll zu verunglimpfen (s. Nr. 523, S. 194-200), versuchten sie nach 1933 immer ungehemmter, ihn verfälschend in die »nationalsozialistische Bewegung« zu integrieren. »Die forcierte und vor allem einseitig heroisierende Vereinnahmung Lessings für nationalsozialistische Belange nahm schließlich so groteske Formen an, daß ihr 1938 selbst in Hitlerdeutschland Widerspruch erwuchs, indem die >Zeitschrift für Deutschkunde< sich genötigt sah, derartige Manipulation als >gesinnungstollen Mummenschanz< abzuwehren.« (Rieck in Nr. 528, S. 355) Für Lessings Leitprinzip des individuellen humanistischen Selbstdenkens und Selbsthandelns war in der zunehmend kriegerischen Ideologie der »Volksgemeinschaft« begreiflicherweise kein Platz. Und von ihren rassistischen Prämissen her bestimmte sich seine Behandlung im Unterricht:

»Nicht der Lessing der *Emilia* und des *Nathan* [...] gehört in unsere heutige Schule, sondern der Lessing, der ein zielklarer Erfasser und Vorkämpfer deutschen Wesens war, der die Franzosen in ihre Schranken wies und Shakespeare entdecken half, der Lessing mit der kämpferischen Haltung als Lebensprinzip, der Lessing eines wesentlich nordisch geprägten Stils [...].« (Poethen, 1936; zitiert in Nr. 520, S. 416.)

Folgerichtig verschwand der *Nathan* nicht nur aus den Lehrplänen, sondern auch aus den Theater- und Verlagsprogrammen. Es ist lediglich ein 1941 erfolgter Neudruck in Reclams Universal-Bibliothek nachgewiesen (LB I, Nr. 1097). Einige Drucke des Originaltexts erschienen noch im europäischen Ausland – solange, wie die jeweiligen Staaten nicht okkupiert waren (s. LB I, Nr. 1082 und 1094-96).

Leicht verständlich, daß Lessings Drama bei der Wiederaufnahme des Theaterbetriebs nach dem Zweiten Weltkrieg sofort einen herausragenden Stellenwert erhielt, vielerorts in Ost wie West gespielt wurde; geradezu legendär ist insbesondere die Inszenierung am Deutschen Theater Berlin von 1945 geworden (Nr. 461 und 521, Kap. 4.3.1.1). Es scheint jedoch zunächst keine derart umfassende Neurezeption zustande gekommen zu sein wie im Falle Goethes, wo sie gewiß nicht unwesentlich durch das Jubiläum des 200. Geburtstages, des letzten gesamtdeutschen kulturellen Großereignisses, mitbedingt war.

Über das Thema Lessing und Westdeutschland fehlen differenziertere Untersuchungen. Eine 1973 verteidigte Dissertation (Garbe und Funke, Nr. 519) behandelt aus streng parteilicher DDR-Sicht einen Teilbereich, die literaturwissenschaftliche Aufarbeitung von Lessings Leben und Werk im Spannungsfeld von Apologie und Ablehnung »militaristischer« oder »imperialistischer Restaurationspolitik«. Unbeachtet blieb eine gegen 1970 sich abzeichnende Zäsur. Sie war bedingt durch eine neue Aufklärungsbewegung, die von der zeitgenössischen Frankfurter Schule inauguriert und von der Studentenbewegung kräftig befördert wurde. Im Gefolge dieser neuen Aufklärung gewann Lessing bei den verschiedensten Fachwissenschaften gesteigertes Interesse und zugleich besonders in der sozialgeschichtlich orientierten Germanistik den Rang eines exemplarischen kosmopolitischen Aufklärers (paradigmatisch dargelegt in der Einführung von Barner zu Nr. 51).

Ein Umschwung erfolgte auch in den wohl einflußreichsten Rezeptions- und Wirkungsbereichen, in Theatern und Schulen. Lessings Dramen gehörten (und gehören noch) zu den beliebtesten Textvorlagen unkonventionell-experimenteller >Klassiker<-Inszenierungen (Nr. 536). Vermittelten Unterrichtsmaterialien sowie Interpretationshilfen bis zu den sechziger Jahren noch vielfach Forschungsresultate aus der Vorkriegszeit und insgesamt ein harmonisiertes, entpolitisiertes Lessing-Bild, so unterstützte ein reformerischer Methodenpluralismus die vorhandene Aufgeschlossenheit für diverse Neuansätze der Wissenschaftler und Theaterleute (Nr. 520, S. 420f.) Inwieweit sich die in den einschlägigen neueren Lehrhilfsmitteln manifesten Differenzierungen auf die schulische Behandlung Lessings (Fabeln, *Minna, Emilia, Nathan*, kritische Schriften) ausgewirkt haben, ist empirisch nicht näher nachgewiesen.

Das neue, verstärkte Interesse für Lessing und für die Aufklärung schlug sich auch institutionell nieder. 1966 wurde in Cincinnati, einem traditionsreichen Zentrum der nordamerikanischen Lessing-Rezeption und -Forschung (s. Schade in Nr. 533, S. 225ff.), die American Lessing Society gegründet, die alsbald den Namen Lessing Society erhielt, da ihre Mitgliederschaft sich internationalisierte. Ihr Organ ist das 1995 im 27. Jahrgang erscheinende *Lessing Yearbook*. 1971 erfolgte eine nicht minder wichtige Gründung in Deutschland: die Eröffnung der Lessing-Akademie Wolfenbüttel. Sie hat sich der Erforschung des Werkes und der Zeit Lessings mitsamt den Wirkungen bis zur Gegenwart verschrieben, wofür Studienprojekte, Tagungen, Arbeitsgespräche und Vorträge organisiert und deren Ergebnisse publiziert werden, unter anderem in der Buchreihe *Wolfenbütteler Studien zur Aufklärung* (vgl. den Bericht von Ritterhoff, ebd., S. 235-246).

Ungeachtet all dessen brachte das Doppeljubiläum 1979/81 Grenzen der jüngeren Rezeptions- und Wirkungsgeschichte an den Tag. Festredner und Journalisten popularisierten eine mehr oder weniger aktualisierte Schriftstellerexistenz des 18. Jahrhunderts; das heißt »die Vorstellung von einer Liberalität ohne Absicherungen, von einer >Offenheit<, Systemlosigkeit und Dogmenfeindlichkeit, als Vorbote und Begründer eines demokratischen >Pluralismus<«, wovon aber »keine Beunruhigung und leider auch keine Herausforderung« mehr ausging (Nr. 509, Nachwort von Bohnen, S. 180). Und eine breitere Resonanz der Jubiläumsveranstaltungen anbelangend, mußte einer der Cheforganisatoren, Paul Raabe, bilanzieren: »Von den gezielten oder verordneten Aktionen abgesehen, scheint Lessing kaum noch ein attraktives Thema zu sein.« (Lessing 79, H. 3, Braunschweig 1979, S. 5) Längerfristig angenommen wurde vom Publikum immerhin das unter Raabes Leitung neugestaltete Wolfenbütteler Lessinghaus (Katalog: Nr. 540).

Nachhaltiger (nicht unbedingt wie obrigkeitlich erwünscht massenwirksamer) haben die Lessing-Jubiläen in der DDR gewirkt, wo fast die gesamte >Erbe-Aneignung< kulturpolitisch determiniert, also staatlich reglementiert gewesen ist. Und im Falle Lessings war diese Aneignung durch Mehring vorgeprägt, dessen *Lessing-Legende* (Nr. 40) zunächst »alle wesentlichen Ansatzpunkte für die nach 1945 aus dem Geiste des antifaschistischen Kampfes erfolgende Neuvermittlung des aufklärerischen Schriftstellers« bot (Werner, Nr. 525, S. 407). Die nötige Weiterführung der Mehringschen Konzeption gemäß den aktuellen Gegebenheiten leistete Paul Rilla (Nr. 47) auf eine Weise, die in der marxistischen Literaturwissenschaft Schule machte, aber auch Hemmnisse mit sich brachte. Denn: »Indem die >Vorkämpfer<-These aus dem politischen in den ideologischen Bereich transponiert wurde, mehrten sich die methodologischen Unstimmigkeiten.« (Werner, Nr. 525, S. 412)

Rillas Monographie und seine Lessing-Edition (Nr. 4) entstanden aus Anlaß des Lessing-Jahres 1954. Die vielfältigen publizistischen Jubiläumsbeiträge zeichneten den weiteren Hauptweg der sozialistischen An- oder Zueignung Lessings vor, insofern durchweg die Produktivität seines – vom Bürgertum >verratenen< – >Erbes< für die sozialistische Gesellschaft betont und den >Werktätigen< plausibel zu machen versucht wurde (s. Kertscher, Nr. 521, Kap. 3). Von geringerer, durch den Mauerbau 1961 aufgehobener Verbindlichkeit waren Interpretationsbemühungen, bei Lessing nationalstaatliche Intentionen und auch eine Realismuskonzeption zu entdecken, die sich unmitelbar für Interessen der DDR nutzen ließen.

»Eine Lessing-Rezeption im Sinne einer direkten Nachfolge in der Dramatik der DDR ist nicht nachweisbar. [...] Die eigentliche Lessing-Rezeption [...] fand offenbar in den Theatern statt.« (Ebd., S. 172 und 175; Belege und Analysen dazu ebd., Kap 4; vgl. auch Nr. 525, S. 426ff.)

Wegen des unveränderlich hohen Stellenwerts, den Lessing in der Kulturpolitik wie auch in der Germanistik der DDR innehatte (während die Aufklärungsbewegung ansonsten gegenüber der Klassik ziemlich vernachlässigt wurde), fand das Doppeljubiläum 1979/81 dort eine ganz andere offizielle Würdigung als in der Bundesrepublik. Gewiß, es ertönten bei dieser Gelegenheit ebenfalls genug Phrasen und noch immer zeigte sich auch im Wissenschaftsbereich die Tendenz zur simplifizierten >linientreuen< Vereinnahmung Lessings (vgl. u.a. Nr. 125). Darüber hinausweisend aber markiert das Jubiläum nachdrücklich einen Wendepunkt der wissenschaftlichen Beschäftigung mit Lessing in der DDR (vgl. z.B. ebd. die Beiträge von Höhle und Werner).

Es erfolgten von nun an – seit etwa Mitte der siebziger Jahre angebahnte – weitreichende Neuansätze, die durch die nicht länger zu ignorierenden Resultate der jüngsten internationalen (westlich dominierten) Lessing- und Aufklärungsforschung stimuliert wurden: der Dramatiker, ebenso der Religionskritiker und Geschichtsphilosoph Lessing fand stärkere Aufmerksamkeit; seine literarischen Wirkungsabsichten wurden gleich seinen gesellschaftspolitischen Ansichten differenzierter wahrgenommen und nicht mehr kurzschlüssig mit bürgerlich-revolutionärem Klassenkämpfertum oder mit strikter Preußenfeindlichkeit identifiziert (Nr. 32). Praktisch und öffentlichkeitswirksam verarbeitete man diese Umorientierungen beispielsweise in einer grundlegenden Neugestaltung des Kamenzer Lessing-Museums, die inzwischen mit zusätzlichen baulichen Veränderungen abgeschlossen ist (Ausstellungskatalog: Nr. 541).

Auch an der schulischen Vermittlung Lessings wurde 1979 – etwas behutsamere – Kritik laut; die zur Selbsttätigkeit der Schüler hinleitenden >Wirkungspotenzen< der fünften Fabelabhandlung seien viel zu wenig genutzt und es ginge nicht an, die Behandlung des *Nathan* nach Lehrplanvorschrift (für Klasse 9 der POS, der Allgemeinbildenden Polytechnischen Oberschule, die bis zur 10. Klassenstufe führte) strikt auf die isolierte Ringparabel zu beschränken (Hartmann in Nr. 125, Bd. 2, S. 595ff.; ersteres Defizit ist übrigens seit dem 18. Jahrhundert ein Problem, s. Nr. 512). Am Lehrplan (Zitate in Nr. 520, S. 423f.) änderten solche Bedenken wohl nichts. Die parteipolitisch akzentuierte Besprechung der Fabeln und der Fabeltheorie (Klassen 6, 7, 9), einiger Auszüge aus der *Hamburgischen*

Dramaturgie (Klasse 9) sowie des *Nathan* (Klasse 11 oder 12 der Erweiterten Oberschule) blieb fest im Deutschunterricht verankert. Es wäre aber zu überprüfen, ob die einschlägigen *Unterrichtshilfen* für das Fach Deutsch, wie alle diese Anleitungen unter Aufsicht des Ministeriums für Volksbildung landesweit verbindlich konzipiert, etwa während der achtziger Jahre noch modifiziert wurden, bevor die DDR zusammenbrach. Erwähnenswert sind Formen der Beschäftigung mit Lessing, die über das Unterrichtspensum hinausgingen; sie wurden am Beispiel der Lessing-Schule Kamenz beschrieben und dokumentiert (Nr. 532).

Und Lessing im geeinten Deutschland? Die nun möglich gewordenen und vielfach bereits hergestellten engeren Kontakte zwischen Ost und West haben gewiß neue Perspektiven eröffnet (institutionell u.a. ersichtlich an der Anfang 1996 erfolgten Gründung einer vom Bund geförderten »Arbeitsstelle für Lessing-Rezeption« beim Kamenzer Lessing-Museum). Inwieweit die Lessing-Forschung und die Lessing-Rezeption dadurch wirklich stimuliert oder gar innoviert werden, liegt bei den Beteiligten selbst. Nach dem Wegfall der ideologischen Zwänge und im Zuge des Abbaus von Feindbildern besteht die Chance, ein längst schon (von Schröder in Nr. 524, S. 109, am Schluß seiner Untersuchung über die militante »Kämpfer«-Metaphorik) bezeichnetes Problem selbstdenkend und selbsthandelnd praktisch zu lösen: »Und warum hat wohl der >Friedensmann< Lessing keine deutsche Wirkungsgeschichte gezeitigt?«

3. Grundlageninformationen

3.1 Editionen und Handschriftenverzeichnisse (vgl. Kap. 4.1)

Lessings Name bzw. Werk ist engstens mit dem Werdegang der neu-germanistischen Editionspraxis und -wissenschaft verbunden. Zu-nächst führte der Bruder Karl Gotthelf im Verein mit den Freunden Eschenburg und Nicolai eine von Lessing noch selbst begonnene Sammlung *Vermischte Schriften* (Bd 1, Berlin 1771) anfangs unter diesem Titel, dann als *Sämtliche Schriften* fort (30 Bände, Berlin 1784-94). Gesammelt wurde, nach zeitgenössischer Gepflogenheit, was den Herausgebern bekannt und zugänglich war und was ihnen druckenswert erschien: die Mehrzahl der eigenen Publikationen Les-sings, größere Teile seines Nachlasses und Einzelstücke seines Brief-wechsels. Es herrschte mithin kein Bestreben nach (möglicher) Voll-ständigkeit und nach kritisch geprüfter Textgenauigkeit.

Dieses Doppelanliegen verfolgte erst der Germanist Karl Lach-mann, indem er – gegenstandsgerecht modifiziert – die traditions-reichen Prinzipien der klassischen (antiken und mittelalterlichen Schriften gewidmeten) Philologie anwandte und so die erste wissen-schaftliche Lessing-Ausgabe (13 Bände, Berlin 1838-40; LB I, Nr. 7) vorlegte. Auf Lachmann fußte die weitere, zweisträngige Ent-wicklung der Lessing-Editionen; einerseits kommentierte umfassen-de Leseausgaben (am umfangreichsten und noch immer brauchbar: Nr. 1), andererseits vervollkommnete historisch-kritische Gesamt-ausgaben. Nachdem Wendelin von Maltzahn die Lachmannsche Ausgabe ergänzt und den Variantenapparat erweitert hatte (12 Bän-de, Leipzig 1853-57; LB I, Nr. 11), unternahm Franz Muncker eine durchgreifende Neubearbeitung (Nr. 2), die an den Innovationen germanistischer historisch-kritischer Editionspraxis zur Zeit des Po-sitivismus teilhatte.

Muncker verpflichtete sich dem Prinzip von Ausgaben letzter Hand, d.h. er legte die jeweilige Letztfassung zugrunde und ver-zeichnete die Varianten in aufsteigender Linie vom Erstdruck bis zum letzten autorisierten Druck. Handschriftliche Varianten hinge-gen wurden erst ab Band 13 einbezogen und deshalb für das Vorhe-rige nachgetragen. Den Textbestand vervollständigte Muncker unab-lässig; noch im Schlußband brachte er Nachträge, außerdem fügte er dem Briefwechsel Angaben über verschollene Briefe sowie die Breslauer Amtsbriefe Lessings (s. Nr. 16) hinzu. Dennoch entstand keine Vollständigkeit, da – wie schon bei Lachmann und Maltzahn – Übersetzungen ohne »ersichtlich künstlerische Sorgfalt« (LM I, S. VII) ausgeschlossen blieben. (Verzeichnis der Übersetzungen: LB I, 236-249; Nachträge und Neuauflagen in LB II, 48-50.) Umgekehrt wurden ungesicherte und zweifelhafte Texte aufgenommen, vor allem anonyme Rezensionen aus Zeitschriften, an denen Lessing mitgearbeitet hatte. Problematischer noch ist, daß Muncker unausgewiesene Texteingriffe vornahm, einige nötige Konjekturen unterließ und Handschriften verschiedentlich inkorrekt wiedergab (vgl. Nr. 27, S. 17-24 und Nr. 11f.). Derartige Feststellungen haben inzwischen den Ruf seiner Ausgabe als einer verläßlichen Textgrundlage erschüttert. Gleichwohl stellt sie die maßgebliche Lessing-Edition dar, so lange keine neue historisch-kritische Gesamtausgabe existiert, die zwar ein dringendes Desiderat bildet, aber vorerst überhaupt nicht abzusehen ist.

Während Muncker sich ganz auf den Textbereich konzentrierte und lediglich knappe (z.T. überholte) Ausführungen zur Entstehungs-, Überlieferungs- und Druckgeschichte machte, legten Julius Petersen und Waldemar von Olshausen die erste eingehend kommentierte Werksammlung vor (Nr. 3). Mit drei Kommentarbänden und Einleitungen zu allen Textbänden wurde ein eigenständiger Beitrag zur Lessing-Forschung geliefert. Die Kommentare enthalten eine Fülle an – nur vereinzelt fehlerhaften – Informationen und Erklärungen, zudem Neu- und Teildrucke von Quellen- und Bezugstexten Lessings. Weniger Beachtung fand der textkritische Aspekt; man hat nach aktueller Duden-Norm modernisiert, die Varianten dementsprechend beschränkt. Der Briefwechsel blieb weg, dafür kamen einige Übersetzungen hinzu.

Umfangreichere Auswahleditionen, die unterschiedliche Formen moderner Lese- oder Studienausgaben repräsentieren, brachten dann vor allem Paul Rilla und Herbert G. Göpfert (Nr. 4 und 5). Rilla übte vehemente Kritik (vgl. Nr. 9) an den seit Lachmann bzw. Muncker verfolgten Leitprinzipien der Vollständigkeit und Akribie in Textdarbietung und Kommentierung. Er verwarf sie als Marotten »bürgerlicher« Philologie – nicht schlichtweg unberechtigt dort, wo es um die unüberprüfbare Inanspruchnahme anonymer Schriften (wie Rezensionen u.ä.) für Lessing ging; völlig unbegründet aber hinsichtlich eines generellen Zweifels am Sinn kritischer oder historisch-kritischer Ausgaben. Entsprechend zwiespältig fielen die Resultate aus. Einerseits sind Modernisierung der Orthographie und Interpunktion sehr zurückhaltend, Lessings Briefe um Neufunde seit

Muncker ergänzt und eine – durch Rillas Tod nicht gänzlich abgeschlossene – Biographie (s. auch Nr. 47) beigegeben; andererseits sind textkritische Feststellungen übergangen, zahlreiche Fragmente (auch aus Lessings Dichtung) ausgeschieden, die Erläuterungen und die Schlußanmerkungen minimalisiert. (Vgl. des näheren Nr. 10 und Nr. 25, S. 6-10.) Solche Inkonsequenzen begegnen in Göpferts gründlicherem Unternehmen nicht. Abgesehen davon, daß es als Werkausgabe engeren Sinnes den Briefwechsel beiseite läßt, bietet es auf der Grundlage von Munckers Edition und der nachfolgenden Editionskritik eine verläßlichere Textgestalt. Die Kommentiermethode bei Petersen und Olshausen modifizierend, ist auf interpretatorische Ausführungen (die gewöhnlich rasch veralten) verzichtet und statt dessen einer übersichtlich dokumentierten Sachinformation sowie knappen Einzelstellenerläuterung der Verzug gegeben worden. Beide Leseausgaben, die Rillasche wie Göpfertsche, haben in Ost und West weite Verbreitung gefunden und sind gerade für Studienzwecke noch immer sehr dienlich.

Einen neuartigen Mittelweg zwischen kritischer Gesamtausgabe und anspruchsvoller Leseausgabe bezeichnet die jüngste, derzeit noch im Erscheinen begriffene Edition, die Wilfried Barner konzipiert hat und leitend betreut (Nr. 6). Sie bleibt hinter dem Bestand bei Muncker nicht zurück (mit einer einzigen, obschon gravierenden Ausnahme: amtliche Briefe), sondern ergänzt ihn um ausgewählte Übersetzungen, um wiedergefundene Schriften und Briefe. Exzeptionelle Bedeutung gewinnt sie dadurch, daß sie erstmalig wesentlichen Eigenheiten des Lessingschen Autoren- wie Aufklärertums Genüge leistet: dem Neben- und Ineinander ganz verschiedenartiger Arbeiten, der Gleichzeitigkeit unterschiedlicher Ansätze literarischer Gestaltung und/oder theoretischer Problemklärung, dem stetigen Öffentlichkeits- und Publikumsbezug. So liegt statt der traditionellen, meist unbefriedigenden gattungsmäßigen Gliederung eine entstehungsgeschichtlich chronologische zugrunde, die über biographische Schaffensphasen hinaus vielerlei innere Einheiten erkennbar macht. Und so sind neben den Lessingschen Werken ausführlicher denn je Bezugstexte zweierlei Art abgedruckt: von ihm Verarbeitetes (Vorbilder, Quellen) und durch ihn Veranlaßtes (zeitgenössische Gegenschriften, Rezensionen, Stellungnahmen).

Die – behutsam modernisierende – Textwiedergabe erfolgt gemeinhin nach dem Erstdruck, als derjenigen Publikation, die zeitgenössische Reaktionen, d.h. vom Autor gesuchte Diskurse, hervorrief. Für nachgelassene Schriften wird der erste postume Druck herangezogen – sofern Muncker keinen Text nach Handschrift(en) bietet, von denen seither viele verloren gingen. Insoweit ist vollkommen berechtigt nochmals auf die nicht mehr unbescholtene Munckersche Edition zurückgegriffen. Problematisch allerdings erscheint, daß mitunter (z.B. bei der Lyrik in Bd 1) gewichtige Lesarten autorisierter Drucke und generell die Textgestalt des Briefwechsels kurzweg von Muncker übernommen wurden, statt auf die gedruckten und handschriftlichen Vorlagen zurückzugreifen. Ansonsten sind gerade die drei Briefbände dieser Edition zwiefach innovativ. Sie bieten zum einen erstmals alle überlieferten (einschließlich der jüngsthin wiederentdeckten) und alle erschlossenen verlorenen Briefe von und an Lessing in integrierter chronologischer Anordnung, zum anderen erstmalig einen durchgehenden Stellenkommentar dazu. Überhaupt handelt es sich um die bestkommentierte Lessing-Ausgabe. Die wesentlichen Zusammenhänge von der Entstehungs- bis zur Wirkungsgeschichte werden gut dokumentiert aufgezeigt und »Struktur und Gehalt« einzelner Werke oder Werkgruppen prägnant vergegenwärtigt; die Einzelanmerkungen liefern (fast) alle erforderlichen und wünschenswerten Erklärungen. Auch inhaltlich wichtige Varianten finden sich innerhalb der Kommentarteile.

Ungelöst geblieben sind bis heute einige Probleme der Autorschaft. Das betrifft sonderlich die Zuweisung anonymer Rezensionen an Lessing, die bisher – auch und gerade bei Muncker – nach zweifelhaften Kriterien erfolgte; weniger spekulativ, doch methodisch weiterhin unzulänglich, noch in den Werkausgaben jüngerer Zeit. Und dies ist um so gravierender, wenn aus solch unsicherem Textbestand weitreichende Folgerungen gezogen werden, wie z.B. im Falle der Auseinandersetzung des jungen Lessing mit Gottsched oder gar der Einschätzung von Lessings früher Rezensententätigkeit, die als solche eben kaum faßbar ist (resümierend dazu Guthke, Nr. 290, S. 1-16). Das Problem der Authentizität ›Lessingscher‹ Rezensionen dürfte mithin schwerlich definitiv klärbar sein, wohl aber ließen sich mittels geeigneter Methoden und Kriterien in bestimmtem Maße sachlich gegründete Wahrscheinlichkeit und Eingrenzungsmöglichkeiten gewinnen. Ansätze dafür lieferten jüngst Nachweise, daß nicht wenige jener Besprechungen ganz oder überwiegend aus Zitat (namentlich von Vorreden u.ä.) bestehen und nur einen Schluß zulassen (ebd., S. 57): »Dort ist dann nicht mehr wissenswert, ob der Abschreiber Lessing war oder nicht. So oder so hätte der Text nichts in einer Lessing-Ausgabe zu suchen.«

Ein ganz anderes, leicht behebbares Manko aller bisherigen Lessing-Ausgaben umgreift jenen Teil seiner Bekundungen, der nicht von ihm selbst, sondern von Zeitgenossen festhalten wurde: mündliche Äußerungen oder Gespräche. Sie sind kaum weniger aufschlußreich als sein Briefwechsel und ergänzen ihn zudem mannigfaltig.

Dies beweisen die beiden vorliegenden Gesprächsammlungen. Die ältere, durch Flodoard Freiherr von Biedermann zusammengetragen (Nr. 7), enthält auch anderweitige Dokumente oder Lebenszeugnisse und ist zudem durch die neuere, von Richard Daunicht (Nr. 8), überholt. Beide Male freilich hat man den Begriff des Gesprächs recht weit und unkritisch genommen, so daß die ohnehin oft fließenden Grenzen zum Anekdotischen und Fiktiven mitunter gänzlich vernachlässigt scheinen. Noch immer z.B. bringt Daunicht einige Zeitungsmeldungen über Lessings Italienreise, die von dem Berichterstatter (Schubart) selbst dementiert wurden. Mancherlei sachgerechte Ergänzungen ermöglicht indes eine Vielzahl seither erschienener Briefpublikationen zum 18. Jahrhundert. Eine moderne Neuausgabe der Gespräche oder vielleicht besser noch der Gespräche und Begegnungen (etwa nach dem Muster: *Goethe. Gespräche und Begegnungen.* Hg. v. Ernst u. Renate Grumach. Bd 1ff., Berlin 1965ff.) ist höchst wünschenswert.

Von vielen wichtigeren Einzelschriften Lessings gibt es recht gut bis vorzüglich kommentierte und mit Dokumentationen versehene neuere Studienausgaben. Sie sind in Abschnitt 4.7 der diesem Band beigegebenen Auswahlbibliographie jeweils zu Anfang unter dem betreffenden Werk verzeichnet.

Eine ungünstige Situation besteht hinsichtlich der Überlieferung Lessingscher Handschriften. Sie waren von ihm niemals systematisch aufbewahrt und geordnet worden. Sein handschriftlicher Nachlaß fiel zunächst großenteils an seinen Bruder Karl Gotthelf und wurde dann ziemlich verstreut. Vieles war schon zu Munckers Zeit verloren, weitere Verluste brachte der Zweite Weltkrieg mit sich; weniges wurde nach 1945 wieder oder neu entdeckt: einige Briefe (alle eingefügt in B XI-XII), ein Dramenentwurf (Nr. 14) und ein Fragment zur Geschichte der Fabel (Nr. 18). Deswegen auch sind fast alle älteren einschlägigen Bestandsverzeichnisse von Archiven und öffentlichen Bibliotheken überholt. Sie sind zudem entbehrlich geworden durch ein *Gesamtverzeichnis der Lessing-Handschriften* (Nr. 17), das Wolfgang Milde begonnen hat. Es erfaßt alle überlieferten eigenhändigen Schriftstücke Lessings und Briefe an sowie handschriftliche Dokumente über ihn, angeordnet nach den Aufbewahrungsorten und ihren Sammlungen. Der bislang erschienene erste Band erschließt die Bestände Wolfenbüttels, der Deutschen Staatsbibliothek Berlin/DDR (jetzt: Staatsbibliothek Preußischer Kulturbesitz) und der Biblioteka Uniwersytecka Wroclaw, d.h. der drei Hauptorte. An letztgenannter Stelle befindet sich auch die an Lessingiana reiche Varnhagen-Sammlung, die bis nach 1980 als verschollen galt.

3.2 Bibliographien, Forschungs- und Literaturberichte (vgl. Kap. 4.2)

Zwei Personalbibliographien (Nr. 20 und 21), von Lessings Lebzeiten bis 1971 bzw. 1985 reichend, verzeichnen mit großer Vollständigkeit die vielfältige Primär- und Sekundärliteratur (auch Belangloses und Kurioses – was sich unter wirkungsgeschichtlichem Aspekt völlig rechtfertigt). Über die seither und fortlaufend erscheinende Literatur informiert am raschesten und genauesten die alljährlich herauskommende *Internationale Bibliographie zur deutschen Klassik* (Jg. 1986-91 Weimar, ab 1992 München). Da die Personalbibliographien sachlich-chronologisch aufgebaut sind, behält Munckers streng jahresweise chronologische Auflistung – nahezu – sämtlicher Lessing-Drucke bis 1919 (Nr. 19) ihren eigenen Informationswert.

Insgesamt sind bis Ende 1995 rund 6000 Publikationen über Lessing nachgewiesen (Mehrfachverzeichnungen in den beiden Personalbibliographien abgerechnet). Die vorliegenden Forschungs- und Literaturberichte geben im wesentlichen nur zeitlich begrenzte Überblicke zu dieser kaum noch überschaubaren Vielzahl an Veröffentlichungen. Sie stieg mehrfach, bedingt durch Jubiläen, vorübergehend sprunghaft an (zuletzt 1979/81, anläßlich Lessings 250. Geburtstages und seines 200. Todestages), doch blieb sie im Jahresdurchschnitt etwa seit den sechziger Jahren, d.h. seit der Neubelebung des fachübergreifenden wissenschaftlichen Interesses an der Aufklärungsbewegung, kontinuierlich noch höher als schon früher.

Kritische Darstellungen der Lessing-Forschung bis gegen 1920, die über Sammelrezensionen hinausgehen, fehlen. Gewichtigere Arbeiten im Vor- und Umfeld des Doppeljubiläums 1929/31 bilanzieren Benno von Wiese und Otto Mann (Nr. 22f.), wobei sie bloß ansatzweise übergreifende Problemzusammenhänge und grundlegende Desiderate bezeichnen.

Von diametral entgegengesetzter ideologisierter Warte her gibt es polemische Abrisse zum Werdegang der Lessing-Forschung seit ihren Anfängen im 19. Jahrhundert. Aus strikt geistesgeschichtlicher Sicht verwirft Albert Malte Wagner (Nr. 24) durchgehende positivistische Bestrebungen; unter marxistischem Blickwinkel konstatiert Anita Liepert (Nr. 26), anknüpfend an Rilla (Nr. 47), wachsende Perversionen eines demokratischen Auftakts bis hin zu »imperialistischer« Verfälschung Lessings.

Eine vertiefte und umsichtige, recht unvoreingenommene Zusammenschau der wissenschaftlichen Literatur einschließlich relevanter Zeitschriftenbeiträge hielt, für den Zeitraum 1932-62, Karl

S. Guthke (Nr. 25). Er hat exemplarisches Interesse für die »Detail-Forschung« aufgebracht und von dieser her fundiert verallgemeinernd Resultate und Versäumnisse, Tendenzen und Desiderate aufgezeigt. Im Mittelpunkt steht einesteils der Dramatiker, andernteils der Literaturkritiker Lessing mit seinen kanonisierten Werken, während namentlich der Theologiekritiker und Religions- sowie Geschichtsphilosoph Lessing ein wenig kurz wegkommt.

Diesen Bereich betrachtete dann Arno Schilson (Nr. 28), schwerpunktmäßig für die sechziger und siebziger Jahre, des näheren und ließ dabei ebenfalls sachlich-kritische Befunde in resümierende Feststellungen über fachwissenschaftliche Tendenzen und Aufgaben münden.

Guthkes eingehend umfassende Analyse wurde bislang nicht fortgesetzt. Er selbst legte noch zwei kritische Überblicke vor (Nr. 27 und 30), die sich auf ausgewählte zentrale Probleme der jüngsten Zeit konzentrierten: geschärftes Augenmerk für die überkommene Textbeschaffenheit und Kanonisierung der Werke, Neuansätze der Lessing-Forschung im Gefolge der interdisziplinären Aufklärungsforschung, Untersuchungen zur menschlichen und aufklärerisch schriftstellerischen Subjektivität Lessings, Perspektiven der Forschung.

Einen Abriß spezieller Art bietet Thomas Höhle mit einer kritischen Bilanz der marxistischen Lessing-Forschung im Zeichen Mehrings und Rillas (Nr. 29). Es wird dafür plädiert, prägnant bezeichnete nötige Innovationen systematisch auszuführen. Diese Neubesinnung der DDR-Forschung im Gefolge des Jubiläumsjahres 1979 resümiert Wolfgang Albrecht (Nr. 32). Außerdem gibt er anhand ausgewählter deutscher und internationaler Publikationen für die Jahrfünfte 1979-83 und 1984-88 knappe Literaturberichte (Nr. 31 und 33), die aus der Einzelkritik Tendenzen und Desiderate ableiten.

Allerneueste, in den neunziger Jahren eingetretene Entwicklungen sind noch nicht analysiert.

3.3 Biographien, Chroniken und Bildbände

Für die verschiedenartigen Gesamtdarstellungen zu Lessings Leben und Werk gilt ähnliches wie für die Gesamtausgaben: kontinuierliches Erscheinen in Wechselbeziehung namentlich zum Werdegang der germanistischen Literaturwissenschaft, mit relativ frühen Höhepunkten, die zumeist noch keine neuen Äquivalente gefunden haben.

Am Anfang steht die Lessing-Biographie aus der Feder seines Bruders Karl Gotthelf (Nr. 34), der persönliche Kenntnisse und vielerlei Anektdotisches vermitteln konnte, aber kein Systematiker war. Daher finden sich Ungenauigkeiten und Lücken, die selbst den historischen Wert des Buches begrenzen.

Die erste wissenschaftliche Biographie, die zugleich die Epoche der positivistischen, auf Materialsammlung und -sicherung bedachten Germanistik (wie Geisteswissenschaft überhaupt) mit eröffnete, begann Theodor Wilhelm Danzel und schloß nach dessen Tode Gottschalk Eduard Guhrauer ab (Nr. 35). Beide verarbeiteten den zeitgenössischen Forschungsstand, schöpften reichlich aus den Quellen (auch aus ungedruckten Archivalien) und gaben der detaillierten Lebens- und Faktendarstellung (einschließlich des literarhistorischen Umfeldes und der zeitgenössischen Wirkung Lessings) den Vorzug vor Werkinterpretationen. Einige Versehen wurden in einer Neuauflage beseitigt, die die – bis heute bestehende – Nutzbarkeit dieses frühen Standardwerks noch erhöhte.

Von ihm zehrte ein Halbdutzend populärer, teilweise viel auflagenstärkerer Beschreibungen (exemplarisch Nr. 37f.). Sie alle überragt bei weitem der langzeitlich wirksame Lessing-Essay aus Wilhelm Diltheys berühmtem Sammelband *Das Erlebnis und die Dichtung* (Nr. 36). Dilthey leistet eine stringente geistesgeschichtliche Durchdringung des Lessingschen Lebenswerkes, dessen einigende Bedeutsamkeit darin liege: daß es aufklärerisch-bürgerliche Ideale, kulminierend im *Nathan*, gestalte. Die Epoche der Aufklärung wird hier noch in ihrer Eigenständigkeit (und nicht wie von späterer Geistesgeschichte aus verengt klassisch-romantischer Perspektive) wahrgenommen.

Den absoluten Höhepunkt positivistischer Lessing-Biographik bezeichnet das voluminöse Grundlagenwerk von Erich Schmidt (Nr. 39), dem es ganz entschieden darum ging, alle nur irgend relevanten Details zu erfassen und in ihren jeweiligen Zusammenhängen sprachkräftig verlebendigend aufzuzeigen. Umweltbeziehungen und Werkbetrachtungen widmete er sich ausführlicher als seine Vorgänger – allerdings auch mit verstärkter Tendenz, Lessing auf Kosten anderer, seiner Gegner vornehmlich, zu erhöhen und die ideellen Gehalte seiner Schriften über der akkuraten Aufzählung von literarisch-geistigen Quellen, Anregungen und »Parallelstellen« zu vernachlässigen. Gleichwohl entfaltet sich eine singuläre souveräne Gesamtdarstellung, die von entstehungs- bis zu wirkungsgeschichtlichen und von motiv- bis zu kulturgeschichtlichen Problemen reicht.

Ein >moderner Schmidt<, der Lessings Lebenswelten und Tätigkeiten nach Maßgaben und Methoden der jüngeren Aufklärungsforschung analysiert, ist vordringliches Desiderat.

Gegen Schmidt und die von ihm repräsentierte zeitgenössische Lessing-Philologie richtete Franz Mehring seine Streitschrift *Die Lessing-Legende* (Nr. 40), die erste größere literaturgeschichtliche Arbeit auf der Grundlage des historischen Materialismus oder des Marxismus. Die ideologische Vereinnahmung, die Mehring seinen Antipoden vorwarf, vollzog er selbst – unter umgekehrten Vorzeichen: den als Verehrer des Friderizianismus (des preußischen aufgeklärten Absolutismus unter Friedrich II.) Geltenden machte er zum antidespotischen klassenkämpferischen Vorstreiter des Bürgertums und sogar des marxistischen Proletariats, so daß Lessings aktuelle Vorbildhaftigkeit auf seine streitbare Haltung schrumpfte und seine Schriften kurioserweise schier bedeutungslos wurden (s. des näheren Nr. 29, 518 und 525, S. 401-405). Mehr als nur epigonale Nachfolge und Fortführung zeitigte Mehrings Ansatz erst in der DDR; zunächst wurde der Positivismus durch geistesgeschichtliche Betrachtungsweisen abgelöst.

Die Reihe umfassender positivistischer Werkbiographien beschloß Waldemar Oehlke (Nr. 42). Durch eigene Archivstudien erweiterte er die Materialgrundlagen im einzelnen, zugleich systematisierte er Zusammengehöriges, einzelner Lebens- und Schaffensperioden ebenso wie auch durchgehender Interessen Lessings, besser als Schmidt. Ohne insgesamt über ihn hinauszugelangen, verdeutlichte Oehlke genauer die wesentlichen soziokulturellen Hintergründe: vom Theater- und Verlagswesen über die Situation der Juden bis hin zur Freimaurerei und Theologie. Dennoch fanden weiterhin die Religions- und Geschichtsphilosophie sowie die Theologiekritik Lessings geringere Durchdringung als sein sonstiges Denken und Wirken.

Diesem Manko versuchte man von geistesgeschichtlicher Warte her zu begegnen – an sich völlig berechtigt. Nur verlor man sich bei der forcierten Hervorkehrung des Religiösen und Theologischen in einem vagen, vorgeblich »dem deutschen Geist« entsprechenden »Irrationalismus«, der rigide von der Aufklärungsbewegung abgelöst und zu Lessings innerster Wesenheit erklärte wurde. Exemplarisch hierfür: Albert Malte Wagner (Nr. 43).

Modifizierend vorangetrieben wurde diese – stark polemische – Deutungsrichtung nach 1945 von Otto Mann (Nr. 45), insofern er Lessings »Sein und Leistung« nun gänzlich von den historischen Bedingungen zu separieren versuchte. Sie sollten aus sich selbst, aus einem behaupteten überzeitlichen Menschsein heraus zur Vergegenwärtigung gelangen, wurden jedoch von Anfang an mit einem orthodoxen Luthertum ineins gesetzt. Während zu den formalen künstlerischen Aspekten namentlich der Lessingschen Dramatik gewichtige Neueinsichten gelangen, wurde der Fragmentenstreit, sonderlich die Kontroverse mit Goeze, nicht von ungefähr kaum berührt. Ohnehin verwickelte Mann sich bei seinem textfern spekulativen Vorgehen in zahlreiche Widersprüche; und er gab den aufklärerischen Theologiekritiker Lessing letztendlich als einen dezidierten Aufklärungsgegner aus. (Vgl. Nr. 25, S. 32f.; Nr. 441, S. 30-34.)

Anknüpfend an Mehring verfaßte Paul Rilla das exemplarische Lessing-Buch der frühen DDR (Nr. 47), dem indes kein weiterer monographischer Versuch folgte, Lessing als revolutionären Vorkämpfer antichauvinistischer Nationalinteressen für den ostdeutschen Sozialismus zu vereinnahmen – nicht minder ahistorisch und textfern als Otto Mann. Im Unterschied zu Mehring aktualisierte Rilla auch Werkgehalte, wußte aber – abgesehen von *Emilia Galotti* und *Nathan* – ebenfalls mit den Dichtungen am wenigsten anzufangen, was sich lange hemmend auf den Fortgang der ostdeutschen Lessing-Forschung auswirkte. (Vgl. Nr. 518 und 525, S. 409-415; auch Nr. 29.)

Als Novum erschien, im Gefolge der westdeutschen germanistischen Methodendiskussion um 1970 und konzipiert von Wilfried Barner, ein der deutschen aufklärungszeitlichen »Schlüssel-« oder »Zentralgestalt« Lessing gewidmetes, sozialhistorisch akzentuiertes »Arbeitsbuch für den literaturgeschichtlichen Unterricht« (Nr. 51), das mehrere neubearbeitete Auflagen erlebt hat. Es will zu den Werken hinleiten und selbständige Auseinandersetzungen anregen, indem Textanalysen samt kritisch annotierten Literaturhinweisen gegeben und exemplarische Forschungspositionen bezeichnet werden. Unter Einbeziehung der jeweils neuesten Publikationen entwickeln die Autoren ihre eigenen Auffassungen und vermitteln – trotz eines schwer nachvollziehbaren Stillschweigens über Lessings Beitrag zu den *Literaturbriefen* – einen erhellenden Gesamtüberblick über Person, Tätigkeiten, Umweltbezüge und Wirkungsgeschichte.

Dem dort vorgegebenen neuen Standard zeigen sich spätere Biographien und sogenannte Autorenbücher verpflichtet. Dieter Hildebrandt verfaßte eine unkonventionelle essayistische Lebensbeschreibung für größere Leserkreise (Nr. 54). Sie erwuchs genauen Quellen- und Literaturstudien nach Maßgabe des Leitaspekts bürgerlich-aufklärerischer Emanzipation; dieser eint originelle Blicke auf die wichtigsten Lebensstationen und eine knappere Werkbetrachtung, die sich jeweils einer bestimmten Forschungsposition anschließt. Als äußerst konsequenter Beförderer der Aufklärung wird Lessing in einer englischsprachigen Darstellung von Edward M. Batley (Nr. 59) vorgeführt. Sie ist, nach einem einleitenden biographischen Überblick, auf drei Bereiche konzentriert, die informations- und gedankenreich zum Zentrum des Lessingschen Wirkens hinführen: Theater, Kritik, Religion. Ein essayistisches Autorenbuch von Dietrich Harth (Nr. 60) thematisiert die Widersprüchlichkeiten und Paradoxien Lessings, die in jüngerer Zeit differenziert hervorgekehrt wurden; ansonsten bekümmert sich der Autor nicht viel um die Fachwissenschaft – was der Durchführung seines Ansatzes aber keineswegs zum Nachteil gereicht.

Von mehreren Einführungen in Lessings Leben und Werk seien nur die wichtigsten genannt. An Leser des englischsprachigen Raumes wendet sich Henry B. Garland (Nr. 44), der Lessings Schriften recht detailliert als Entfaltungen literarischer Kritik vorstellt. Deren Integretität steht ihm außer Zweifel, und so obwaltet eine gewisse Harmonisierung, die heute fragwürdig erscheint: im Lichte jüngerer Einsichten über Zwiespältigkeiten besonders der Literaturkritik engeren Sinnes und der Strategie der größeren Kontroversen (vgl. z.B. Nr. 297 und die Hauptvorträge in Nr. 132). Eine zeitgemäße, ebenso knappe wie informative Heranführung bietet Jürgen Jacobs (Nr. 58). Den prägnantesten neueren Kurzüberblick vermittelt Horst Steinmetz (Nr. 53).

Nach wie vor lesenswerte biographische Einzelstudien, die in produktiver Anverwandlung positivistischer Traditionen verschiedene Sachkorrekturen und Kenntnisgewinne mitteilen, hat Heinrich Schneider jahrelang betrieben und zu einem gewichtigen Sammelband vereint (Nr. 119). Darauf aufbauend hat Karl S. Guthke zu seinem Neuansatz einer »inneren Biographie« einige grundlegende Vorarbeiten geleistet, die sich dem Glücksspieler Lessing widmen (Nr. 52).

Neben einer populären kleinen Bildbiographie (Nr. 46) gibt es eine anspruchsvollere, ediert von Kurt Wölfel (Nr. 50), die zudem exemplarische Dokumente der frühen Wirkungsgeschichte und eine kurze Datenübersicht enthält. Die erste separate Lessing-Chronik, von Gert Hillen (Nr. 55), ist zwar ein wenig umfassender, aber nicht fehlerfrei. Zitatenreichere und genauere, dafür enger unter theatergeschichtlichem Blickwinkel ausgewählte Angaben macht Getrud Rudloff-Hille (Nr. 56). Ergänzend kann eine Spezialchronik herangezogen werden: zu den Aufführungen Lessingscher Dramen bis 1789, bearbeitet von Ursula Schulz (Nr. 534). Eine dem aktuellen Kenntnisstand gemäß lückenlose und exakte Chronik fehlt.

4. Auswahlbibliographie

Zu den Abkürzungen und Siglen siehe S. VII.

4.1 Editionen, Editionskritik, Handschriftenverzeichnisse

01 Werke. 20 Bde. Berlin o.J. (1868-79)
02 Sämtliche Schriften. Hg. v. Karl Lachmann. 3., aufs neue durchges. u.
    verm. Aufl., bes. durch Franz Muncker. 23 Bde. Stuttgart, [ab Bd 12:]
    Leipzig, [ab Bd 22:] Berlin, Leipzig 1886-1924. (Repr.: Berlin 1968).
    – Separatdruck: Briefe v. u. an GEL. In 5 Bdn. Hg. v. Franz Muncker.
    Leipzig 1904-7.
03 Werke. Vollständige Ausg. in 25 Tln. Hg. mit Einleitungen u. Anmer-
    kungen sowie e. Gesamtreg. vers. v. Julius Petersen u. Waldemar v.
    Olshausen. 20 Bde u. 5 Erg.-Bde. Berlin o.J. (1925-35). (Repr.: Hil-
    desheim 1970.)
04 Gesammelte Werke in 10 Bdn. Hg. v. Paul Rilla. Berlin 1954-58.
    (²1968.) – Auch: Darmstadt 1954-58.
05 Werke. Hg. v. Herbert G. Göpfert. 8 Bde. München 1970-78.
06 Werke und Briefe in 12 Bdn. Hg. v. Wilfried Barner. Frankfurt/M.
    1985ff. (Bis Ende 1995 erschienen: Bd 1, 5/1-2, 6, 8, 9, 11/1-2, 12.
    Geplant 1 Zusatzbd mit L-Biographie v. W. Barner u. Register.)
07 Biedermann, Flodoard Freiherr v.: GELs Gespräche nebst sonstigen
    Zeugnissen aus seinem Umgang. Berlin 1924.
08 Daunicht, Richard: L im Gespräch. Berichte u. Urteile v. Freunden u.
    Zeitgenossen. München 1971.

* * *

09 [Rilla, Paul:] Vorbemerkungen des Herausgebers. In: Nr. 04, Bd 1, S.
    5-35. – Separat u.d.T: L-Ausgaben. Zur philolog. u. hist. Methode.
    In: Aufbau 10, 1954, S. 607-621.
10 Rölleke, Heinz: Paul Rilla (L) u. Hans-Günther Thalheim (»Des Kna-
    ben Wunderhorn«). Beispiele für Sachkommentierungen in der DDR
    erschienener Editionen. In: Probleme der Kommentierung. Hg. v.
    Wolfgang Frühwald. Boppard 1975. S. 121-143.
11 Boghardt, Martin: Zur Textgestalt der »Minna von Barnhelm«. In:
    WSA 2, 1975, S. 200-222.
12 Milde, Wolfgang: Textkrit. Anmerkungen zu drei L.briefen. Zur Zu-
    verlässigkeit der Textwiedergabe. In: LY 17, 1985, S. 133-146.

* * *

13 Carl Robert Lessings Bücher- u. Handschriftensammlung. Hg. v. Gotthold Lessing. Bd 1. Berlin 1914.

14 Butzmann, Hans: Ls bürgerl. Trauerspiel »Tonsine«. Betrachtungen zu e. bisher verschollenen Entwurf. In: JbFDH 1966, S. 109-118. (Erstdruck mit Faks. der Hs.)

15 Milde, Wolfgang: Einige Bemerkungen über Ls gelehrten Nachlaß. In: Nr. 123, S. 211-220.

16 Ders.: Ls »Amtsbriefe« als Sekretär des preuß. Generals v. Tauentzien. Ihre früheren u. heutigen Aufbewahrungsorte. In: Jb. f. brandenburgische Landesgesch. 32, 1981, S. 53-70.

17 Ders.: Gesamtverzeichnis der L-Handschriften. Bd 1. Heidelberg 1982. (Noch geplant Bd 2.)

18 Reynolds, John F. u. Dieter Matthes: GEL: »Zur Geschichte der Aesopischen Fabel«. Ein Fragment, aufgefunden u. kommentiert. In: LY 19, 1987, S. 1-27. (Erstdruck mit Faks. der Hs.)

4.2 Bibliographien, Forschungs- und Literaturberichte

19 [Muncker, Franz:] Verzeichnis der Drucke v. Ls Schriften 1747-1919. [Und] Nachträge. In: Nr. 02, S. 315-807.

20 Seifert, Siegfried: L-Bibliographie. Berlin, Weimar 1973.

21 Kuhles, Doris: L-Bibliographie 1971-1985. Unter Mitarb. v. Erdmann v. Wilamowitz-Moellendorff. Berlin, Weimar 1988.

* * *

22 Wiese, Benno v.: Dichtung u. Geistesgeschichte des 18. Jhs. Eine Problem- u. Literaturschau. [Abschn.] 4. L. In: DVjs 12, 1934, S. 470-478.

23 Mann, Otto: Neue L.forschung. In: ZfdPh 59, 1935, S. 374-380.

24 Wagner, Albert Malte: A century of research on L. In: Modern Languages 25, 1943-44, S. 5-19.

25 Guthke, Karl S.: Der Stand der L-Forschung. Ein Bericht über die Literatur v. 1932-1962. Stuttgart 1965. (Zuerst in: DVjs 38, 1964, Sonderh., S. 68-169.)

26 Liepert, Anita: L-Bilder. Zur Metamorphose d. bgl. L.forschung. In: Dt. Zs. f. Philosophie 19, 1971, S. 1318-1330.

27 Guthke, Karl S.: Grundlagen der L.forschung. Neuere Ergebnisse, Probleme, Aufgaben. In: WSA 2, 1975, S. 10-46.

28 Schilson, Arno: L u. die Aufklärung. Notizen zur Forschung. In: Theologie u. Philosophie 54, 1979, S. 379-405.

29 Höhle, Thomas: Mehring, Rilla u. Entwicklungsprobleme der marxist. L.forschung. In: WB 26, 1980, H. 3, S. 5-31. – Dass. in: Nr. 125, Bd 1, S. 11-44.

30 Guthke, Karl S.: Aufgaben der L-Forschung heute. Unvorgreifliche Folgerungen aus neueren Interessenrichtungen. In: Nr. 524, S. 131-160. – Dass. u.d.T.: L zwischen heute u. morgen. Expeditionen in die Region der offenen Fragen. In: Nr. 126, S. 9-36.

31 Albrecht, Wolfgang: L-Forschung 1979-1983. Ein Lit.bericht auf der Grundlage ausgew. Buchpublikationen aus der BRD u. den USA. In: WB 31, 1985, S. 670-679.

32 Ders.: L.forschung in der DDR seit 1979. In: Erbepflege in Kamenz, H. 7, 1987, Beilage, S. 1-7.

33 Ders.: L-Forschung 1984-1988. Ein Lit.bericht auf der Grundl. ausgew. Buchpublikationen. In: WB 36, 1990, S. 1164-1180.

4.3 Leben und Werk insgesamt und einzelne Perioden

34 Lessing, Karl Gotthelf: GELs Leben, nebst seinem noch übrigen lit. Nachlasse. Th. 1. Berlin 1793. (Repr. on demand: Ann Arbor 1980.) – Neuausg.: Hg. v. Otto F. Lachmann. Leipzig 1888.

35 Danzel, Theodor Wilhelm u. Gottschalk Eduard Guhrauer: GEL, sein Leben u. seine Werke. 2 Bde. Leipzig 1849-54. (Neue Ausg. 1856.) – 2. berichtigte u. verm. Aufl. Hg. v. Wendelin v. Maltzahn u. Robert Boxberger. 2 Bde. Berlin 1880-81.

36 Dilthey, Wilhelm: Über GEL. In: Preußische Jbb. 19, 1867, S. 117 bis 161 u. 271-294. – Dass., erweit. u.d.T.: GEL. In: W. D.: Das Erlebnis u. die Dichtung. L – Goethe – Novalis – Hölderlin. Leipzig 1906, S. 1-136. ([16]1985.)

37 Stahr, Adolf: GEL. Sein Leben u. seine Werke. 2 Bde. Berlin 1859. ([9]1887; engl.: Boston 1866.)

38 Düntzer, Heinrich: Ls Leben. Leipzig 1882.

39 Schmidt, Erich: L. Geschichte seines Lebens u. seiner Schriften. 2 Bde. Berlin 1884-92. ([4]1923; Repr.: Hildesheim 1983.)

40 Mehring, Franz: Die L-Legende. Eine Rettung. Stuttgart 1893. ([9]1926; v. mehreren Neuausgaben die wichtigste: Hg. v. Hans Koch. Berlin 1963; [3]1983.)

41 Buchholtz, Arend: Die Geschichte der Familie Lessing. 2 Bde. Berlin 1909.

42 Oehlke, Waldemar: L u. seine Zeit. 2 Bde. München 1919. ([2]1929.)

43 Wagner, Albert Malte: L. Das Erwachen des deutschen Geistes. Leipzig, Berlin 1931.

44 Garland, Henry B.: L. The founder of modern German literature. Cambridge, London 1937. ([2]1962.)

45 Mann, Otto: L. Sein u. Leistung. Hamburg 1949. ([3]1965.)

46 GEL 1729-1781. Sein Leben in Bildern. Zusammengest. v. Ursula Heilmann. Leipzig 1954.

47 Rilla, Paul: L u. sein Zeitalter. In: Nr. 04, S. 5-454. – Separat: Berlin 1960. ([2]1981; auch: München 1973, [2]1977.)

48 Drews, Wolfgang: GEL in Selbstzeugnissen u. Bilddokumenten. Reinbek 1962. ([24]1995.)

49 Ritzel, Wolfgang: GEL. Stuttgart 1966. – Dass. u.d.T.: L. Dichter, Kritiker, Philosoph. München 1978.

50 Ls Leben u. Werk in Daten u. Bildern. Hg. v. Kurt Wölfel. Frankfurt/M. 1967.

51 Barner, Wilfried [u.a.]: L. Epoche – Werk – Wirkung. München ⁵1987. (Zuerst 1975.)

52 Guthke, Karl S.: Der Glücksspieler als Autor. Überlegungen zur »Gestalt« Ls im Sinne der inneren Biographie. In: Euphorion 71, 1977, S. 353-382. – Dass. u.d.T.: Der Philosoph im Spielkasino. Ls innere Biographie. In: K. S. G.: Das Abenteuer der Literatur. Studien zum lit. Leben der deutschspr. Länder v. der Aufklärung bis zum Exil. Bern, München 1981, S. 94-122.

53 Steinmetz, Horst: GEL. In: Deutsche Dichter des 18. Jhs. Ihr Leben und Werk. Hg. v. Benno v. Wiese. Berlin 1977, S. 210-248.

54 Hildebrandt, Dieter: L. Biographie e. Emanzipation. München, Wien 1979. (Auch: Frankfurt/M. 1982; Gütersloh 1982; Reinbek 1990.)

55 Hillen, Gerd: L-Chronik. Daten zu Leben u. Werk. München, Wien 1979.

56 Rudloff-Hille, Gertrud: GELs Lebensweg. Kurzgefaßte Chronik aus Zitaten u. Kommentaren. Kamenz 1982.

57 Dies.: Die authentischen Bildnisse GELs. Zusammenfassende Darstellung der bis heute bekannt gewordenen L-Porträts. Kamenz 1983. (²1991.)

58 Jacobs, Jürgen: L. Eine Einführung. München, Zürich 1986.

59 Batley, Edward M.: Catalyst of enlightenment GEL. Productive criticism of 18th-century Germany. Bern 1990.

60 Harth, Dietrich: GEL oder die Paradoxien der Selbsterkenntnis. München 1993.

* * *

61 Peter, Hermann: Das Urkundliche über GELs Aufenthalt auf der Landesschule St. Afra 1741-1746. In: Archiv f. Litteraturgesch. 10, 1881, S. 285-308. – Auch in: Mitteilungen des Vereins f. Gesch. der Stadt Meißen, Bd. 7, 1906, S. 63-75.

62 Schwabe, Ernst: Das Lyceum zu Kamenz in der Oberlausitz zur Zeit v. GELs Schülerjahren. In: Neue Jbb. f. Pädagogik 5, 1902, S. 27-44.

63 Witkowski, Georg: Geschichte des literar. Lebens in Leipzig. Leipzig 1909.

64 Hoppe, Karl: Das Geistesleben in Braunschweig zur Zeit Ls. Braunschweig 1929.

65 Roloff, Ernst August: L u. das Collegium Carolinum zu Braunschweig. Braunschweig 1929.

66 Schneider, Heinrich: L u. Wolfenbüttel. In: Nr. 119, S. 53-73.

67 Briegleb, Klaus: Ls Anfänge 1742-1746. Zur Grundlegung krit. Sprachdemokratie. Frankfurt/M. 1971.

68 Kopitzsch, Franklin: L u. Hamburg. Aspekte u. Aufgaben der Forschung. In: WSA 2 u. 3, 1975 u. 1976, S. 47-120 u. 273-325.

69 Hagen, Rolf: GEL in Braunschweig. In: Brunswiek 1031 – Braunschweig 1981. Hg. v. Gerd Spies. Braunschweig 1981, S. 615-639.

70 Kopitzsch, Franklin: Grundzüge e. Sozialgesch. der Aufklärung in Hamburg u. Altona. Hamburg 1982. (²1990.)

71 Raabe, Paul: Ls letztes Lebensjahrzehnt. Überlegungen zu e. Forschungsaufgabe. In: Nr. 126, S. 103-120.

72 Hermsdorf, Klaus: Literar. Leben in Berlin. Aufklärer u. Romantiker. Berlin 1987.

73 Goldenbaum, Ursula: L in Berlin. In: Aufklärung in Berlin. Hg. v. Wolfgang Förster. Berlin 1989, S. 274-296.

74 Eine Reise der Aufklärung. L in Italien 1775. Hg. v. Lea Ritter Santini. 2 Bde. Berlin 1993.

4.4 Persönliche und geistige Beziehungen

75 L u. der Kreis seiner Freunde. Hg. v. Günter Schulz. Heidelberg 1983.

* * *

76 Röpe, Georg Reinhard: Johann Melchior Goeze. Eine Rettung. Hamburg 1860.

77 Boden, August: L u. Goeze. Leipzig, Heidelberg 1862.

78 Schmid, Herman von: L und Ekhof. Eine theatergeschichtl. Skizze. Programm. München 1879.

79 Muncker, Franz: Ls persönl. u. lit. Verhältnis zu Klopstock. Frankfurt/M. 1880.

80 Reden-Esbeck, Friedrich Johannes v.: Caroline Neuber und ihre Zeitgenossen. Leipzig 1881.

81 Schüddekopf, Carl: Karl Wilhelm Ramler bis zu seiner Verbindung mit L. Wolfenbüttel 1886.

82 Kundt, Ernst: L u. der Buchhandel. Heidelberg 1907.

83 Trillmilch, Rudolf: Christlob Mylius. Ein Beitrag zum Verständnis seines Lebens u. seiner Schriften. Halle/S. 1914.

84 Becker, Carl: Der Grenadier [Gleim] u. seine Freunde. Eine Studie. Halberstadt 1919.

85 Walzel, Oskar: Der Kritiker L u. Shakespeare. In: Shakespeare-Jb. 65, 1929, S. 23-48.

86 Friedrich, Hugo: Ls Kritik u. Mißverständnis der frz. Klassik. In: Zs. f. Dt. Bildung 7, 1931, S. 601-611.

87 Aronson, Alexander: L et les classiques françaises. Montpellier 1935.

88 Vail, Curtis C. D.: Ls relation to English language and literature. New York, London 1936. (Repr. 1968.)

89 Sasse, Hannah: Friedericke Caroline Neuber. Versuch e. Neubewertung. Diss. Freiburg/Br. 1937.

90 Kommerell, Max: L u. Aristoteles. Untersuchung über die Theorie der Tragödie. Frankfurt/M. 1940. (⁴1970.)

91 Rehm, Walther: Winckelmann und L. Berlin 1941. – Dass. in: W. R.: Götterstille u. Göttertrauer. Aufsätze zur dt.-antiken Begegnung. Bern 1951, S. 183-201.

92 Franzbach, Martin: Ls Huarte-Übersetzung. Hamburg 1965.

93 Hinck, Walter: Das dt. Lustspiel des 17. u. 18. Jhs u. die ital. Komödie. Stuttgart 1965.

94 Berg, Gunter: Die Selbstverlagsidee bei dt. Autoren im 18. Jh. In: Archiv f. Gesch. des Buchwesens 6, 1966, Sp. 1371-1396.

95 Zingg, Peter Ulrich: L u. das Theater Voltaires. Zürich 1966.

96 Mortier, Roland: Diderot in Dtl. 1750-1850. Stuttgart 1967. – Neue Ausg. 1972.

97 Schalk, Fritz: L u. die frz. Aufklärung. In: Nr. 121, S. 148-167. – Dass. in: F. S.: Studien zur frz. Aufklärung. Frankfurt/M. ²1977, S. 340 bis 361.

98 Brüggemann, Diethelm: Die sächsische Komödie. Studien zum Sprachstil. Köln, Wien 1970.

99 Batley, Edward M.: Rational and irrational elements in L's Shakespeare criticism. In: The Germanic Review 45, 1970, S. 5-25.

100 Hermann Samuel Reimarus (1694-1768), ein »Bekannter Unbekannter« der Aufklärung in Hamburg. Göttingen 1973.

101 Altmann, Alexander: Moses Mendelssohn. A biographical study. London 1973. – Auch: Philadelphia 1973.

102 Barner, Wilfried: Produktive Rezeption. L u. die Tragödien Senecas. München 1973.

103 Möller, Horst: Aufklärung in Preußen. Der Verleger, Publizist u. Geschichtsschreiber Friedrich Nicolai. Berlin 1974.

104 Guthke, Karl S.: Der junge L als Kritiker Gottscheds und Bodmers. In: K. S. G.: Lit. Leben im 18. Jh. in Dtl. u. in der Schweiz. Bern, München 1975, S. 24-71 u. 364-369.

105 Kopitzsch, Franklin: GEL u. Hamburgs Gelehrte 1767-1781. In: Gelehrte in Hamburg im 18. u. 19. Jh. Hg. v. Hans-Dieter Loose. Hamburg 1976, S. 11-55.

106 Riedel, Volker: L u. die römische Literatur. Weimar 1976.

107 Nisbet, Hugh B.: L and Pierre Bayle. In: Tradition and creation. Essays in honour of Elizabeth Mary Wilkinson. Ed. by C. P. Magill. Leeds 1978, S. 13-29.

108 Stellmacher, Wolfgang: Herders Shakespeare-Bild. Berlin 1978, S. 5-94: Die dt. Shakespeare-Kritik vor Herder.

109 Schoeps, Julius H.: Moses Mendelssohn. Königstein/Ts. 1979.

110 Steinmetz, Horst: Literaturgesch. u. Sozialgesch. in widersprüchl. Verschränkung. Das Hamburger Nationaltheater. In: IASL 4, 1979, S. 24-36.

111 Göbel, Helmut: L u. Cardano. Ein Beitrag zu Ls Renaissance-Rezeption. In: Aufklärung u. Humanismus. Hg. v. Richard Toellner. Heidelberg 1980, S. 167-186.

112 Höhle, Thomas: Der Gesang vom König u. das Märchen vom blutigen Tiger. Zum Thema: L u. Preußen. In: Goethe-Jb. 98, 1981, S. 49 bis 61.

113 Guthke, Karl S.: L, Shakespeare u. die dt. Verspätung. In: Nr. 128, S. 138 bis 150. – Dass. in: K. S. G.: Die Entdeckung des Ich. Tübingen 1993, S. 39-53.

114 Runset, Ute van: L u. Voltaire, ein Mißverständnis? In: Nr. 128, S. 257-269.

115 Werner, Hans-Georg: Ls janusgesichtiger Luther. In: Nr. 128, S. 37 bis 52.

116 Mettler, Heinrich: Ls unabdingbares Bedürfnis, mit Freunden zu disputieren. In: Nr. 75, S. 15-32.

117 Baasner, Rainer: Abraham Gotthelf Kästner. Aufklärer (1719-1800). Tübingen 1991.

118 Barner, Wilfried: Autorität u. Anmaßung. Über Ls polemische Strategien, vornehmlich im antiquarischen Streit. In: Nr. 132, S. 15-37. (Zum Klotz-Streit.)

4.5 Sammel- und Konferenzbände

119 Schneider, Heinrich: L. 12 biograph. Studien. Bern 1951. (Auch: Salzburg 1950; München 1951.)

120 GEL. Hg. v. Gerhard u. Sibylle Bauer. Darmstadt 1968. ²1986.

121 L u. die Zeit der Aufklärung. Göttingen 1968.

122 Durzak, Manfred: Poesie und Ratio. Vier L-Studien. Bad Homburg 1970.

123 L in heutiger Sicht. Beiträge zur Internationalen L-Konferenz Cincinnati, Ohio 1976. Hg. v. Edward P. Harris u. Richard E. Schade. Bremen, Wolfenbüttel 1977.

124 Beiträge zur L-Konferenz 1979. Hg. v. Günter Hartung. Halle/S. 1979.

125 L-Konferenz Halle 1979. Hg. v. Hans-Georg Werner. 2 Bde. Halle/S. 1980.

126 Humanität u. Dialog. L u. Mendelssohn in neuer Sicht. Hg. v. Ehrhard Bahr. Detroit, München 1982.

127 Jens, Walter: In Sachen L. Vorträge u. Essays. Stuttgart 1983.

128 Nation u. Gelehrtenrepublik. L im europ. Zsh. Hg. v. Wilfried Barner u. Albert M. Reh. Detroit, München 1984.

129 L u. die Toleranz. Hg. v. Peter Freimark. Detroit 1986.

130 Michelsen, Peter: Der unruhige Bürger. Studien zu L u. zur Literatur des 18. Jhs. Würzburg 1990.

131 Albrecht, Wolfgang: Streitbarkeit und Menschlichkeit. Studien zur literar. Aufklärung Ls. Stuttgart 1993.

132 Streitkultur. Strategien des Überzeugens im Werk Ls. Hg. v. Wolfram Mauser u. Günter Saße. Tübingen 1993.

4.6 Thematische Studien

Übersicht: Ästhetik (Nr. 133-137); Aufklärung, Vernunft (Nr. 138-147); Bibliothekar Lessing (Nr. 148-152); Dramatik (Nr. 153-188); Epigrammatik, Lyrik (Nr. 189-193); Fabeln und Schriften zur Fabel (Nr. 194-208); Freimaurerei

(Nr. 209-212); Gelehrsamkeit, Gelehrtentum (Nr. 213ff.); Geschichte, Geschichtsauffassung (Nr. 216 ff.); Judentum (Nr. 219-223); Kritik, Polemik, Streitkultur (Nr. 224-236); Philosophie, Spinozismus, Weltanschauung (Nr. 237-246); Poetik, Rhetorik, Sprache (Nr. 247-252); Religion, Theologie, Fragmentenstreit (Nr. 253-273); Theater (Nr. 274-279); Toleranz (Nr. 280ff.); Zeitschriften (Lessing als Mitarbeiter und Herausgeber) (Nr. 283-290)

Ästhetik

133 May, Kurt: Ls u. Herders kunsttheoret. Gedanken in ihrem Zusammenhang. Berlin 1923. (Repr.: Nendeln 1967.)

134 Nivelle, Armand: Kunst- u. Dichtungstheorien zw. Aufklärung u. Klassik. Berlin 1960.

135 Seppelfricke, Agnes: Die systemat. Einheit der Ansätze Ls zu Ästhetik, Religions- u. Geschichtstheorie. Bonn 1984.

136 Schmidt, Jochen: Die Geschichte des Genie-Gedankens in der dt. Literatur, Philosophie u. Politik 1750-1945. Bd. 1. Darmstadt 1985, (^{2}1988), S. 69-95.

137 Wessell, Leonard P.: »Handlung« as the »Geist« of L's aesthetic thinking. In: LY 19, 1987, S. 115-138.

Aufklärung, Vernunft

138 Arntzen, Helmut: Dichtung als Aufklärung. Versuch über GEL. In: Neue Dt. Hefte 9, 1961-62, 5, S. 28-48.

139 Oelmüller, Willi: Die unbefriedigte Aufklärung. Beiträge zu e. Theorie der Moderne v. L, Kant u. Hegel. Frankfurt/M. 1969. (^{2}1979.)

140 Bollacher, Martin: L. Vernunft u. Geschichte. Untersuchungen zum Problem religiöser Aufklärung in den Spätschriften. Tübingen 1978.

141 Heftrich, Eckhard: Ls Aufklärung. Zu den theol.-phil. Spätschriften. Frankfurt/M. 1978.

142 Kondylis, Panajotis: Die Aufklärung im Rahmen des neuzeitl. Rationalismus. Stuttgart 1981. (Zu L bes. S. 595-615.)

143 Thielicke, Helmut: Vernunft u. Existenz bei L. Das Unbedingte in der Geschichte. Göttingen 1981.

144 Werner, Hans-Georg: Die Chancen der aufklär. Humanität. Zur geistig-sozialen Situation des Schriftstellers L. In: Tijdschrift voor de studie van de verlichting en van het vrije denken 10, 1982, Nr. 1-3, S. 141 bis 150. – Dass. in: H.-G. W.: Text u. Dichtung – Analyse u. Interpretation. Berlin, Weimar 1984, S. 95-106.

145 Desch, Joachim: Vernünfteln wider die Vernunft. Zu Ls Begriff e. konsequenten Rationalismus. In: Nr. 126, S. 133-141.

146 Strohschneider-Kohrs, Ingrid: Vernunft als Weisheit. Studien zum späten L. Tübingen 1991.

147 Albrecht, Wolfgang: Zuarbeiten für die »Zeit der Vollendung«. Ls Konzeptionen u. Versuche literar. Aufklärung. In: Nr. 131, S. 97-138.

148 Schneider, Heinrich: Ls bibliothekar. Arbeit. In: Nr. 119, S. 74-93.

149 Milde, Wolfgang: Studien zu Ls Bibliothekariat in Wolfenbüttel. Bücherausleihe u. Büchererwerbung. In: LY 1 u. 2, 1969 u. 1970, S. 99 bis 125 u. 162-180.

150 Sonntag, Lothar: Ls Bibliothekariat in Wolfenbüttel. Versuch e. krit. Aufrechnung zur L-Ehrung 1981. In: Zentralblatt f. Bibliothekswesen 95, 1981, S. 357-372 u. 395-400.

151 Hillesheim, Jürgen: Eine Station der Aufklärung. GELs Wolfenbütteler Bibliothekariat. In: Bibliothek u. Wissenschaft 24, 1990, S. 76-89.

152 Reifenberg, Bernd: L u. die Bibliothek. Wiesbaden 1995.

Dramatik

153 Fischer, Kuno: GEL als Reformator der dt. Literatur. 2 Bde. Stuttgart 1881.

154 Eloesser, Arthur: Das Bürgerl. Drama. Seine Geschichte im 18. u. 19. Jh. Berlin 1898. (Repr.: Genève 1970.)

155 Brüggemann, Fritz: Ls Bürgerdramen u. der Subjektivismus als Problem. Psychogenet. Untersuchung. In: JbFDH 1926, S. 69-110. – Dass. in: Nr. 120, S. 83-126.

156 Seelgen, Theodor: Ls jambische Dramenfragmente. Berlin 1930. (Repr.: Nendeln 1967.)

157 Rempel, Hans: Tragödie u. Komödie im dramat. Schaffen Ls. Berlin 1935. (Repr.: Darmstadt 1967.)

158 Wiese, Benno v.: Die dt. Tragödie v. L bis Hebbel. Hamburg 1948. (⁸1973. Auch: München 1983.)

159 Daunicht, Richard: Die Entstehung des bgl. Trauerspiels in Dtl. Berlin 1963. (²1965).

160 Pikulik, Lothar: »Bgl. Trauerspiel« u. Empfindsamkeit. Köln, Graz 1966. (²1981.)

161 Wierlacher, Alois: Das bgl. Drama. Seine theoret. Begründung im 18. Jh. München 1968.

162 Hillen, Gerd: Die Halsstarrigkeit der Tugend. Bemerkungen zu Ls Trauerspielen. In: LY 2, 1970, S. 115-134.

163 Guthke, Karl S.: Das dt. bgl. Trauerspiel. Stuttgart 1972. (⁴1984.)

164 Schröder, Jürgen: GEL. Sprache u. Drama. München 1972.

165 Seeba, Hinrich C.: Die Liebe zur Sache. Öffentliches u. privates Interesse in Ls Dramen. Tübingen 1973.

166 Szondi, Peter: Die Theorie des bgl. Trauerspiels im 18. Jh. Der Kaufmann, der Hausvater u. der Hofmeister. Hg. v. Gert Mattenklott. Frankfurt/M. 1973. (⁶1986.)

167 Hoensbroech, Marion Gräfin: Die List der Kritik. Ls krit. Schriften u. Dramen. München 1976.

168 Nolle, Rolf Werner: Das Motiv der Verführung. Verführer u. »Verführte« als dramat. Entwürfe moral. Weltordnung in Trauerspielen v. Gryphius, Lohenstein u. L. Stuttgart 1976.

169 Neuhaus-Koch, Ariane: GEL. Die Sozialstrukturen in seinen Dramen. Bonn 1977.

170 Neumann, Peter Horst: Der Preis der Mündigkeit. Über Ls Dramen. Stuttgart 1977.

171 Nölle, Volker: Subjektivität u. Wirklichkeit in Ls dramat. u. theol. Werk. Berlin 1977.

172 Janz, Rolf-Peter: »Sie ist die Schande ihres Geschlechts«. Die Figur der femme fatale bei L. In: JbDSG 23, 1979, S. 207-221.

173 Schings, Hans-Jürgen: Der mitleidigste Mensch ist der beste Mensch. Poetik des Mitleids von L bis Büchner. München 1980.

174 Reh, Albert M.: Die Rettung der Menschlichkeit. Ls Dramen in literaturpsycholog. Sicht. Bern, München 1981.

175 Albert, Claudia: Der melancholische Bürger. Ausbildung bgl. Deutungsmuster im Trauerspiel Diderots u. Ls. Frankfurt/M. 1983.

176 Stellmacher, Wolfgang: Diderot, L u. das bgl. Drama. In: Impulse 6, 1983, S. 117-147.

177 Ders.: Ls frühe Komödien im Schnittpunkt europ. Traditionen des Lustspiels. In: Parallelen u. Kontraste. Studien zu lit. Wechselbeziehungen in Europa zw. 1750 u. 1850. Hg. v. Hans-Dietrich Dahnke. Berlin, Weimar 1983, S. 39-72.

178 Wehrli, Beatrice: Kommunikative Wahrheitsfindung. Zur Funktion der Sprache in Ls Dramen. Tübingen 1983.

179 Eibl, Karl: Bürgerl. Trauerspiel. In: Aufklärung. Ein literaturwiss. Studienbuch. Hg. v. Hans-Friedrich Wessels. Königstein/Ts. 1984, S. 66 bis 87.

180 Sørensen, Bengt Algot: Herrschaft u. Zärtlichkeit. Der Patriarchalismus u. das Drama im 18. Jh. München 1984. S. 65-100.

181 Albrecht, Wolfgang: »Was ist ein Held ohne Menschenliebe!« Bgl. Trauerspiel u. Humanität bei L. In: WB 31, 1985, S. 1941-1965. – Dass. überarb. in: Nr. 131, S. 7-36.

182 Pütz, Peter: Die Leistung der Form. Ls Dramen. Frankfurt/M. 1986.

183 Ter-Nedden, Gisbert: Ls Trauerspiele. Der Ursprung des modernen Dramas aus dem Geist der Kritik. Stuttgart 1986.

184 Ls Dramen. Interpretationen. Stuttgart 1987. (²1991. ³1994.)

185 Günter Saße: Die aufgeklärte Familie. Untersuchungen zur Genese, Funktion u. Realitätsbezogenheit des familialen Wertsystems im Drama der Aufklärung. Tübingen 1988.

186 Lorey, Christoph: Ls Familienbild im Wechselbereich v. Gesellschaft u. Individuum. Bonn, Berlin 1992.

187 Mönch, Cornelia: Abschrecken oder Mitleiden. Das dt. bgl. Trauerspiel im 18. Jh. Versuch e. Typologie. Tübingen 1993.

188 Pracht-Fitzell, Ilse: Blendung u. Wandlung. Ls Dramen in psycholog. Sicht. New York, Frankfurt/M. 1993.

Epigrammatik, Lyrik

189 Heuschkel, Walter: Untersuchungen über Ramlers u. Ls Bearbeitung v. Sinngedichten Logaus. Jena 1901. – Dass. Leipzig 1902.

190 Zeman, Herbert: Die dt. anakreontische Dichtung. Ein Versuch zur Erfassung ihrer ästhet. u. literarhist. Erscheinungsformen im 18. Jh. Stuttgart 1972.
191 Becker, Hans Dieter: Untersuchungen zum Epigramm Ls. Düsseldorf 1973.
192 Woessner, Hans Peter: L u. das Epigramm. Neuhausen 1978.
193 Orlik, Franz: Der junge L – ein Anakreontiker? Zur aufklärer. Perspektive seiner Weinlyrik. In: Literatur in Wissenschaft u. Unterricht 27, 1994, 2, S. 67-78.

Fabeln und Schriften zur Fabel

194 Sternbach, Leo: Ls Anmerkungen zu den Fabeln des Aesop krit. beleuchtet. In: Wiener Studien 17, 1895, S. 31-102.
195 Gottwald, Heinrich: Ls Fabel als Kunstwerk. Bonn 1949. (Diss. masch.)
196 Ott, Karl-August: L u. La Fontaine. Von dem Gebrauch der Tiere in der Fabel. In: GRM 9, 1959, S. 235-266. – Dass. in: Fabelforschung. Hg. v. Peter Hasubek. Darmstadt 1983, S. 165-206.
197 Thalheim, Hans-Günther: Zu Ls Fabeln. In: H.-G. T.: Zur Literatur der Goethezeit. Berlin 1969, S. 9-37.
198 Dithmar, Reinhard: Die Fabel. Geschichte, Struktur, Didaktik. Paderborn 1971. (⁷1988.)
199 Bauer, Gerhard: Der Bürger als Schaf u. als Scherer. Sozialkritik, pol. Bewußtsein u. ökon. Lage in Ls Fabeln. In: Euphorion 67, 1973, S. 24 bis 51. – Dass. in: Fabelforschung. Hg. v. Peter Hasubek. Darmstadt 1983, S. 260-297.
200 Eichner, Siglinde: Die Prosafabel Ls in seiner Theorie u. Dichtung. Ein Beitr. zur Ästhetik des 18. Jhs. Bonn 1974.
201 Herbrand, Elisabeth: Die Entwicklung der Fabel im 18. Jh. Versuch e. histor.-materialist. Analyse der Gattung im bgl. Emanzipationsprozeß. Wiesbaden 1975.
202 Kramer, Martin: Fabeln u. Fabeltheorie. In: Nr. 51 (⁵1987), S. 221bis 234.
203 Spitz, Hans-Jörg: Ls Fabeln in Prolog- u. Epilogfunktion. In: »Sagen mit Sinne«. Hg. v. Helmut Rücker u. Kurt Otto Seidel. Göppingen 1976, S. 291-327.
204 Mitchell, Phillip M.: Aspekte der Fabeltheorie im 18. Jh. vor L. In: Die Fabel. Theorie, Gesch. u. Rezeption e. Gattung. Hg. v. Peter Hasubek. Berlin 1982, S. 119-133.
205 Hasubek, Peter: Der Erzähler in den Fabeln Ls. In: Fabelforschung. Hg. v. P. H. Darmstadt 1983, S. 363-383.
206 Villwock, Jörg: Ls Fabelwerk u. die Methode seiner lit. Kritik. In: DVjs 60, 1986, S. 60-87.
207 Schrader, Monika: Sprache u. Lebenswelt. Fabeltheorien des 18. Jhs. Hildesheim, Zürich 1991.
208 Albrecht, Wolfgang: Aufklärung u. Gegenaufklärung durch Fabeln und Parabeln. Formen, Tendenzen, Wandlungen im dt.sprachigen

Raum zwischen frühem 18. u. 19. Jh. In: Erbepflege in Kamenz, H. 14-15, 1995, S. 171-224.

Freimaurerei (s. auch Kap. 4.7, Abschn.: Ernst und Falk)

209 Schneider, Heinrich: L u. die Freimaurer. In: PMLA 63, 1948, S. 1205-1237. – Dass. in: Nr. 119, S. 166-197.
210 Müller, Paul: Untersuchungen zum Problem der Freimaurerei bei L, Herder u. Fichte. Bern 1965.
211 Kelsch, Wolfgang: Der Freimaurer L. Idee u. Wirklichkeit e. freimaurer. Utopie. In: Braunschweigisches Jb. 58, 1977, S. 103-119.
212 Vaydat, Pierre: L'humanisme maçonnique de L. In: Revue d'Allemagne 25, 1993, S. 233-245.

Gelehrsamkeit (s. auch Kap. 4.7, Abschn.: Der junge Gelehrte)

213 Raabe, Paul: L u. die Gelehrsamkeit. Bemerkungen zu e. Forschungsthema. In: Nr. 123, S. 65-88.
214 Barner, Wilfried: L zw. Bürgerlichkeit u. Gelehrtheit. In: Bürger u. Bürgerlichkeit im Zeitalter der Aufklärung. Hg. v. Rudolf Vierhaus. Heidelberg 1981, S. 165-204.
215 Grimm, Gunter E.: Literatur u. Gelehrtentum in Dtl. Untersuchungen zum Wandel ihres Verhältnisses vom Humanismus bis zur Frühaufklärung. Tübingen 1983.

Geschichte, Geschichtsauffassung

216 Schilson, Arno: Gesch. im Horizont der Vorsehung. GELs Beitr. zu e. Theologie der Geschichte. Mainz 1974.
217 Träger, Claus: L – Kritik u. Historizität. Berlin 1981.
218 Seeba, Hinrich C.: Ls Geschichtsbild. Zur ästh. Evidenz hist. Wahrheit. In: Nr. 126, S. 289-303.
Bollacher; Nr. 140.
Seppelfricke; Nr. 135.

Judentum

219 Modlinger, Samuel: Ls Verdienste um das Judenthum. Eine Studie. Frankfurt/M. 1869.
220 Dühring, Eugen: Die Überschätzung Ls u. dessen Anwaltschaft für die Juden. Karlsruhe, Leipzig 1881. (Antisemitisch.)
221 Bartels, Adolf: L u. die Juden. Eine Untersuchung. Dresden, Leipzig 1918. ²1934. (Antisemitisch.)
222 Guthke, Karl S.: L u. das Judentum. In: Judentum im Zeitalter der Aufklärung. Wolfenbüttel 1977, S. 229-271. – Dass. in: K. S. G.: Das Abenteuer der Literatur. Studien zum liter. Leben. Bern, München 1981, S. 123-143.

223 Barner, Wilfried: Vorurteil, Empirie, Rettung. Der junge L u. die Juden. In: Juden u. Judentum in der Literatur. Hg. v. Herbert A. Strauss u. Christhard Hoffmann. München 1985, S. 52-77.

Kritik, Polemik, Streitkultur (s. auch Sammelbd Nr. 132)

224 Baumann, Adolf: Studien zu Ls Literaturkritik. Zürich 1951.
225 Wellek, René: Gesch. der Literaturkritik 1750-1950. Bd. 1. Darmstadt 1959 (Repr.: Berlin, New York 1978; zuerst engl.: London 1955), Kap I.8: L u. seine Vorläufer.
226 Strohschneider-Kohrs, Ingrid: Vom Prinzip des Maßes in Ls Kritik. Stuttgart 1969.
227 Bohnen, Klaus: Geist u. Buchstabe. Zum Prinzip des krit. Verfahrens in Ls literaturästhet. u. theol. Schriften. Köln, Wien 1974.
228 Reich-Ranicki, Marcel: War L ein gr. Kritiker? In: Nr. 509, S. 134 bis 150.
229 Träger, Claus: Ls krit. Methode. Bedingungen u. geschichtl. Funktion. In: C. T. Studien zur Erbetheorie u. Erbeaneignung. Leipzig 1981, S. 7-63. (Auch: Frankfurt/M. 1982.)
230 Kimpel, Dieter: Ls Hermeneutik. Voraussetzungsprobleme seiner Kritik im europäisch aufklär. Kontext. In: Nr. 128, S. 215-36.
231 Reh, Albert M.: Große Themen in kleiner Form. GELs »Rettungen« – e. europäische Apologetik. In: Nr. 128, S. 175-184.
232 Mauser, Wolfram: Toleranz u. Frechheit. Zur Strategie v. Ls Streitschriften. In: Nr. 129, S. 276-290.
233 Berghahn, Klaus L.: »Zermalmende Beredsamkeit«. Ls Literaturkritik als Polemik. In: LY 24, 1992, S. 25-43.
234 Grimm, Gunter E.: »O der Polygraph!« Satire als Disputationsinstrument in Ls literaturkrit. Schriften. In: Nr. 132, S. 258-268.
235 Mauser, Wolfram: Streit u. Freiheitsfähigkeit. L.s Beitrag zur Kultur des produktiven Konflikts. In: Ebd., S. 3-14.
236 Steinmetz, Horst: Die Sache, die Person u. die Verselbständigung des krit. Diskurses. Offene u. verdeckte Antriebe u. Ziele in Ls Streitschriften. In: Ebd., S. 484-493.

Philosophie, Spinozismus, Weltanschauung (Religionsphilosophie s. im Abschnitt: Religion)

237 Die Hauptschriften zum Pantheismusstreit zwischen Jacobi u. Mendelssohn. Hg. u. mit e. hist.-krit. Einleitung vers. v. Heinrich Scholz. Berlin 1916.

* * *

238 Leisegang, Hans: Ls Weltanschauung. Leipzig 1931.
239 Altmann, Alexander: L u. Jacobi. Das Gespräch über den Spinozismus. In: LY 3, 1971, S. 25-70. – Dass. in: A. A.: Die trostvolle Aufklärung. Studien zur Metaphysik u. polit. Theorie Moses Mendelssohns. Stuttgart-Bad Cannstatt 1982, S. 50-83.

240 Regner, Friedemann: Ls Spinozismus. In: Zs. f. Theologie u. Kirche 68, 1971, S. 351-375.
241 Althaus, Horst: Vom »toten Hunde«. Spinoza u. Ls »Atheismus«. In: Studia Germanica Gandensia 14, 1973, S. 161-181.
242 Hüskens-Hasselbeck, Karin: Stil u. Kritik. Dialogische Argumentation in Ls phil. Schriften. München 1978.
243 Schmidt-Neubauer, Joachim: Der Pantheismusstreit. Thesen zu Ls vermeintl. Spinozismus. In: J. N.-S.: Tyrannei u. der Mythos vom Glück. 3 Essays zu L, Schiller u. Goethe. Frankfurt/M. 1981, S. 7-44.
244 L u. Spinoza. Hg. v. Thomas Höhle. Halle/S. 1982.
245 Pätzold, Detlev: L u. Spinoza. Zum Beginn des Pantheismus-Streits in der dt. Lit. des 18. Jhs. – In: Aufklärung – Gesellschaft – Kritik. Bd. 1. Hg. v. Manfred Buhr u. Wolfgang Förster. Berlin 1985, S. 298 bis 355.
246 Teller, Jürgen: Das Losungswort Spinoza. Zur Pantheismusdebatte zwischen 1780 u. 1787. In: Nr. 531, Bd. 1, S. 135-192.

Poetik, Rhetorik, Sprache

247 Markwardt, Bruno: Studien über den Stil GELs im Verhältnis zur Aufklärungsprosa. In: Wissenschaftl. Zs. der Universität Greifswald. Gesellsch.- u. sprachwiss. Reihe, 3-5, 1953/54-1955/56, S. 151-180, S. 1-34 u. 177-207, S. 297-338.
248 Göbel, Helmut: Bild u. Sprache bei L. München 1971.
249 Grimm, Gunter E.: Ls Stil. Zur Rezeption e. kanon. Urteils. In: Literatur u. Leser. Hg. v. G. E. G. Stuttgurt 1975, S. 148-180.
250 Eibl, Karl: Lauter Bilder u. Gleichnisse. Ls religionsphil. Begründung der Poesie. In: DVjs 59, 1985, S. 224-252.
251 Moore, Evelyn K.: The passions of rhetoric. L's theory of argument and the German Enlightenment. Dordrecht 1993.
252 Hill, David: L: die Sprache der Toleranz. In: DVjs 64, 1990, S. 218 bis 246.
     Schröder; Nr. 164.
     Wehrli; Nr. 178.
     Hüskens-Hasselbeck; Nr. 242.

Religion, Theologie, Fragmentenstreit

253 Goezes Streitschriften gegen L. Hg. v. Erich Schmidt. Stuttgart 1893. (Repr.: Nendeln 1968.)
254 Fittbogen, Gottfried: Die Religion Ls. Leipzig 1923. (Repr.: New York, London 1967.)
255 Aner, Karl: Die Theologie der Lessingzeit. Halle/S. 1929. (Repr.: Hildesheim 1964.)
256 Thielicke, Helmut: Vernunft u. Offenbarung. Eine Studie über die Religionsphilosophie Ls. Gütersloh 1936. (⁴1959.)
257 Schneider, Johannes: Ls Stellung zur Theologie vor der Herausgabe der »Wolfenbütteler Fragmente«. 's-Gravenhage 1953.

258 Pons, Georges: GEL et le Christianisme. Paris 1964.
259 Alexander, Gerhard: Wie kam L zur Hs. der Wolfenbütteler Fragmente? In: Philobiblon 16, 1972, H. 3, S. 160-173.
260 Bothe, Bernd: Glauben u. Erkennen. Studie zur Religionsphilosophie
Ls. Meisenheim am Glan 1972.
261 Desch, Joachim: Ls »poetische« Antwort auf die Reimarusfragmente.
In: Nr. 100, S. 75-95.
262 Timm, Hermann: Gott u. die Freiheit. Studien zur Religionsphilosophie der Goethezeit. Bd. 1. Frankfurt/M. 1974, S. 13-135: GEL.
263 Kramer, Martin: Der Fragmentenstreit. In: Nr. 51 (⁵1987), S. 283-309.
264 Hillen, Gerd: Ls theol. Schriften im Zusammenhang seines Werkes.
In: Nr. 123, S. 37-64.
265 Wessell, Leonard P.: GEL's theology. A reinterpretation. The Hague,
Paris 1977.
266 Kröger, Wolfgang: Das Publikum als Richter. L u. die »kleineren Re-
spondenten« im Fragmentenstreit. Nendeln 1979.
267 Schilson, Arno: Ls Christentum. Göttingen 1980.
268 Boehart, William: Politik u. Religion. Studien zum Fragmentenstreit
(Reimarus, Goeze, L). Schwarzenbek 1988.
269 Willmer, Peter: L u. Zinzendorf. Eine vergleichende Studie zu Ls
Glauben. New York, Bern 1988.
270 Freund, Gerhard: Theologie im Widerspruch. Die L-Goeze-Kontro-
verse. Stuttgart, Berlin, Köln 1989.
271 Lüpke, Johannes von: Wege der Weisheit. Studien zu Ls Theologiekritik. Göttingen 1989.
272 Michelsen, Peter: Der Streit um die christl. Wahrheit. L, mit den Augen Goezes gesehen. In: LY 24, 1992, S. 1-24.
273 Schilson, Arno: »Glanz der Wahrheit« oder »blendender Stil«? Überlegungen zu Gegenstand u. Methode in Ls Streit mit Goeze. In: Nr.
132, S. 56-77.
    Seppelfricke; Nr. 135.
    Nölle; Nr. 171.
    Schilson; Nr. 216.
    Bohnen; Nr. 227.

Theater

274 Pfeil, Viktoria: L u. die Schauspielkunst. Ein Beitr. z. Gesch. der unmittelbaren Bühnenanweisung. Darmstadt 1924.
275 Haider-Pregler, Hilde: Des sittlichen Bürgers Abendschule. Bildungs-
anspruch u. Bildungsauftrag des Berufstheaters im 18. Jh. Wien,
München 1980.
276 Maurer-Schmoock, Sybille: L u. die Bühne seiner Zeit. Diss. Tübingen 1980. – Verkürzte Druckfassung u.d.T: Dt. Theater im 18. Jh.
Tübingen 1982.
277 Krebs, Roland: L'idée de »Théâtre National« dans l'Allemagne des Lu-
mières. Théorie et réalisations. Wiesbaden 1985.

278 Harris, Edward P.: L u. das Rollenfachsystem. Überlegungen zur prakt. Charakterologie im 18. Jh. In: Schauspielkunst im 18. Jh. Grundlagen, Praxis, Autoren. Hg. v. Wolfgang F. Bender. Stuttgart 1992, S. 221-235.
279 Eigenmann, Susanne: Zwischen ästhetischer Raserei u. aufgeklärter Disziplin. Hamburger Theater im späten 18. Jh. Stuttgart 1994.

Toleranz

280 Schultze, Harald: Ls Toleranzbegriff. Eine theol. Studie. Göttingen 1969.
281 Schmidt, Gerhart: Der Begriff der Toleranz im Hinblick auf L. In: WSA 2, 1975, S. 121-136.
282 Kopitzsch, Franklin: L u. seine Zeitgenossen im Spannungsfeld v. Toleranz u. Intoleranz. In: Dt. Aufklärung u. Judenemanzipation. Tel-Aviv 1980, S. 29-85.
L u. die Toleranz; s. Nr. 129.

Zeitschriften (Lessing als Mitarbeiter und Herausgeber)

283 Consentius, Ernst: Der Wahrsager. Zur Charakteristik v. Mylius u. L. Leipzig 1900.
284 Ders.: L u. die Vossische Zeitung. Leipzig 1902.
285 Waldberg, Max Freiherr von: Zu Ls »Theatralischer Bibliothek«. In: ZfD 38, 1924, S. 163-169.
286 Vail, Curtis C. D.: Originality in L's »Theatralische Bibliothek«. In: The Germanic Review 9, 1934, S. 96-101.
287 Schilbach, Erich: GEL als Journalist. München 1953. (Diss. masch.)
288 Wilke, Jürgen: Lit. Zss. des 18. Jhs (1688-1789). Bd. 2. Stuttgart 1978, S. 61-97: Die Zss. Ls u. seines Kreises.
289 Baasner, Rainer: Ls frühe Rezensionen. Die »Berlinische Privilegirte Zeitung« im Differenzierungsprozeß der Gelehrtenrepublik. In: Nr. 132, S. 129-138.
290 Guthke, Karl S.: Ls Rezensionen. Besuch in e. Kartenhaus. In: JbFDH 1993, S. 1-59.

4.7 Zu Einzelwerken

Übersicht: Briefe, die neueste Literatur betreffend (Nr. 291-299); [Briefwechsel über das Trauerspiel] (Nr. 300-304); Emilia Galotti (Nr. 305-329); Ernst und Falk (Nr. 330-344); Die Erziehung des Menschengeschlechts (Nr. 345-357); Fabeln (Nr. 358); Faust (Nr. 359-363); Der Freigeist (Nr. 364-370); Hamburgische Dramaturgie (Nr. 371-383); Die Juden (Nr. 384-390); Der junge Gelehrte (Nr. 391-396); Laokoon (Nr. 397-412); Minna von Barnhelm (Nr. 413-436); Miß Sara Sampson (Nr. 437-453); Nathan der Weise (Nr. 454-483); Eine Parabel (Nr. 484f.); Philotas (Nr. 486-495); Samuel Henzi (Nr. 496-500); Wie die Alten den Tod gebildet (Nr. 501-504)

291 GEL: BnL. Hg. u. komm. v. Wolfgang Bender. Stuttgart 1972.
292 GEL: BnL. Mit e. Dokumentation zur Entstehungs- u. Wirkungsgesch. Textkrit. durchges., komm. u. mit e. Nachw. vers. v. Wolfgang
Albrecht. Leipzig 1987.

* * *

293 Seiffert, Hans Werner: Neues über Ls Literaturbriefe. In: Fs. zur 250.
Wiederkehr der Geburtstage v. J. W. L. Gleim u. M. G. Lichtwer.
Halberstadt 1969, S. 65-79.
294 Flory, Dan: L's controversy with Dusch. In: LY 5, 1973, S. 172-185.
295 Ders.: L, Mendelssohn, and »Der nordische Aufseher«. A study in L's
critical procedure. In: LY 7, 1975, S. 127-148.
296 Michelsen, Peter: Der Kritiker des Details. L in den »BnL«. In: WSA
2, 1975, S. 148-181. – Dass. in: Nr. 130, S. 70-103.
297 Albrecht, Wolfgang: Kritik, Polemik und Ästhetik im Zeichen der
Gelehrsamkeit. Ls Beitrag zu den »BnL«. In: Impulse 9, 1986, S. 115
bis 152. – Dass. überarb. in: Nr. 131, S. 57-96.
298 Ders.: Zwiespältigkeiten L.scher Streitkultur. Über die Auseinandersetzungen mit Wieland in den »BnL«. In: Nr. 132, S. 103-112.
299 Martinson, Steven D.: Comedy and criticism. L's contributions to the
»BnL«. In: The eighteenth century German book review. Ed. by Herbert Rowland and Karl J. Fink. Heidelberg 1995, S. 73-84.

[Briefwechsel über das Trauerspiel]

300 GEL, Moses Mendelssohn, Friedrich Nicolai: Briefw. ü. d. Tr. Hg. u.
komm. v. Jochen Schulte-Sasse. München 1972.

* * *

301 Michelsen, Peter: Die Erregung des Mitleids durch die Tragödie. Zu
Ls Ansichten über das Trauerspiel im Briefwechsel mit Mendelssohn
u. Nicolai. In: DVjs 40, 1966, S. 548-566. – Dass. überarb. in: Nr.
130, S. 107-136.
302 Heidsieck, Arnold: Der Disput zw. L u. Mendelssohn über das Trauerspiel. In: LY 11, 1979, S. 7-34.
303 Wild, Henk de: Tradition u. Neubeginn. Ls Orientierung an der europ. Tradition. Amsterdam 1986.
304 Luserke, Matthias: Funktion u. Wirkung v. Lit. im 18. Jh. Versuch e.
diskursanalytischen Lektüre des Trauerspielbriefwechsels zw. L, Mendelssohn u. Nicolai. In: Das 18. Jh. 17, 1993, S. 15-27. (Verkürzte
Fassung in: Nr. 132, S. 322-331.)

Emilia Galotti (EG)

305 EG. Ein Beitr. zur Gesch. u. Theorie der Wirkungsästhetik. Text- u.
Arbeitsbuch. Hg. v. Ingrid Nixdorf. Frankfurt/M. 1980.

306 Henning, Hans: Ls »EG« in der zeitgen. Rezeption. Leipzig 1981. (Komm. Repr. der Rezensionen u. des Stückerstdrucks.)

307 Müller, Jan-Dirk: GEL EG. Erläuterungen u. Dokumente. Neuaufl. Stuttgart 1995.

* * *

308 Schultz, H. Stefan: The unknown manuscript of »EG« and other Lessingiana. In: Modern Philology 47, 1949, S. 88-97.

309 Steinhauer, Harry: The guilt of EG. In: JEGP 48, 1949, S. 173-185. – Dass. u.d.T: Die Schuld der EG. In: Interpretationen. Hg. v. Jost Schillemeit. Bd. 2. Frankfurt/M., Hamburg 1965, S. 49-60.

310 Dvoretzky, Edward: The enigma of EG. 's-Gravenhage 1963.

311 Durzak, Manfred: Das Gesellschaftsbild in Ls EG. In: LY 1, 1969, S. 60-87. – Dass. in: Nr. 122, S. 69-104.

312 Meyer, Reinhart: »Hamburgische Dramaturgie« u. »EG«. Studie zu e. Methodik des wiss. Zitierens. Wiesbaden u. Frankfurt/M. 1973.

313 Wierlacher, Alois: Das Haus der Freude oder Warum stirbt EG? In: LY 5, 1973, S. 147-162.

314 Kiesel, Helmuth: EG. In: Nr. 51 (⁵1987), S. 200-220.

315 Schulte-Sasse, Jochen: Lit. Struktur u. hist.-sozialer Kontext. Z.B. Ls »EG«. Paderborn 1975.

316 Grimm, Gunter: Die zeitgen. Rezeption v. Ls »EG«. In: G. G.: Rezeptionsgeschichte. München 1977, S. 162-183.

317 Scherpe, Klaus R.: Histor. Wahrheit auf Ls Theater, bes. im Trauerspiel »EG«. In: Nr. 123, S. 259-277.

318 Merkel, Frank-Volker: Der Prinz: Ein Wollüstling? Ein Tyrann? Zu Ls »EG«. In: Neuphilolog. Mitteilungen 79, 1978, S. 232-239.

319 Müller, Peter: Glanz u. Elend des dt. »bgl. Trauerspiels«. Zur Stellung der »EG« in der zeitgen. dt. Dramatik. In: Ansichten der dt. Klassik. Hg. v. Helmut Brandt u. Manfred Beyer. Berlin, Weimar 1981, S. 9 bis 44 u. 415-418.

320 Flaherty, Gloria: EG's Italian heritage. In: MLN 97, 1982, S. 497 bis 514.

321 Werner, Hans-Georg u. Gotthard Lerchner: Ls »EG«. Prolegomena zu e. Interpretation. In: Zs. f. Germanistik 3, 1982, S. 39-67.

322 Schmitt-Sasse, Joachim: Das Opfer der Tugend. Zu Ls »EG« u. e. Literaturgesch. der »Vorstellungskomplexe« im 18. Jh. Bonn 1983.

323 Werner, Hans-Georg: Über die Schwierigkeiten, mit der »dramat. Algebra« v. »EG« zurechtzukommen. In: Nr. 528, S. 110-150 u. 460 bis 465.

324 Schenkel, Martin: »Wer über gewisse Dinge den Verstand nicht verlieret, der hat keinen zu verlieren.« Zur Dialektik der bgl. Aufklärung in Ls »EG«. In: ZfdPh 105, 1986, S. 161-186.

325 Bauer, Gerhard: GEL: »EG«. München 1987.

326 Steinmetz, Horst: »EG« (1772). In: Nr. 184, S. 87-137.

327 Sanna, Simonetta: Ls »EG«. Die Figuren des Dramas im Spannungsfeld von Moral u. Politik. Tübingen 1988.

328 Prutti, Brigitte: Das Bild des Weiblichen u. die Phantasie des Künstlers. Das Begehren des Prinzen in Ls »EG«. In: ZfdPh 110, 1991, S. 481-505.

329 Graf, Günter: Sprechakt u. Dialoganalyse – Methodenansatz zur externen Drameninterpretation. Dargest. an Ls Trauerspiel »EG« u. seinem sozialgeschichtl. Kontext »Bgl. Familie«. In: WW 42, 1992, S. 315-338.

Ter-Nedden; Nr. 183, S. 164-237.

Barner; Nr. 448.

Nolting; Nr. 451.

Rüskamp; Nr. 537.

Ernst und Falk (EuF)

330 GEL: EuF. Mit den Fortsetzungen J. G. Herders u. F. Schlegels. Hg. u. mit e. Nachw. vers. v. Ion Contiades. Frankfurt/M. 1968.

* * *

331 Schneider, Heinrich: Die Entstehungsgesch. v. Ls beiden letzten Prosaschriften. In: PMLA 63, 1948, S. 1205-1244.

332 Koselleck, Reinhart: Kritik u. Krise. Eine Studie zur Pathogenese der bgl. Welt. München 1959 (²1969; Aufl. ab 1973: Frankfurt/M.), Kap. 2.

333 Guthke, Karl S.: Ls »Sechstes Freimaurergespräch«. In: ZfdPh 85, 1966, S. 576-597. – Dass. in: K. S. G.: Lit. Leben im 18. Jh. in Dtl. u. in der Schweiz. Bern, München 1975, S. 315-32.

334 Kiesel, Helmuth: EuF. Gespräche für Freimäurer. In: Nr. 51 (⁵1987), S. 332-343.

335 Bahr, Erhard: L e. konservativer Revolutionär? Zu »EuF«. In: Nr. 123, S. 299-306.

336 Heise, Wolfgang: Ls »EuF«. In: WB 25, 1979, H. 11, S. 5-20. – Dass. in: Nr. 125, Bd. 1, S. 69-87. – Dass. in: W. H.: Realistik u. Utopie. Aufsätze z. dt. Lit. zwischen L u. Heine. Berlin 1982, S. 55-70.

337 Michelsen, Peter: Die »wahren Taten« der Freimaurer. Ls »EuF«. In: Geheime Gesellschaften. Hg. v. Peter Christian Ludz. Heidelberg 1979, S. 293-324. – Dass. in: Nr. 130, S. 137-159.

338 Fink, Gonthier-Louis: Ls »EuF«. Das moral. Glaubensbekenntnis e. kosmopol. Individualisten. In: Recherches germaniques 10, 1980, S. 18-64.

339 Nisbet, Hugh B.: Zur Funktion des Geheimnisses in Ls »EuF«. In: Nr. 129, S. 291-309.

340 Voges, Michael: Aufklärung u. Geheimnis. Untersuchungen zur Vermittlung von Literatur- u. Sozialgesch. am Beispiel der Aneignung des Geheimbundmaterials im Roman des späten 18. Jhs. Tübingen 1987, Kap. 1.VI.1: Ls »EuF«.

341 Werner, Hans-Georg: Die Paradoxie der Vernunft. Ls »EuF«: Höhe- u. Endpunkt der lit. Aufklärung in Dtl. In: WB 33, 1987, S. 574 bis 598. – Dass. in: H.-G. W.: Literar. Strategien. Studien z. dt. Lit. 1760-1840. Stuttgart 1993, S. 35-57.

342 Henn, Marianne: Ls »EuF«. Gesellschaftsutopie u. Verantwortung. In: Verantwortung u. Utopie. Hg. v. Wolfgang Wittkowski. Tübingen 1988, S. 134-148.

343 Dziergwa, Roman: L u. die Freimaurerei. Untersuchungen z. Rezeption v. GELs Spätwerk »EuF« in den freimaur. u. antifreimaur. Schriften des 19. u. 20. Jhs (bis 1933). Frankfurt/M. 1992.

344 Fenner, Wolfgang: »L wäre auch e. Mann f. uns«. Neuigkeiten über Knigge u. L. In: Euphorion 88, 1994, S. 478-483.

Die Erziehung des Menschengeschlechts (EdM)

345 GEL: Die EdM. Hist.-krit. Edition mit Urteilen Ls u. seiner Zeitgenossen. Einleitung, Entstehungsgesch. u. Kommentar v. Louis Ferdinand Helbig. Bern, Frankfurt/M. 1980.

* * *

346 Wittstock, Albert: Ls EdM als päd. System. Leipzig 1888.

347 Hauffe, Gustav: Die Wiedergeburt des Menschen. Abh. über die 7 letzten Paragraphen v. Ls EdM. Leipzig 1890. (²1897.)

348 Kretzschmar, Ernst: L u. die Aufklärung. Eine Darstellung der religions- u. geschichtsphil. Anschauungen des Dichters mit bes. Berücks. seiner phil. Hauptschrift »Die EdM«. Leipzig 1905.

349 Waller, Martha: Ls EdM. Interpretation u. Darstellung ihres rationalen u. irrationalen Gehaltes. Berlin 1935. (Repr.: Nendeln 1967.)

350 Altmann, Alexander: Ls Glaube an die Seelenwanderung. In: LY 8, 1976, S. 7-41. – Dass. in: A. A.: Die trostvolle Aufklärung. Studien z. Metaphysik u. pol. Theorie Moses Mendelssohns. Stuttgart-Bad Cannstatt 1982, S. 109-134.

351 Michel, Willy: Antidogmatische Fiktionsbildung im geschichtsphil. Verstehen. Ls »EdM«. In: W. M.: Die Aktualität des Interpretierens. Heidelberg 1978, S. 20-33.

352 Höhle, Thomas: § 84 der »EdM« v. L. In: Nr. 244, S. 43-52.

353 Altenhofer, Norbert: Geschichtsphilosophie, Zeichentheorie u. Dramaturgie in der »EdM«. Anmerkungen zur patrist. Tradition bei L. In: Nr. 128, S. 25-36. – Dass. in: N. A.: Poesie als Auslegung. Schriften z. Hermeneutik. Hg. v. Volker Bohn u. Leonhard M. Fiedler. Heidelberg 1993, S. 151-166.

354 Eibl, Karl: »... kommen würde« gegen »... nimmermehr gekommen wäre«. Auflösung des »Widerspruchs« von § 4 u. § 77 in Ls »EdM«. In: GRM 34, 1984, S. 461-464.

355 Herrmann, Siegfried: GELs »EdM« – e. kl. »Biblische Theologie?« In: Theologie u. Aufklärung. Hg.v. Wolfgang Erich Müller u. Hartmut H. R. Schulz. Würzburg 1992, S. 76-88.

356 Quapp, Erwin: Ls Theologie statt Jacobis »Spinozismus«. Eine Interpretation der »EdM« auf der Grundlage der Formel »hen ego kai pan«. Bd. 1: Paragraph 1-25. Bern, Frankfurt/M. 1992.

357 Dörr, Volker C.: Offenbarung, Vernunft u. »fähigere Individuen«. Die positiven Religionen in Ls »EdM«. In: LY 26, 1994, S. 29-54.

Bollacher; Nr. 140, S. 203-339.
Schneider; Nr. 331.

Fabeln. Drei Bücher s. Kap. 4.6, Fabeln und Schriften zur Fabel

358 GEL: Fabeln. Abhandlungen zur Fabel. Hg. v. Heinz Rölleke. Stutt-
     gart 1967 (u.ö.).

Faust

359 GEL: D. Faust. Die Matrone von Ephesus. Fragmente. Mit e. Nachw.
     v. Karl S. Guthke. Stuttgart 1968 (u.ö.).
360 GEL: D. Faust. Fragmente u. Berichte. Mit e. vollst. Faks. der
     Fausths. Hg. u. eingel. v. Wolfgang Milde. Berlin 1988.

* * *

361 Meyer-Benfey, Heinrich: Ls Faustpläne. In: GRM 12, 1924, H. 3-4,
     S. 78-88.
362 Henkel, Arthur: Anmerkungen zu Ls Faust-Fragment. In: Die Rin-
     genden sind die Lebendigen. Hermann Leins zum 70. Geb. Stuttgart
     1969, S. 3-21. – Dass. in: Euphorion 64, 1970, S. 75-84.
363 Mahal, Günther: Ls Faust. Planen, Ringen, Scheitern. In: Faust-Blät-
     ter. Archiv-Nachrichten, H. 11, 1972, S. 525-551.

Der Freigeist (DF)

364 GEL: Frühe Komödien. Äußerungen Ls zur Komödie. Hg. mit
     Nachw. u. Anm. v. Wolfgang Stellmacher. Leipzig 1979.
365 GEL: DF. Nachw. u. Anm. v. Klaus Bohnen. Stuttgart 1980 (u.ö.)

* * *

366 Brown, F. Andrew: The conversion of Ls »F«. In: JEGP 56, 1957,
     S. 186-202.
367 Fricke, Gerhard: Bemerkungen zu Ls »F« u. »Miß Sara Sampson«. In:
     Fs. Josef Quint. Bonn 1964, S. 83-120.
368 Cases, Cesare: Über Ls »F«. In: Fs. zum 80. Geb. v. Georg Lukács.
     Hg. v. Frank Benseler. Neuwied, Berlin 1965, S. 374-391. – Dass. in:
     C. C.: Stichworte zur dt. Lit. Wien, Frankfurt/M. 1969, S. 89-108.
369 Kramer, Martin: DF. In: Nr. 51 (⁵1987), S. 124-134.
370 Ungeheuer, Gerold: Gesprächsanalyse an literarischen Texten. L,
     »DF«. In: Literatur u. Konversation. Hg. v. Ernest W. B. Hess-Lüt-
     tich. Wiesbaden 1980, S. 43-71.

Hamburgische Dramaturgie (HD)

371 Ls HD. Hg. u. erl. v. Julius Petersen. Berlin, Leipzig 1916.
372 GEL: HD. Hg. v. Leopold Magon. 2 Bde. Berlin 1952-54.

373 GEL: HD. Krit. durchges. Gesamtausg. mit Einl. u. Komm. v. Otto Mann. Stuttgart 1958. (^{3}1978.)
374 GEL: HD. Hg. u. komm. v. Klaus L. Berghahn. Stuttgart 1981 (u.ö.).

* * *

375 Robertson, John George: L's dramatic theory. Being an introduction to and commentary on his HD. Cambridge 1939. (Repr.: New York 1965.)
376 Braemer, Edith: Zu einigen Grundfragen in Ls »HD«. In: WB 1, 1955, S. 261-295. – Dass. In: E. B. u. Ursula Wertheim: Studien zur dt. Klassik. Berlin 1960, S. 5-39 u. 401-406.
377 Schadewaldt, Wolfgang: Furcht und Mitleid? In: Hermes 83, 1955, S. 129-171.
378 Heitner, Robert R.: The effect of the »HD«. In: The Germanic Review 31, 1956, S. 23-34.
379 Almási, Nikolaus: Ls »HD«. In: WB 3 u. 4, 1957 u. 1958, S. 529 bis 570 u. 1-42.
380 Steinmetz, Horst: Der Kritiker L. Zu Form u. Methode der »HD«. In: Neophilologus 52, 1968, S. 30-48.
381 Mattenklott, Gert u. Helmut Peitsch: Das Allgemeinmenschliche im Konzept des bgl. Nationaltheaters. GELs Mitleidstheorie. In: G. M. u. Klaus R. Scherpe: Westberliner Projekt. Grundkurs 18. Jh. Kronberg/Ts. 1974, S. 147-188.
382 Kramer, Martin: HD. In: Nr. 51 (^{5}1987), S. 179-200.
383 Lacant, Jacques: »La Dramaturgie de Hambourg«. L critique du théâtre français. In: Tijdschrift voor de studie van de verlichting en van het vrije denken 10, 1982, 1-3, S. 111-125.

Die Juden (DJ)

384 GEL: Frühe Komödien. Äußerungen Ls zur Komödie. Hg. mit Nachw. u. Anm. v. Wolfgang Stellmacher. Leipzig 1979.
385 GEL: DJ. Mit Dokumentation zur Entstehung u. Wirkung hg. v. Wilhelm Grosse. Stuttgart 1981 (u.ö.).

* * *

386 Altenhofer, Norbert: Zur Erinnerung an Ls Lustspiel »DJ«. Biberach 1974.
387 Guthke, Karl S.: Ls Problemkomödie »DJ«. In: Wissen aus Erfahrungen. Hg. v. Alexander v. Bormann. Tübingen 1976, S. 122-134. – Dass. in: K. S. G.: Erkundungen. Essays zur Literatur. Bern, Frankfurt/M. 1983, S. 59-71.
388 Trautwein, Wolfgang: Zwischen Typenlustspiel und ernster Komödie. Zur produktiven Verletzung v. Gattungsmustern in Ls »DJ«. In: JbDSG 24, 1980, S. 1-14.
389 Barner, Wilfried: Ls »DJ« im Zusammenhang seines Frühwerks. In: Nr. 126, S. 189-209.

390 Och, Gunnar: Ls Lustspiel »DJ« im 18. Jh. Rezeption u. Reproduktion. In: Theatralia Judaica. Hg. v. Hans-Peter Bayerdörfer. Tübingen 1992, S. 42-63.

Der junge Gelehrte (DjG)

391 GEL: DjG. Mit e. Nachw. u. Erl. v. Alfred Anger. Stuttgart 1976 (u.ö.).
392 GEL: Frühe Komödien. Äußerungen Ls zur Komödie. Hg. mit Nachw. u. Anm. v. Wolfgang Stellmacher. Leipzig 1979.

* * *

393 Wiedemann, Conrad: Polyhistors Glück und Ende. Von Daniel Georg Morhof zum jungen L. In: Fs. Gottfried Weber. Hg. v. Heinz Otto Burger u. Klaus v. See. Bad Homburg 1967, S. 215-235.
394 Durzak, Manfred: Von der Typenkomödie zum ernsten Lustspiel. Zur Interpretation des »JG«. In: Nr. 122, S. 9-43.
395 Rentschler, Robert Eric: Ls fragmented norm.A reexamination of »DjG«. In: The Germanic Review 50, 1975, S. 165-183.
396 Zimmermann, Rolf Christian: Die Devise der wahren Gelehrsamkeit. Zur satirischen Absicht v. Ls Komödie »DjG«. In: DVjs 66, 1992, S. 283-299.

Laokoon oder über die Grenzen der Malerei und Poesie (LoP)

397 GEL: Laokoon. Hg. u. erl. v. Hugo Blümner. 2. verb. Aufl. Berlin 1880.
398 GEL: LoP. Hg. u. mit e. Nachw. vers. v. Kurt Wölfel. Frankfurt/M. 1988.

* * *

399 Szarota, Elida Maria: Ls »Laokoon«. Eine Kampfschrift für e. realist. Kunst u. Poesie. Weimar 1959.
400 Rudowski, Victor Anthony: Action as the essence of poetry. A revaluation of L's argument. In: PMLA 82, 1967, S. 333-341.
401 Althaus, Horst: Laokoon. Stoff u. Form. Bern, München 1968.
402 Buch, Hans Christoph: Ut pictura poesis.Die Beschreibungslit. u. ihre Kritiker von L bis Lukács. München 1972.
403 Barner, Wilfried: LoP. In: Nr. 51 (⁵1987), S. 235-247.
404 Höhle, Thomas: Anschauung u. Begriff oder Wirkung ohne Gegenwirkung. Anmerkungen zum Thema »L u. Winckelmann«. In: Hallesche Studien zur Wirkung v. Sprache u. Literatur. H. 1, 1980, S. 4-20. – Neufassung in: Winckelmanns Wirkung auf seine Zeit. Hg. v. Johannes Irmscher. Stendal 1988, S. 7-27.
405 Hamm, Heinz: Das Poesie-Programm des L.schen »Laokoon«. In: L u. die Probleme der dt. u. poln. Aufklärung. Hg. v. Olga Dobijanka-Witczakowa. Wroclaw, Warszawa 1983, S. 53-70.

406 Bartsch, Gerhard: »Laokoon« oder Ls Kritik am frz.-preuß. Akademismus. In: LY 16, 1984, S. 1-35.

407 Hamm, Heinz: Die Argumentation des »Laokoon« zum »eigentlichen Gegenstand der Poesie« in ihrem wirkungsgeschichtl. Kontext. In: Nr. 528, S. 23-49 u. 448-451.

408 Das Laokoon-Projekt. Pläne e. semiot. Ästhetik. Hg. v. Gunter Gebauer. Stuttgart 1984.

409 Wellbery, David E.: L's »Laocoon«. Semiotics and aesthetics in the age of reason. Cambridge 1984.

410 Jacobs, Carol: The critical performance of L's »Laokoon«. In: MLN 102, 1987, S. 483-521.

411 Knodt, Eva M.: »Negative Philosophie« u. dialog. Kritik. Zur Struktur poet. Theorie bei L u. Herder. Tübingen 1988.

412 Mülder-Bach, Inka: Bild u. Bewegung. Zur Theorie bildner. Illusion in Ls »Laokoon«. In: DVjs 66, 1992, S. 1-30.

Minna von Barnhelm (MvB)

413 GEL: MvB. Mit e. Anh. zur Entstehung u. Wirkung. Stuttgart 1963 (u.ö.).

414 Hildebrandt, Dieter: GEL. MvB. Vollst. Text. Dokumentation. Frankfurt/M. 1969.

415 MvB oder: Die Kosten des Glücks. Komödie von GEL. Mit e. Dossier v. Joachim Dyck: Über Wirte als Spitzel, preuß. Disziplin, L im Kriege, frisches Geld u. das begeisterte Publikum. Berlin 1981.

416 Hein, Jürgen: GEL MvB. Erläuterungen u. Dokumente. Neuaufl. Stuttgart 1995.

* * *

417 GELs »MvB«. Dokumente zur Rezeptions- u. Wirkungsgesch. Hg. v. Horst Steinmetz. Königstein/Ts. 1979.
(Nachfolgend sind nur hierin fehlende Studien verzeichnet!)

* * *

418 Stockmayer, Karl Hayo v.: Das dt. Soldatenstück des 18. Jhs. seit Ls »MvB«. Weimar 1898.

419 Meyer-Benfey, Heinrich: Klassische Dramen. H. 1: Ls MvB. Halle/S. 1915.

420 Labus, Lotte: »MvB« auf der dt. Bühne. Berlin 1936.

421 Fricke, Gerhard: Ls »MvB«. Eine Interpretation. In: ZfD 53, 1939, S. 273-292. – Dass. in: G. F.: Studien u. Interpretationen. Frankfurt/M. 1956, S. 25-46.

422 Schröder, Jürgen: Das parabol. Geschehen der »MvB«. In: DVjs 43, 1969, S. 222-259.

423 Weber, Peter: Ls »MvB«. Zur Interpretation u. literarhist. Charakteristik des Werkes. In: Studien zur Literaturgesch. u. Literaturtheorie. Hg. v. Hans-Günther Thalheim u. Ursula Wertheim. Berlin 1970, S. 10-57.

424 Smith, Martin E.: Tellheims Wandlung – e. dichter. Gestaltung v. Ls Mitleidsprinzip. In: Acta Germanica 7, 1972, S. 39- 57.

425 Michelsen, Peter: Die Verbergung der Kunst. Über die Exposition in Ls »MvB«. In: JbDSG 17, 1973, S. 192-252. – Dass. in: Nr. 130, S. 221-280.

426 Nagel, Bert: »Ein unerreichbares Muster«. Ls »MvB«. In: Heidelberger Jbb. 17, 1973, S. 47-85. – Dass. In: B. N.: Kleine Schriften zur dt. Literatur. Lauterberg 1981, S. 299-365.

427 Kiesel, Helmuth: MvB. In: Nr. 51 (^{5}1987), S. 248-268.

428 Kertscher, Hans-Joachim: »MvB« auf den Bühnen der DDR. In: Nr. 124, S. 98-121.

429 Werner, Hans-Georg: Komödie der Rationalität. Zu Ls »MvB«. In: WB 25, 1979, H. 11, S. 39-60. – Dass. in: Nr. 125, Bd. 1, S. 129 bis 154. – Dass. in: H.-G. W.: Text u. Dichtung – Analyse u. Interpretation. Berlin, Weimar 1984, S. 39-62.

430 Giese, Peter Christian: Riccaut und das Spiel mit Fortuna in Ls »MvB«. In: JbDSG 28, 1984, S. 104-116.

431 Meuthen, Erich: Von den »Schranken der Ehre u. des Glückes« – oder: Wie es Tellheim die Sprache verschlägt. In: Euphorion 81, 1987, S. 355-375.

432 Wittkowski, Wolfgang: »MvB« oder die verhinderten Hausväter. In: LY 19, 1987, S. 45-66.

433 Gaier, Ulrich: Das Lachen des Aufklärers. Über Ls »MvB«. In: Der Deutschunterricht 43, 1991, H. 6, S. 42-56.

434 Saße, Günter: Liebe u. Ehe oder: Wie sich die Spontaneität des Herzens zu den Normen der Gesellschaft verhält. Ls »MvB«. Tübingen 1993.

435 Sanna, Simonetta: Ls »MvB« im Gegenlicht. Glück u. Unglück der Soldaten. Bern, Berlin 1994.

436 Schade, Richard Erich: L's »braggert soldier« Tellheim. In: Carleton Germanic Papers 22, 1994, S. 121-129.
Rüskamp; Nr. 537.

Miß Sara Sampson (MSS)

437 Eibl, Karl: GEL. MSS. Ein bgl. Trauerspiel. Frankfurt/M. 1971.

438 GEL: MSS. Mit e. Nachbem. v. Erwin Leibfried. Stuttgart 1979 (u.ö.).

* * *

Fricke; s. Nr. 367.

439 Bornkamm, Heinrich: Die innere Handlung in Ls »MSS«. In: Euphorion 51, 1957, S. 385-396. – Dass. in: Solange es »Heute« heißt. Festgabe für Rudolf Hermann. Berlin 1957. S. 42-51.

440 Durzak, Manfred: Äußere und innere Handlung in »MSS«. Zur ästhet. Geschlossenheit v. Ls Trauerspiel. In: DVjs 44, 1970, S. 47-63. – Dass. in: Nr. 122, S. 44-68.

441 Weber, Peter: Das Menschenbild des bgl. Trauerspiels. Entstehung u. Funktion v. Ls »MSS«. Berlin 1970. (^{2}1976).

442 Ingen, Ferdinand van: Tugend bei L. Bemerkungen zu »MSS«. In: Amsterdamer Beiträge zur neueren Germanistik 1,1972,S. 43-73.
443 Labroisse, Gerd: Zum Gestaltungsprinzip v. Ls »MSS«. In: Ebd., S. 75-102.
444 Peitsch, Helmut: Private Humanität u. bgl. Emanzipationskampf. Ls »MSS«. In: Literatur der bgl. Emanzipation im 18. Jh. Hg. v. Gert Mattenklott u. Klaus R. Scherpe. Kronberg/Ts. 1973, S. 179-192.
445 Badstübner, Volker: MSS. In: Nr. 51 (⁵1987), S. 162-178.
446 Mauser, Wolfram: Ls »MSS«. Bgl. Trauerspiel als Ausdruck innerbgl. Konflikts. In: LY 7, 1975, S. 7-27.
447 Woesler, Winfried: Ls »MSS« u. Senecas »Medea«. In: LY 10, 1978, S. 75-93.
448 Barner, Wilfried: »Zu viel Thränen – nur Keime von Thränen«. Über »MSS« u. »Emilia Galotti« beim zeitgenöss. Publikum. In: Das weinende Saeculum. Heidelberg 1983, S. 89-105.
449 Schenkel, Martin: Ls Poetik des Mitleids im bgl. Trauerspiel »MSS«. Poetisch-poetologische Reflexionen. Bonn 1984.
450 Spies, Bernhard: Der >empfindsame< L – kein bgl. Revolutionär. Denkanstöße zu e. Neuinterpretation v. Ls »MSS«. In: DVjs 58, 1984, S. 369-390.
451 Nolting, Winfried: Die Dialektik der Empfindung. Ls Trauerspiele »MSS« u. »Emilia Galotti«. Stuttgart 1986.
Ter-Nedden; Nr. 183, S. 13-113: MSS.
452 Kuttenkeuler, Wolfgang: »MSS« (1755). »... nichts als >Fermenta cognitionis<«. In: Nr. 184, S. 7-44.
453 Zimmermann, Rolf Christian: Über e. bildungsgeschichtl. bedingte Sichtbehinderung bei der Interpretation v. Ls »MSS«. In: Verlorene Klassik? Hg. v. Wolfgang Wittkowski. Tübingen 1986, S. 255-285.

Nathan der Weise (NdW)

454 Stümcke, Heinrich: Die Fortsetzungen, Nachahmungen und Travestien von Ls »NdW«. Berlin 1904.
455 Demetz, Peter: GEL. NdW. Vollst. Text. Dokumentation. Frankfurt/M., Berlin 1966.
456 GEL: NdW. Erläuterungen u. Dokumente. Hg. v. Peter v. Düffel. Stuttgart 1972 (u.ö.).
457 Ls »Nathan«. Der Autor, der Text, seine Umwelt, seine Folgen. Hg. v. Helmut Göbel. Berlin 1977.

* * *

458 Ls »NdW«. Hg. v. Klaus Bohnen. Darmstadt 1984.
(Nachfolgend sind nur hierin fehlende Studien verzeichnet!)

* * *

459 Politzer, Heinz: Ls Parabel v. den drei Ringen. In: The German Quarterly 31, 1958, S. 161-177. – Dass. in: H. P.: Das Schweigen der Sirenen. Stuttgart 1968, S. 373-398. – Dass. in: Nr. 120, S. 343-361.

460 Rohrmoser, Günter: L. NdW. In: Das dt. Drama v. Barock bis zur Gegenwart. Interpretationen. Hg. v. Benno v. Wiese. Bd. 1. Düsseldorf 1958, S. 113-126.

461 Berger, Manfred: Vom Nathan zum Nathan. Probleme der Erbe-Rezeption auf dem Theater nach 1945. In: WB 17, 1971, H. 7, S. 50 bis 71.

462 Schädle, Lucie: Der frühe dt. Blankvers unter bes. Berücksichtigung seiner Verwendung durch Chr. M. Wieland. Göppingen 1972. (Zu L: S. 73-107.)

463 Heydemann, Klaus: Gesinnung u. Tat. Zu Ls »NdW«. In: LY 7, 1975, S. 69-104.

464 Kiesel, Helmuth: NdW. In: Nr. 51 (⁵1987), S. 309-332.

465 König, Dominik von: Natürlichkeit u. Wirklichkeit. Studien zu Ls »NdW«. Bonn 1976.

466 Birus, Hendrik: Poetische Namengebung. Zur Bedeutung der Namen in Ls »NdW«. Göttingen 1978.

467 Albrecht, Wolfgang: Schillers Bühnenbearbeitung v. »NdW«. In: Nr. 124, S. 32-60.

468 Wessels, Hans-Friedrich: Ls »NdW«. Seine Wirkungsgesch. bis zum Ende der Goethezeit. Königstein/Ts. 1979.

469 Schlütter, Hans-Jürgen: »... als ob die Wahrheit Münze wäre.« Zu »NdW« III,6. In: LY 10, 1978, S. 65-74.

470 Shoham, Chaim: »NdW« unter seinesgleichen. Zur Rezeption Ls in der hebräischen Lit. d. 19. Jhs in Osteuropa. In: LY 12, 1980, S. 1 bis 30.

471 Suesse-Fiedler, Sigrid: Ls »NdW« u. sein Leser. Eine wirkungsästh. Studie. Stuttgart 1980.

472 Eibl, Karl: GEL: NdW. In: Dt. Dramen. Interpretationen. Hg. v. Harro Müller-Michaels. Bd. 1. Königstein/Ts. 1981, S. 3-30. (²1985, ³1994.)

473 Waniek, Erdmann: Wunder u. Rätsel. Die gute Tat in »NdW«. In: LY 14, 1982, S. 133-160.

474 Albrecht, Wolfgang: Widerstreit v. Ansprüchen u. Möglichkeiten. Die Uraufführung des »Nathan« 1783 im Kontext seiner frühen Wirkungsgesch. In: Wiss. Zs. der Martin-Luther-Universität Halle-Wittenberg. Gesellschafts- u. sprachwiss. Reihe 32, 1983, H. 3, S. 87-96.

475 Fuhrmann, Helmut: Ls »NdW« u. das Wahrheitsproblem. In: LY 15, 1983, S. 63-94.

476 Hartung, Günter: Die drei Ringe. Thesen zur Rezeptionsgesch. des »Nathan«. In: Nr. 528, S. 151-182 u. 465-468.

477 Arendt, Dieter: Ls »NdW« u. das opus supererogatum – oder: der Mensch als Rolle u. die Rolle des Menschen in der Aufklärung. In: Diskussion Deutsch 16, 1985, H. 83, S.243-63.

478 Farquharson, Robert H.: L's Dervish and the mystery of the Dervish-»Nachspiel«. In: LY 18, 1986, S. 47-67.

479 Koebner, Thomas: »NdW« (1779). Ein polemisches Stück? In: Nr. 184, S. 138-207.

480 Niewöhner, Friedrich: Veritas sive Varietas. Ls Toleranzparabel u. das Buch Von den drei Betrügern. Heidelberg 1988.

481 Fischer-Gardner, Karin Barbara: Der obskure Traum der Toleranz. Zur jüd. Rezeption v. GELs »NdW«. San Diego/Calif. 1991.

482 Eckardt, Jo-Jaqueline: L's Nathan the Wise and the critics 1779-1991. Columbia/SC 1993.

483 Woesler, Winfried: Zur Ringparabel in Ls »Nathan«. Die Herkunft der Motive. In: WW 43, 1993, S. 557-568.

Eine Parabel

484 Ries, Wiebrecht: L u. »Der Palast im Feuer«. Ein Beitr. z. Verhältnis v. Aufklärung u. Theologie. In: Studium Generale 24, 1971, S. 1079-1090.

485 Koch-Häbel, Bärbel: Unverfügbares Sprechen. Zur Intention u. Gesch. des Gleichnisses. Münster 1993, S. 273-285.

Philotas (P)

486 GEL: P. Mit Ls »Kleonnis«, Gleims »Philotas«, Bodmers »Polytimet« u. Texten zur Theorie, Entstehung u. Aufnahme. Hg. v. Wilhelm Grosse. Stuttgart 1979 (u.ö.).

* * *

487 Vincenti, Leonello: Ls »P« [1937]. In: Nr. 120, S. 196-213.

488 Leeuwe, Hans H. H. de: Ls »P«. Eine Deutung. In: Neophilologus 47, 1963, S. 34-40.

489 Wiedemann, Conrad: Ein schönes Ungeheuer. Zur Deutung v. Ls Einakter »P«. In: GRM 17, 1967, S. 381-397.

490 Riedel, Volker: Ls »P«. In: WB 25, 1979, H. 11, S. 61-88.

491 Liewerscheidt, Dieter: Annäherung an Ls »P«. In: WW 31, 1981, S. 290-296.

492 Gädeke Schmidt, Jutta: Ls »P«. Ästhetisches Experiment mit satirischer Wirkungsabsicht. New York, Berne 1988.

493 Schneider, Helmut J.: Aufklärung der Tragödie. Ls »P«. In: Horizonte. Fs. f. Herbert Lehnert. Hg. v. Hannelore Mundt. Tübingen 1990, S. 10-39.

494 Norton, Robert E.: »Ein bitteres Gelächter«. Tragic and comic elements in L's »P«. In: DVjs 66, 1992, S. 450-465.

495 Ehrich-Haefeli, Verena: »P«. Streiten nach außen – Streiten nach innen? Tragische Pannen der Verinnerlichung bei L. In: Nr. 132, S. 223-237.

Ter-Nedden; Nr. 183, S. 114-163.

Samuel Henzi (SH)

496 Krebs, Maria: Henzi u. L. Eine historisch-litterar. Studie. Bern 1903.

497 Bergethon, K. Roald: Republicanism [?] and revolution in GEL's »SH«. In: Symposium 1, 1946-47, S. 60-74.

498 Loeb, Ernst: Ls »SH«. Eine aktuelle Thematik. In: Monatshefte 65, 1973, S. 351-360.
499 Kraft, Herbert: Gleichheit oder Heldentum. Ls Entwurf e. bgl. Dramas im Fragment »SH«. In: Genio huius loci. Hg. v. Dorothea Kuhn u. Bernhard Zeller. Wien, Köln, Graz 1982, S. 17-31.
500 Kurpanik-Malinowska, Gizela: Der gescheiterte Aufstand Samuel Henzis u. die Entwicklung des bgl. Trauerspiels. In: Nr. 132, S. 305-311.

Wie die Alten den Tod gebildet

501 Hatfield, Henry: Aesthetic paganism in German literature from Winckelmann to the death of Goethe. Cambridge, London 1964.
502 Uhlig, Ludwig: Der Todesgenius in der deutschen Literatur v. Winckelmann bis Thomas Mann. Tübingen 1975.
503 Barner, Wilfried: Der Tod als Bruder des Schlafs. Literarisches zu e. Bewältigungsmodell. In: Tod u. Sterben. Hg. v. Rolf Winau u. Hans Peter Rosemeier. Berlin, New York 1984, S. 144-166.
504 Richter, Simon Jan: Euphemism and the grave, oder Wie L den Tod gedreht. In: LY 23, 1991, S. 79-95.

4.8 Zur Rezeptions- und Wirkungsgeschichte in Deutschland

505 L im Urtheile seiner Zeitgenossen. Zeitungskritiken, Berichte u. Notizen, L u. seine Werke betreffend, aus den Jahren 1747-1781. Gesamm. u. hg. v. Julius W. Braun. 3 Bde. Berlin 1884-97. (Repr.: Hildesheim 1969; Repr. on demand: Ann Arbor 1980.)
506 L – ein unpoetischer Dichter. Dokumente aus 3 Jh zur Wirkungsgeschichte Ls in Dtl. Hg., eingel. u. komm. v. Horst Steinmetz. Frankfurt/M., Bonn 1969.
507 L. Dokumente zur Wirkungsgeschichte 1755-1968. 2 Bde. Hg. v. Edward Dvoretzky. Göppingen 1971-72.
508 L heute. Beiträge zur Wirkungsgeschichte. Hg. v. Edward Dvoretzky. Stuttgart 1981.
509 L. Nachruf auf e. Aufklärer. Sein Bild in der Presse der Jahre 1781, 1881 u. 1981. Hg. v. Klaus Bohnen. München 1982.
510 Brown, F. Andrew: Documents to L's reception in German-language journals 1749-1781. In: LY 15, 1983, S. 9-62.
511 Albrecht, Wolfgang: Den einen Wahrheitssucher, den anderen Irreführer. Zeitschriftenmaterialien zur Wirkung Ls im Jahrzehnt seines Todes. In: LY 23, 1991, S. 1-67.
512 Aley, Peter: GEL. Ein stilisiertes Vorbild, e. manipulierter Autor, e. falsch verstandenes Genie. Essen 1994. (Komm. Text- u. Bilddokumentation zur Präsenz Ls in Schulbüchern.)

* * *

513 Rychner, Max: L u. die Klassik (1929). In: M. R.: Welt im Wort. Literar. Aufsätze. Zürich 1949, S. 73-85. – Dass. in: M. R.: Aufsätze zur Literatur. Zürich 1966, S. 93-106.

514 Bonnemann, Elsbeth: Lessingkritik u. Lessingbild der Romantik. Köln 1932.

515 Henry, Harald: Herder u. L. Umrisse ihrer Beziehung. Würzburg 1941.

516 Mayer, Hans: L. Mitwelt u. Nachwelt. Eine Rede. In: H. M.: Studien zur dt. Literaturgesch. Berlin 1954, S. 39-61. (²1955.) – Dass. in: H. M.: Von L bis Thomas Mann. Pfullingen 1959, S. 79-109. – Dass. in: Nr. 120, S. 260-286.

517 Demetz, Peter: Die Folgenlosigkeit Ls. In: Merkur 25, 1971, S. 727 bis 741.

518 Lützeler, Paul Michael: Die marxist. L-Rezeption. In: LY 3 u. 8, 1971 u. 1976, S. 173-193 u. 42-60.

519 Garbe, Gisela u. Hans Funke: Die spätbgl. L-Rezeption in der Lit.wiss. der BRD u. ihre weltanschaul. Grundlagen. Potsdam 1973. (Diss. masch.)

520 Grimm, Gunter E.: Zwischen Nachfolge u. Vereinnahmung (Stationen d. Wirkungsgesch.). In: Nr. 51 (⁵1987), S. 344-427.

521 Kertscher, Hans-Joachim: Die Rezeption Ls in der DDR. Dargest. an ausgew. Beispielen. Halle/S. 1978. (Diss. masch.)

522 Lichtwitz, Manuel: Über GEL in der Weimarer Republik. In: Aufklärung in Dtl. Hg. v. Paul Raabe u. Wilhelm Schmidt-Biggemann. Bonn 1979, S. 205-229.

523 Wenig, Dietmar: Zur Rezeption GELs in der dt. Publizistik des Lessingjahres 1929. Halle/S. 1980. (Diss. masch.)

524 Das Bild Ls in der Geschichte. Hg. v. Herbert G. Göpfert. Heidelberg 1981.

525 Werner, Hans-Georg: Ideelle Formen der L-Aneignung in der DDR. In: WB 27, 1981, H. 9, S. 5-48. – Überarbeitung in: Nr. 528, S. 401-441 u. 503-510.

526 Wirkungen Ls in der dt. Lit. In: Wiss. Zs. der Humboldt-Universität Berlin. Gesellschafts- u. sprachwiss. Reihe 31, 1982, S. 513-611.

527 Albrecht, Wolfgang: »Wenn Ihr Lessingen seht, so sagt ihm, daß ich auf ihn gerechnet hätte«. Zur Auseinandersetzung des jungen Goethe mit dem Dramatiker L. In: Impulse 6, 1983, S. 148-193.

528 Bausteine zu e. Wirkungsgeschichte GEL. Hg. v. Hans-Georg Werner. Halle/S. 1984.

529 Pongs, Ulrich: Heinrich Heine. Sein Bild der Aufklärung u. dessen romant. Quellen. Frankfurt/M., Bern 1985.

530 Hohendahl, Peter Uwe: Der revolutionäre Geist. L u. das Junge Dtl. In: Das Junge Dtl. Hg. v. Joseph A. Kruse u. Bernd Kortländer. Hamburg 1987, S. 83-107.

531 Debatten u. Kontroversen. Literar. Auseinandersetzungen in Dtl. am Ende des 18. Jhs. Hg. v. Hans-Dietrich Dahnke u. Bernd Leistner. 2 Bde. Berlin, Weimar 1989.

532   L. Für Schüler ungeeignet? Lust u. Last im Umgang mit e. großen Auf-
      klärer. Hg. v. Dieter Fratzke u. Wolfgang Albrecht. Kamenz 1989.
533   Aufklärung nach L. Hg. v. Wolfgang Albrecht, Dieter Fratzke u. Ri-
      chard E. Schade. Kamenz 1992.

                              * * *

534   Schulz, Ursula: L auf der Bühne. Chronik der Theateraufführungen
      1748-1789. Bremen, Wolfenbüttel 1977.
535   Raschdau, Christine: Die Aktualität der Vergangenheit. Zur gesell-
      schaftl. Relevanz der L-Rezeption im 18. Jh. u. heute. Königstein/Ts.
      1979.
536   Stadelmaier, Gerhard: L auf der Bühne. Ein Klassiker im Theateralltag
      (1968-1974). Tübingen 1980.
537   Rüskamp, Wulf: Dramaturgie ohne Publikum. Ls Dramentheorie u.
      die zeitgen. Rezeption v. »Minna von Barnhelm« u. »Emilia Galotti«.
      Köln, Wien 1984.

                              * * *

538   Merbach, Paul Alfred: GEL als dramatis persona. In: Braunschweiger
      G-N-C-Monatsschrift 1921, S. 241-254 u. 377-391. – Dass. in: L-
      Buch. Hg. v. Josef Jellinek u. P. A. M. Berlin 1926, S. 46-65.
539   Stern, Guy: L in Drama. In: Nr. 128, S. 344-354.

                              * * *

540   GEL. 1729 bis 1781. Ausstellung im Lessinghaus Wolfenbüttel [v.
      Paul Raabe u. Manuel Lichtwitz]. Wolfenbüttel 1981.
541   Fratzke, Dieter: Ls Lebensweg in musealen Bildern. Ausstellungskata-
      log. Hg. v. Wolfgang Albrecht. Kamenz 1994.

4.9 Index: Autoren und Herausgeber

Die Zahlenangaben beziehen sich auf die Nummern der vorstehenden Bibliographie. Umlaute sind wie Vokale eingeordnet.

167

5. Anhang

5.1 Register der Werke Lessings

171

175

Angaben zum Autor

Wolfgang Albrecht, geb. 1952; Germanistikstudium, Promotion und Habilitation an der Martin-Luther-Universität Halle; seit 1978 bei den Nationalen Forschungs- und Gedenkstätten der klassischen deutschen Literatur zu Weimar, jetzt: Stiftung Weimarer Klassik. Gastprofessuren in Bielefeld, Karlsruhe und Ann Arbor/Michigan sowie Lehraufträge an den Universitäten Halle und Jena. Zahlreiche Publikationen, auch Editionen, zur Literatur des 18. bis 20. Jahrhunderts; Mitherausgeber der historisch-kritischen Ausgabe von Goethes Tagebüchern bei Metzler.

Sammlung Metzler

180

Printed in the United States
By Bookmasters